墨人著

本全集保留作者手批手稿

墨人博士作品全集【全60冊】

第四十九冊　扶桑花

文史哲出版社印行

國家圖書館出版品預行編目資料

墨人博士作品全集 / 墨人著 -- 初版 -- 臺北
市:文史哲, 民 100.12
頁： 公分
ISBN 978-957-549-987-7 (全套 60 冊：平裝)

1.現代文學 2. 中國文學 3.別集

848.6 100022602

墨人博士作品全集【全60冊】

第四十九冊 扶 桑 花

著　　者：墨　人
出 版 者：文史哲出版社
http://www.lapen.com.tw
登記證字號：行政院新聞局版臺業字五三三七號
發 行 人：彭　正　雄
發 行 所：文史哲出版社
印 刷 者：文史哲出版社
臺北市羅斯福路一段七十二巷四號
郵政劃撥帳號：一六一八〇一七五
電話886-2-23511028 · 傳真886-2-23965656

【全60冊】定價新臺幣 36,800 元

中華民國一百年（2011）十二月初版

ISBN 978-957-549-987-7 08992

墨人博士著作品全集 總目

一、散文類

二、長篇小說

三、中短篇小說散文合集

四、詩詞及論評

墨人的一部文學千秋史

張萬熙先生，筆名墨人，江西九江人，民國九年生。爲一位享譽國內外名小說家、詩人、學者。歷任軍、公、教職。六十五歲始自從國民大會簡任一級加年功俸的資料組長兼圖書館長公職崗位退休，但已是中國文壇上一位閃亮的巨星。出版有：《全唐詩尋幽探微》、《紅樓夢的寫作技巧》、二百九十多萬字的大長篇小說《紅塵》、《白雪青山》、《春梅小史》；詩集：《哀祖國》；散文集：《小園昨夜又東風》……。民國五十年、五十一年連續以短篇小說，兩次入選維也納納富出版公司出版的《世界最佳小說選集》。七十歲時自東吳大學中文系教席二度退休，仍著述不輟，爲國寶級文學家。墨人博士在臺勤於創作六十多年（在大陸時期已創作十年），並以其精通儒、釋、道之學養，綜理戎機、參贊政務、作育英才，更以其對傳統文學的精湛造詣，與對新文藝的創作，在國際上贏得無數榮譽，如：美國世界大學榮譽文學博士、美國馬奎士國際大學榮譽文學博士、美國艾因斯坦國際學院榮譽人文學博士（包括哲學、文學、藝術、語言四類）、英國劍橋國際傳記中心副總裁（代表亞洲）、英國莎士比亞詩、小說與人文學獎得主，現在出版《全集》中。

壹、家世．堂號

張萬熙先生，江西省德化人（今九江），先祖玉公，明末時以提督將軍身份鎮守雁門關，蒙古騎兵入侵，戰死於東昌，後封爲「河間王」。其子輔公，進士出身，歷任文官。後亦奉召領兵「三定交趾」，因戰功而封爲「定興王」。其子貞公亦有兵權，因受奸人陷害，自蘇州嘉定（即今上海市一區），謫居潯陽（今江西九江）。祖宗牌位對聯爲：嘉定源流遠，潯陽歲月長；右書「清河郡」、左寫「百忍堂」。

貳、來臺灣的過程

民國三十八年，時局甚亂，張萬熙先生攜家帶眷，在兵荒馬亂人心惶惶時，張先生從湖南長沙火車站，先將一千多度的近視眼弱妻，與四個七歲以下子女，從車窗口塞進車廂，自己則擠在廁所內動彈不得，千辛萬苦的從湖南長沙搭火車南下廣州，從廣州登商輪來臺。七月三日抵基隆，由同學顧天一先生，接到臺北縣永和鎭鄉下暫住。

參、在臺灣一甲子奮鬥的過程

一、初到臺灣的生活

家小安頓妥後，張萬熙先生先到臺北萬華，一家新創刊的《經濟快報》擔任主編，但因財務不濟，四個月不到便草草結束。幸而另謀新職，舉家遷往左營擔任海軍總司令辦公室秘書，負責紀錄整理所有軍務會報紀錄。

民國四十六年，張先生自左營來臺北任職國防部史政局編纂《北伐戰史》（歷時五年多浩大工程，編成綠布面精裝本、封面燙金字《北伐戰史》叢書），完成後在「八二三」炮戰前夕又調任國防部總政治部，主管陸、海、空、聯勤文宣業務，四十七歲自軍中正式退役後轉任文官，在臺北市中山堂的國民大會主編研究世界各國憲法政治的十六開大本的《憲政思潮》，作者、譯者都是台灣大學、政治大學的教授、系主任，首開政治學術化先例。

張先生從左營遷到臺北大直海軍眷舍，只是由克難的甘蔗板隔間眷舍改爲磚牆眷舍，大小一般，但邊間有一片不小的空地，子女也大了，不能再擠在一間房屋內，因此，張先生加蓋了三間竹屋安頓他們。但眷舍右上方山上是一大片白色天主教公墓，在心理上有一種「與鬼爲鄰」的感覺。張夫人有一千多度的近視眼，她看不清楚，子女看見嘴裡不講，心裡都不舒服。張先生自軍中假退役後，只拿八成俸。

張先生因爲有稿費、版稅，還有些積蓄，除在左營被姓譚的同學騙走二百銀元外，剩下的積蓄還可以做點別的事。因爲住左營時在銀行裡存了不少舊臺幣，那時左營中學附近的土地只要三塊多錢一坪，張先生可以買一萬多坪。但那時政府的口號是「一年準備，兩年反攻，三年掃蕩，五年成功。」張先生信以爲真，三十歲左右的人還是「少不更事」，平時又忙著上班、寫作，實在不懂政治、經濟大事，以爲政府和「最高領袖」不會騙人，五年以內真的可以回大陸，張先生又有「戰士授田證」。沒想到一改用新臺幣，張先生就損失一半存款，呼天不應。但天理不容，姓譚的同學不但無后，也死了三十多年，更沒沒無聞。張先生作人、看人的準則是：無論幹什麼都是「誠信」第一，因果比法律更公平、更準。欺人不可欺心，否則自食其果。

二、退休後的寫作生活

張先生四十七歲自軍職退休後，轉任台北市中山堂國大會主編十六開大本研究各國憲法政治的《憲政思潮》十八年，時任簡任一級資料組長兼圖書館長。並在東吳大學兼任副教授二十年、香港廣大學院指導教授、講座教授、指導論文寫作、不必上課。六十四歲時即請求自公職提前退休，以業務重要不准，但取得國民大會秘書長（北京朝陽大學法律系畢業）何宜武先生的首肯，六十五歲依法退休。當時國民大會、立法院、監察院簡任一級主管多延至七十歲退休，因所主管業務富有政治性，與單純的行政工作不同，六十五歲時張先生雖達法定退休年齡，還是延長了四個月才正式退休，何秘書長宜武大惑不解地問張先生：「別人請求延長退休而不可得，你爲什麼反而要求退休？」張先生答以「專心寫作」，何秘書長才坦然不疑。退休後日夜寫作，因胸有成竹，很快完成了一百九十多萬字的大長篇小說《紅塵》，在鼎盛時期的《臺灣新生報》連載四年多，開中國新聞史中報紙連載最大長篇小說先河。但報社還不敢出版，經讀者熱烈反映，才出版前三大冊。當年十二月即獲行政院新聞局「著作金鼎獎」與嘉新文化基金會「優良著作獎」，亦無前例。《台灣新生報》又出九十三章至一百二十二章，只好名爲《續集》。墨人在書前題五言律詩一首：

浩劫未埋身，揮淚寫紅塵，非名非利客，孰晉孰秦人？

毀譽何清問？吉凶自有因。天心應可測，憂道不憂貧。

二〇〇四年初，巴黎 youfeng 書局出版豪華典雅的法文本《紅塵》，亦開「五四」以來中文作家大長篇小說進入西方文學世界重鎮先河。時爲巴黎舉辦「中國文化年」期間，兩岸作家多由政府資助出席，張先生未獲任何資助，亦未出席，但法文本《紅塵》卻在會場展出，實爲一大諷刺。張先生一生「只問耕耘，不問收穫」的寫作態度，七十多年來始終如一，不受任何外在因素影響。

肆、特殊事蹟與貢獻

一、《紅塵》出版與中法文學交流

《紅塵》寫作時間跨度長達一世紀，由清朝末年的北京龍氏家族的翰林第開始，寫到八國聯軍、滿清覆亡、民國初建、八年抗日、國共分治下的大陸與臺灣，續談臺灣的建設發展、開放大陸探親等政策。空間廣度更遍及大陸、臺灣、日本、緬甸、印度，是一部中外罕見的當代文學鉅著。墨人五十七歲時應邀出席在西方文藝復興聖地佛羅倫斯所舉辦的首屆國際文藝交流大會，會後環遊地球一周。七十歲時應邀訪問中國大陸四十天，次年即出版《大陸文學之旅》。《紅塵》一書最早於臺灣新生報連載四年多，並由該報連出三版，臺灣新生報易主後，將版權交由昭明出版社出版定本六卷。由於本書以百年來外患內亂的血淚史爲背景，寫出中國人在歷史劇變下所顯露的生命態度、文化認知、人性的進取與沉淪，引起中外許多讀者極大共鳴與回響。

旅法學者王家煜博士是法國研究中國思想的權威，曾參與中國古典文學的法文百科全書翻譯工作，他認爲深入的文化交流仍必須透過文學，而其關鍵就在於翻譯工作。從五四運動以來，中西文化交流一直是西書中譯的單向發展。直到九十年代文建會提出「中書外譯」計畫，臺灣作家才逐漸被介紹到西方，如此文學鉅著的翻譯，算是一個開始。

王家煜在巴黎大學任教中國上古思想史，他指出《紅塵》一書中所引用的詩詞以及蘊含中國思想的博大精深，是翻譯過程中最費工夫的部分。爲此，他遍尋參考資料，並與學者、詩人討論，歷時十年終於完成《紅塵》的翻譯工作，本書得以出版，感到無比的欣慰。他笑著說，這可說是「十年寒窗」。

《紅塵》法文譯本分上下兩大冊，已由法國最重要的中法文書局「友豐書店」出版。友豐負責人潘立輝謙沖寡言，三十年多來，因對中法文化交流有重大貢獻而獲得法國授予文化「騎士勳章」的榮譽。他於五年前開始成立出版部，成爲歐洲一家以出版中國圖書法文譯著爲主業的華人出版社。

潘立輝表示，王家煜先生的法文譯筆典雅、優美而流暢，使他收到「紅塵」譯稿時，愛得不忍釋手，他以一星期的時間一口氣看完，經常讀到凌晨四點。他表示出版此書不惜成本，不太可能賺錢，卻感到十分驕傲，因爲本書能讓不懂中文的旅法華人子弟，更瞭解自己文化根源的可貴之處，同時，本書的寫作技巧必對法國文壇有極大影響。

二、不擅作生意

張先生在六十五歲退休之前，完全是公餘寫作，在軍人、公務員生活中，張先生遭遇的挫折不少。軍職方面，張先生只升到中校就不做了，因爲過去稱張先生爲前輩、老長官的人都成爲張先生的上司，張先生怎麼能做？因爲張先生的現職是軍聞社資料室主任（他在南京時即任國防部新創立的「軍事新聞總社」實際編輯主任，因言守元先生是軍校六期老大哥，未學新聞，不在編輯之列）。但張先生以不求官，只求假退役，不擋人官路，這才退了下來。那時養來亨雞風氣盛行，在南京軍聞總社任外勤記者的姚秉凡先生頭腦靈活，他即時養來亨雞，張先生也「東施效顰」，結果將過去稿費積蓄全都賠光。

三、家庭生活與運動養生

張先生大兒子考取中國廣播公司編譯，結婚生子，廿七年後才退休，長孫修明取得美國南加州大學電機碩士學位，之後即在美國任電機工程師。五個子女均各婚嫁，小兒子選良以獎學金取得美國華盛頓大學化學工程博士，媳蔡傳惠爲伊利諾理工學院材料科學碩士，兩孫亦已大學畢業就業，落地生根。

張先生兩老活到九十一、九十二歲還能照顧自己。（近年以一印尼女「外勞」代做家事）張先生一伏案寫作四、五小時都不休息，與臺大外文系畢業的長子選翰兩人都信佛，六十五歲退休後即吃全素。低血壓十多年來都在五十五至五十九之間，高血壓則在一百一十左右，走路「行如風」，年輕人很多都跟不上張先生，比起初來臺灣時毫不遜色，這和張先生運動有關。因爲張先生住大直後山海軍眷舍八年，眷舍右上方有一大片白色天主教公墓，諸事不順，公家宿舍小，又當西曬，張先生靠稿費維持七口之家和五個子女的教育費。三伏天右手墊塡著毛巾，背後電扇長吹，三年下來，得了風濕病，手都舉不起來，花了不少錢都未治好。後來章斗航教授告訴張先生，圓山飯店前五百完人塚廣場上，有一位山西省主席閻錫山的保鑣王延年先生在教太極拳，勸張先生天一亮就趕到那裡學拳，一定可以治好。張先生一向從善如流，第二天清早就向王延年先生報名請教，王先生有教無類，收張先生這個年已四十的學生，王先生先不教拳，只教基本軟身功攀腿，卻受益非淺。

四、耿直的公務員性格

張先生任職時向來是「不在其位，不謀其政」。後來升簡任一級組長，有一位「地下律師」的專員，平時鑽研六法全書，混吃混喝，與西門町混混都有來往，他的前任為大畫家齊白石女婿，平日公私不分，是非不明，借錢不還，沒有口德，人緣太差，又常約那位「地下律師」專員到家中打牌。那專員平日不簽到，甚至將簽到簿撕毀他都不哼一聲，因為為他多報年齡，屆齡退休時想更改年齡，但是得罪人太多，金錢方面更不清楚，所以不准再改年齡，組長由張先生繼任。

張先生第一次主持組務會報時，那位地下律師就在會報中攻擊圖書科長，張先生立即申斥，並宣佈記過。簽報上去處長都不敢得罪那地下律師，又說這是小事，想馬虎過去，張先生以秘書處名譽紀律為重，非記過不可，讓他去法院告張先生好了。何宜武祕書長是學法的，他看了張先生簽呈同意記過，那位地下律師「專員」不但不敢告，只暗中找一位不明事理的國大「代表」來找張先生的麻煩。因事先有人告訴他，張先生完全不理那位代表，他站在張先生辦公室門口不敢進來，幾分鐘後悄然而退。人不怕鬼，鬼就怕人。諺云：「一正壓三邪」，這是經驗之談。直到張先生退休，那位專員都不敢惹事生非，西門町流氓也沒有找張先生的麻煩，當年的代表十之八九已上「西天」，張先生活到九十二歲還走路「行如風」，一坐到書桌，能連續寫作四、五小時而不倦，不然張先生怎麼能在兩岸出版約三千萬字的作品？

原載新文豐《紮根台灣六十年》，墨人民國一百年十一月十三日校正）

墨人博士作品全集

文學是千秋慧業
秦皇漢武今何在
李白杜甫仍風流

全集共分四大類
一、散文類　二、小說類
三、文學理論類
四、新詩古典詩詞類

我出生於一個「萬般皆下品，惟有讀書高」的傳統文化家庭，且深受佛家思想影響，因祖母信佛，兩個姑母先後出家，大姑母是帶著賠嫁的錢購買依山傍水風景很好，上名山廬山的必經之地的「天后宮」出家的，小姑母的廟則在鬧中取靜的市區。我是父母求神拜佛後出生的男子，並寄名佛下，乳名聖保，上有二姊下有一妹都夭折了，在那個重男輕女的時代！我自然水漲船高了。我記得四、五歲時一位面目清秀，三十來歲文質彬彬的李晧子替我算命，母親問李晧子，我的命根穩不穩？能不能養大成人？李晧子說我十歲行運，幼年難免多病，可以養大成人，但是會遠走高飛。母親聽了憂喜交集，在那個時代不但妻以夫貴。也以子貴，有兒子在身邊就多了一層保障。母親的心理壓力很大，李晧子的「遠走高飛」那句話可不是一句好話。

到現在八十多年了，我還記得十分清楚。母親暗自憂心。何況科舉已經廢了，不必「進京趕考」，更不會「當兵吃糧」，安安穩穩作個太平紳士或是教書先生不是很好嗎？我們張家又是大族，人多勢眾，不會受人欺侮，何況二伯父的話此法律更有權威，人人敬仰，去外地「打流」又有什麼好處？因此我剛滿六歲就正式拜孔夫子入學啓蒙，從《三字經》、《百家姓》、《千字文》、《千家詩》、《論語》、《大學》、《中庸》……《孟子》、《詩經》、《左傳》讀完了都要整本背，在十幾位學生中，也只有我一人能背，我背書如唱歌，窗外還有人偷聽，他們實在缺少娛樂。除了我父親下雨天會吹吹笛子、簫，消遣之外，沒有別的娛樂，我自幼歡喜絲竹之音，但是很少聽到。讀書的人也只有我們三房、二房兩兄弟，二伯父在城裡當紳士，偶爾下鄉排難解紛，他是一族之長，更受人尊敬，因為他大公無私，又有一百八十公分左右的身高，眉眼自有威嚴，能言善道，他的話比法律更有效力，加之民性純樸，真是「夜不閉戶，道不失遺」。只有「夏都」廬山才有這麼好的治安。我十二歲前就讀完了四書、詩經、左傳、千家詩。我最喜歡的是《千家詩》和《詩經》。

關關雎鳩，在河之洲，
窈窕淑女，君子好逑。

我覺得這種詩和講話差不多，可是更有韻味。我就喜歡這個調調。《千家詩》我也喜歡，我背得更熟。開頭那首七言絕句詩就很好懂：

雲淡風清近午天，傍花隨柳過前川。
時人不識余心樂，將謂偷閒學少年。

老師不會作詩，也不講解，只教學生背，我覺得這種詩和講話差不多，但是更有韻味。我也了解大意，我以讀書爲樂，不以爲苦。這時老師方教我四聲平仄，他所知也止於此。

我也喜歡《詩經》，這是中國最古老的詩歌文學，是集中國北方詩歌的大成。可惜三千多首被孔子刪得只剩三百首。孔子的目的是：「詩三百，一言以蔽之，曰思無邪。」孔老夫子將《詩經》當作教條。詩是人的思想情感的自然流露，是最可以表現人性的。先民質樸，孔子既然知道「食色性也」，對先民的集體創作的詩歌就不必要求太嚴，以免喪失許多文學遺產和地域特性。楚辭和詩經不同，就是地域特性和風俗民情的不同。文學藝術不是求其同，而是求其異。這樣才會多彩多姿。文學不應成爲政治工具，但可以移風易俗，亦可淨化人心。我十二歲以前所受的基礎教育，獲益良多，但也出現了一大危機，沒有老師能再教下玄。幸而有一位年近二十歲的姓王的學生在廬山一未立案的國學院求學，他問我想不想去？我自然想去，但廬山夏涼，冬天太冷，父親知道我的心意，並不反對，他對新式的人手是刀尺的教育沒有興趣，我便在飄雪的寒冬同姓王的爬上廬山，我生在平原，這是第一次爬上高山。

在廬山我有幸遇到一位湖南岳陽籍的閻毅字任之的好老師，他只有三十二歲，飽讀詩書，與民國初期的江西大詩人散原老人唱和，他的王字也寫的好。有一天他要六七十位年齡大小不一的學生各寫一首絕句給他看，我寫了一首五絕交上去，廬山松樹不少，我生在平原是看不到松樹的，我是即景生情，信手寫來，想不到閻老師特別將我從大教室調到他的書房去，在他右邊靠牆壁另加一桌一椅，教我讀書寫字，並且將我的名字「熹」改爲「熙」，視我如子。原來是他很欣賞我那首五絕中的「疏松月影亂」這一句。我只有十二歲，不懂人情世故，也不了解他的深意。時任漢口市長張群的侄子張繼文還小我一歲，卻是個天不怕、地不怕的小太保，江西省主席熊式輝的兩個小舅子大我幾歲，閻老師的侄子卻高齡二十八歲。學歷也很懸殊，有上過大學的、高中的，多是對國學有興趣，支持學校的袞袞諸公也都是有心人士，新式學校教育日漸西化，國粹將難傳承，所以創辦了這樣一個尚未立案的國學院，也未大張旗鼓正式掛牌招生，但聞風而至的要人子弟不少，校方也本著「有教無類」的原則施教，閻老師也是義務施教，他與隱居廬山的要人嚴立三先生也有交往。（抗日戰爭一開始嚴立三即出山任湖北省主席，諸閻老師任省政府秘書，此是後話。）同學中權貴子弟亦多，我雖不是當代權貴子弟，但九江先組玉公以提督將軍身分抵抗蒙古騎兵入侵雁門關戰死東昌(雁門關內北京以西縣名，一九九〇年我應邀訪問大陸四十天時去過。)而封河間王；其子輔公。以進士身分出仕，後亦應昭領兵三定交趾而封定興王；其子貞公亦有兵權，因受政客讒害而自嘉定謫居潯陽。大詩人白居易亦曾謫為江州司馬，我另一筆名即用江州司馬。我是黃帝第五子揮的後裔，他因善造弓箭而賜姓張。遠祖張良是推薦韓信為劉邦擊敗楚霸王項羽的漢初三傑之首。他有知人之明，深知劉邦可以共患難，不能共安樂，所以悄然引退，作逍遙遊，不像韓信為劉邦拼命打天下，立下汗馬功勞，雖封三齊王卻死於未央宮呂后之手。這就是不知進退的後果。我很敬佩張良這位遠祖，抗日戰爭初期（一九三八）我為不作「亡國奴」，即輾轉赴臨時首都武昌以優異成績考取軍校，一位落榜的姓熊的同學帶我們過江去漢口。中共未公開招生的「抗日大學」（當時國共合作抗日，中共在漢口以「抗大」名義吸收人才。）辦事處參觀，接待我們的是一位讀完大學二年級才貌雙全，口才奇佳的女生獨對我說負責保送我免試進「抗大」一期，因未提其他同學，我不去。一年後我又在軍校提前一個月畢業，因我又考取陪都重慶中央政府培養高級軍政幹部的中央訓練團，而特設的新聞「新聞研究班」第一期，與我同期的有為新詩奉獻心力的覃子豪兄（可惜五十二歲早逝）和中央社東京分社主任兼國際記者協會主席的李嘉兄。他在我訪問東京時曾與我合影留念，並親贈我精裝《日本專欄》三本。他七十歲時過世，這兩張照片我都編入「全集」一百九十多萬字的空前大長篇小說（紅塵）照片類中。而今在台同學只有兩位了。

民國二十八年（一九三九）九月我以軍官、記者雙重身分，奉派到第三戰區最前線的第三十二集團軍上官雲相總部所在地，唐宋八大家之一，又是大政治家王安石，尊稱王荆公的家鄉臨川，（屬撫州市）作軍事記者，時年十九歲，因第一篇戰地特寫《臨川新貌》經第三戰區長官都主辦的行銷甚廣的《前線日報》發表，隨即由淪陷區上海市美國人經營的《大美晚報》轉載，而轉爲文學創作，因我已意識到新聞性的作品易成「明日黃花」，文學創作則可大可久，我爲了寫大長篇《紅塵》、六十四歲時就請求提前退休，學法出身的秘書長何宜武先生大惑不解，他對我說：

「別人想幹你這個工作我都不給他，你爲什麼要退？」我幹了十幾年他只知道我是個奉公守法的張萬熙，不知道我是「作家」墨人，有一次國立師範大學校長劉真先生告訴他張萬熙就是墨人，劉校長看了我在當時的「中國時報」發表的幾篇有關中國文化的理論文章，他希望我繼續寫，劉校長真是有心人。沒想到他在何宜武秘書長面前過獎，使我不能提前退休，要我幹到六十五歲多四個月才退了下來。現在事隔二十多年我才提這件事。鼎盛時期的（台灣新生報）連載四年多的拙作《紅塵》出版前三冊時就同時獲得新聞局著作金鼎獎和嘉新文化基金會「優良著作獎」，劉真校長也是嘉新文化基金會的評審委員之一，他一定也是投贊成票的。「世有伯樂而後有千里馬」。我九十二歲了，現在經濟雖不景氣，但我還是重讀重校了拙作「全集」我一向只問耕耘，不問收穫，我歷任軍、公、教三種性質不同的職務，經過重重考核關卡，寫作七十三年，經過編者的考核更多，我自己從來不辦出版社。我重視分工合作。我頭腦清醒，是非分明，歷史人物中我更敬佩遠祖張良，不是劉邦。張良的進退自如我更歎服。在政治角力場中要保持頭腦清醒，人性尊嚴並非易事。我們張姓歷代名人甚多，我對遠祖張良的進退自如尤爲歎服，因此我將民國四十年在台灣出生的幼子依譜序取名選良。他早年留美取得化學工程博士學位，雖有獎學金，但生活仍然艱苦，美國地方大，出入非有汽車不可，這就不是獎學金所能應付的，我不能不額外支持，他取得化學工程博士學位與取得材料科學碩士學位的媳婦蔡傳惠雙雙回台北探親，且各有所成，幼子曾研究生產了飛機太空船用的抗高溫的纖維，媳婦則是一家公司的經理，下屬多是白人，兩孫亦各有專長，在台北出生的長孫是美國南加州大學的電機碩士，在經濟不景氣中亦獲任工程師，我不要第三代走這條文學小徑，是現實客觀環境的教訓，我何必讓第三代跟我一樣忍受生活的煎熬，這會使有文學良心的人精神崩潰的。我因經常運動，又吃全素二十多年，九十二歲還能連寫四、五小時而不倦。我寫作了七十多年，也苦中有樂，但心臟強，又無高血壓，一是得天獨厚，二是生活自我節制，我到現在血壓還是60－110之間，沒有變動，寫作也少戴老花眼鏡，走路仍然「行如風」，十分輕快，我在國民大會主編《憲政思潮》十八年，看到不少在大陸選出來的老代表，走路兩腳在地上蹉跎，這就來日不多了。個人的健康與否看他走路就可以判斷，作家寫作如在八十歲以後還不戴老花眼鏡，沒有高血壓，長命百歲絕無問題。如再能看輕名利，不在意得失，自然是仙翁了。健康長壽對任何人都很重要，對詩人作家更重要。

一九九〇年我七十歲應邀訪問大陸四十天作「文學之旅」時，首站北京，我先看望已九十高齡的老前輩散文作家，大家閨秀型的風範，平易近人，不慍不火的冰心，她也「勞改」過，但仍心平氣和。本來我也想看看老舍，但老舍已投湖而死，他的公子舒乙是中國現代文學館的副館長，他也出面接待我，還送了我一本他編寫的《老舍之死》，隨後又出席了北京詩人作家與我的座談會，參加七十賤辰的慶生宴，彈指之間卻已二十多年了。我訪問大陸四十天，次年即由台北「文史哲出版社」出版照片文字俱備的四二五頁的《大陸文學之旅》。不虛此行。大陸文友看了這本書的無不驚異，他們想不到我七十一高齡還有這樣的快筆，而又公正詳實。他們不知我行前的準備工作花了多少時間，也不知道我一開筆就很快。

我拜會的第二位是跌斷了右臂的詩人艾青，他住協和醫院，我們一見如故，他是浙江金華人，卻體格高大，性情直爽如燕趙之士，完全不像南方金華人。我們一見面他就緊握著我的手不放，侃侃而談，我不知道他編《詩刊》時選過我的新詩。在此之前我交往過的詩人作家不少，沒有像他如此豪放真誠，我告別時他突然放聲大哭，陪我去看他的北京新華社社長族侄張選國先生，陪我四十天作《大陸文學之旅》的廣州電視台深圳站站長高麗華女士，文字攝影記者譚海屏先生等多人，不但我爲艾青感傷，陪同我去看艾青的人也心有戚戚焉，所幸他去世後安葬在八寶山中共要人公墓，他是大陸唯一的詩人作家有此殊榮。台灣單身詩人同上校軍文黃仲琮先生，死後屍臭才有人知道，他小我二歲，如我不生前買好八坪墓地，連子女也只好將我兩老草草火化，這是與我共患難一生的老伴死也不甘心的，抗日戰爭時她父親就是我單獨送上江西南城北門外義山土葬的。這是中國人「入土爲安」的共識。也許有讀者會問這和文學創作有什麼關係？但文學創作不是單純的文字工作，而是作者整個文化觀、文學觀，人生觀的具體表現，不可分離。詩人作家不能「瞎子摸象」，還要有「舉一反三」的能力。我做人很低調。寫作也不唱高調，但也會作不平之鳴、仗義直言。我不鄉愿，我重視一步一個腳印，「打高空」可以譁眾邀寵於一時，但「旁觀者清」，讀者中藏龍臥虎，那些不輕易表態的多是高人。高人一旦直言不隱，會使洋洋自得者現出原形。作品一旦公諸於世，一切後果都要由作者自己負責，這也是天經地義的事。

我寫作七十多年無功無祿，我因熬夜寫作頭暈住馬偕醫院一個星期也沒有人知道，更不像大陸的當代作家、詩人是有給制，有同教授的待過，而稿費、版稅都歸作者所有。依據民國九十八年一月十日「中國時報」A十四版「二〇〇八年中國作家富豪榜單」二十五名收入人民幣的數字統計，第一高的郭敬明一年是一千三百萬人民幣，第二名鄭淵潔是一千一百萬人民幣，第三名楊紅櫻是九百八十萬人民幣。最少的第二十五名的李西閩也有一百萬人民幣，以人民幣與台幣最近的匯率近一比四‧五而言，現在大陸作家一年的收入就如此之多，是我一九九〇年應邀訪問大陸四十天作文學之旅時所未想像到的，而現在的台灣作家與我年紀相近的二十年前即已停筆，原因之一是發表出版兩難，二是年齡太大了。民國九十八年(二〇〇九)以前就有張漱菡(本名欣禾)、尹雪曼、劉枋、王書川、艾雯、嚴友梅六位去世，嚴友梅還小我四、五歲，小我兩歲的小說家楊念慈則行動不便，鬍鬚相當長，可以賣老了。我托天佑，又自我節制，二十多年來吃全素，又未停止運動，也未停筆，最近在台北榮民總醫院驗血檢查，健康正常。我也有我的養生之道，每天吃枸杞子明目，吃南瓜子抑制攝護腺肥大，多走路、少坐車，伏案寫作四、五小時而不疲倦，此非一日之功。

民國九十八(二〇〇九)己丑，是我來台六十周年，這六十年來只搬過兩次家，第一次從左營搬到台北大直海軍眷舍，在那一大片天主教白色公墓之下，我原先不重視風水，也無錢自購住宅，想不到鄰居的子女有得神經病的，有在金門車禍死亡的，大人有坐牢的，有槍斃的，也有得神經病的，我退役養雞也賠光了過去稿費的積蓄，讀台大外文系的大兒子也生病，我則諸事不順，直到搬到大屯山下坐北朝南的兩層樓的獨門獨院自宅後，自然諸事順遂，我退休後更能安心寫作，遠離台北市區，真是「市遠無兼味，地僻客來稀。」同里鄰的多是市井小民，但治安很好，誰也不知道我是爬格子的，連警察先生也不光顧舍下，除了近十年常有人打電話來騙我，幸未上大當外，我安心過自己的生活。當年「移民潮」去不了美國的也會去加拿大，我是「美國人」的祖父，我不移民美國，更別說去加拿大了。娑婆世界無常，早年即移民美國的琦君（本名潘希真）、彭歌，最後還是回到台灣來了，這不能說台灣是「天堂」，以我的體驗而言是台北市氣候宜人，夏天三十四度以上的日子少，冬天十度以下的日子也很少，老年人更不能適應零度以下的氣溫，我只有冬天上大屯山、七星山頂才能見雪。有高血壓、心臟病的老人更不能適應。我不想做美國公民，做台灣平民六十多年，也沒有自卑感。

娑婆世界是一個無常的世界，天有不測風雲，人有旦夕禍福，老子早說過：「福兮禍所倚，禍兮福所伏。」禍福無門，唯人自招。我一生不起歪念，更不損人利己，與人爲善。雖常吃暗虧，只當作上了一課。這個花花世界是我學不完的大教室，萬丈紅塵其中也有黑洞，我心存善念，更不造文字孽，不投機取巧，不違背良知，蒼天自有公斷，我本著文學良心寫作，盡其在我而已，讀者是最好的裁判。

民國一〇〇年（二〇一一）辛卯七月二十九日下午六時二十三分於紅塵寄廬

1951 年墨人 31 歲與夫人曾麗春女士（30 歲）結婚十周年紀念合影於左營

墨人博士七十壽辰與夫人曾麗春女士合影。此照為大翻譯家、文學理論家黃文範先生所攝，並在照片背後題「南山北海惟仁者壽」。

民國二十九年(1940)作者墨人在江西南城戎裝照。

1939 年墨人即自戰時陪都四川重慶奉派至江西臨川王安石家鄉，第三戰區前線任軍事記者創辦軍報，提供抗日官兵精神食糧。時年 19 歲。

2010 年「五四」作者墨人 91 歲在花蓮和南寺家人合影

2003 年 8 月 26 日作者墨人（中）在含鄱口觀山景點與作者長女韻華、長子選翰、三女韻湘、二女韻真合影。

2005 年 2 月作者次子選良（右一）回台北與父（右二）及作者夫人（中）三女韻湘（左二）二女韻真（左一）合影。

作者墨人在書房留影，時年八十五歲。

《墨人博士大長篇小說〈紅塵〉法文譯本封面照片》

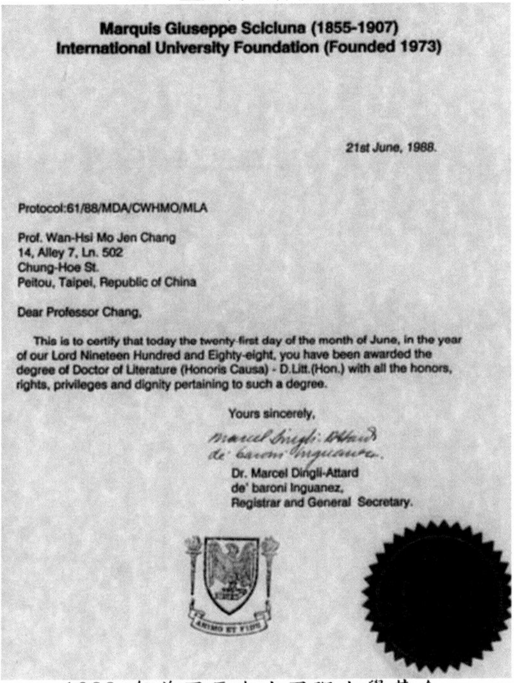

Marquis Giuseppe Scicluna (1855-1907)
International University Foundation (Founded 1973)

21st June, 1988.

Protocol:61/88/MDA/CWHMO/MLA

Prof. Wan-Hsi Mo Jen Chang
14, Alley 7, Ln. 502
Chung-Hoe St.
Peitou, Taipei, Republic of China

Dear Professor Chang,

This is to certify that today the twenty-first day of the month of June, in the year of our Lord Nineteen Hundred and Eighty-eight, you have been awarded the degree of Doctor of Literature (Honoris Causa) - D.Litt.(Hon.) with all the honors, rights, privileges and dignity pertaining to such a degree.

Yours sincerely,

Dr. Marcel Dingli-Attard
de' baroni Inguanez,
Registrar and General Secretary.

ANIMO ET FIDE

1988 年美國馬奎士國際大學基金會，授予張萬熙墨人教授榮譽文學博士學位證書。

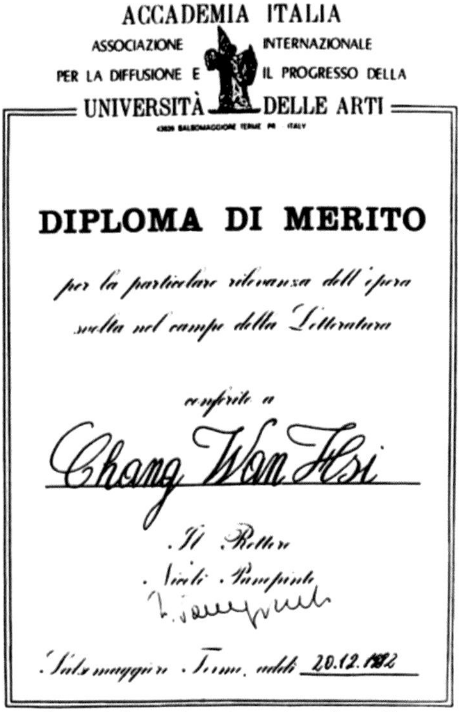

ACCADEMIA ITALIA
ASSOCIAZIONE INTERNAZIONALE
PER LA DIFFUSIONE E IL PROGRESSO DELLA
UNIVERSITÀ DELLE ARTI
43039 SALSOMAGGIORE TERME PR ITALY

DIPLOMA DI MERITO

per la particolare rilevanza dell'opera
svolta nel campo della Letteratura

conferito a

Chang Wan Hsi

Il Rettore
Nicola Pampinto

Salsomaggiore Terme, addì 20.12.1982

義大利出版英、法、德、義四種文字的「國際文學史」的 ACCADEMIA ITALIA, 1982 年授予墨人的文學功績證書。

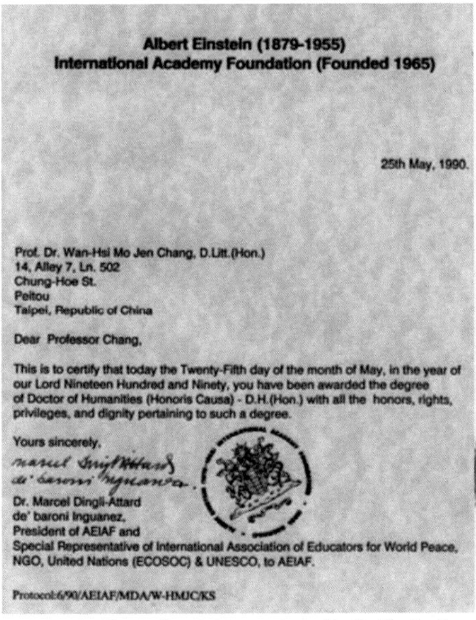

Albert Einstein (1879-1955)
International Academy Foundation (Founded 1965)

25th May, 1990.

Prof. Dr. Wan-Hsi Mo Jen Chang, D.Litt.(Hon.)
14, Alley 7, Ln. 502
Chung-Hoe St.
Peitou
Taipei, Republic of China

Dear Professor Chang,

This is to certify that today the Twenty-Fifth day of the month of May, in the year of our Lord Nineteen Hundred and Ninety, you have been awarded the degree of Doctor of Humanities (Honoris Causa) - D.H.(Hon.) with all the honors, rights, privileges, and dignity pertaining to such a degree.

Yours sincerely,

Dr. Marcel Dingli-Attard
de' baroni Inguanez,
President of AEIAF and
Special Representative of International Association of Educators for World Peace, NGO, United Nations (ECOSOC) & UNESCO, to AEIAF.

Protocol:6/90/AEIAF/MDA/W-HMJC/KS

1990 年美國愛因斯坦國際學院基金會授予張萬熙墨人教授榮譽人文學（含哲學文學藝術語言四種）博士學位

WORLD UNIVERSITY ROUNDTABLE
In Corporate Affiliation with the World University
Greetings
In recognition of Distinguished Achievement within the principles and purposes of the World University development, the Trustees of the Corporation, upon the nomination of the Secretariat, confer doctoral membership and this honorary award upon
Chang Wan-Hsi (Mo Jen)
The Cultural Doctorate in Literature
with all rights and privileges there to pertaining.

Witness our hand and seal at the International Secretariat
Regional Campus, Benson, Arizona
April 17, 1989

President of the Board of Trustees
Secretary of the Board of Trustees

1989 年美國世界大學授予張萬熙墨人榮譽文學博士學位，文化大學創辦人張其昀（曉峰）先生亦獲此榮譽。

THIS PICTORIAL TESTIMONIAL OF ACHIEVEMENT AND DISTINCTION
proclaims throughout the world that
DR. CHANG WAN-HSI (MO JEN)
is the recipient of the above-mentioned Honour, granted by the Board of Editors of the
2000 OUTSTANDING SCHOLARS OF THE 20TH CENTURY
meeting in Cambridge, England, on the date set out below,
AND that the Board also resolves that a portrait photograph of
DR. CHANG WAN-HSI (MO JEN)
be attached to this Testimonial as verification of the Honour bestowed.
2000 OUTSTANDING SCHOLARS OF THE 20TH CENTURY
First Edition
Signed and sealed on the
14th December 1999
Authorized Officer

1999 年 10 月張萬熙墨人博士榮登英國劍橋國際傳記中心《二十世二千位傑出學者》第一版證書。

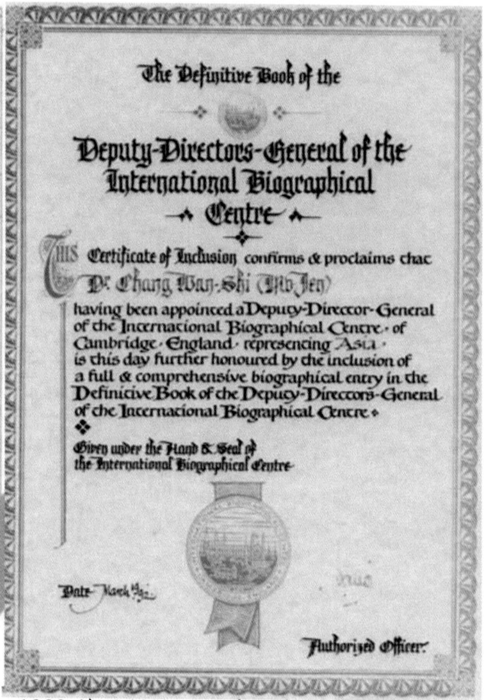
The Definitive Book of the
Deputy-Directors-General of the International Biographical Centre
THIS Certificate of Inclusion confirms & proclaims that
Dr. Chang Wan-Shi (Mo Jen)
having been appointed a Deputy-Director-General of the International Biographical Centre of Cambridge England representing Asia is this day further honoured by the inclusion of a full & comprehensive biographical entry in the Definitive Book of the Deputy-Directors-General of the International Biographical Centre.
Given under the Hand & Seal of the International Biographical Centre
Date March 1992
Authorized Officer

1992 英國劍橋國際傳記中心（I.B.C.）任張萬熙墨人博士為代表亞洲的副總裁。

THE INTERNATIONAL SHAKESPEARE AWARD
FOR LITERARY ACHIEVEMENT
This Illuminated Certificate of Merit commemorates and celebrates the life and work of
Dr. Chang Wan-Hsi (Mo Jen) DDG
and is therefore a rightful recipient of the Shakespeare Award for Literary Achievement and as such stands testament to the efforts made by said individual in the arena of
Poetry, Novels and the Humanities
Witnessed on the date set out below by the Officers of the International Biographical Centre at its Headquarters in Cambridge, England and signed by the Director General and Editor-in-Chief.
16th March 2009
Director General　Editor-In-Chief

2009 年 3 月 16 日英國劍橋國傳記中心總裁與總編輯聯合授予張萬熙墨人博士國際莎士比亞文學成就獎。

International Biographical Centre Cambridge CB2 3QP England
Telephone: +44 (0) 1353 646600 Facsimile: +44 (0) 1353 646601
IBC

REF : LAA/MED/MW-13640

13 November 2002

Dr Chang Wan-Hsi (Mo Jen) DDG
14 Alley 7, Lane 502
Chung Ho Street
Peitou
Taipei
Taiwan

Dear Dr Chang

Please find enclosed the Medal in respect of the **Lifetime Achievement Award** which I hope meets with your approval.

Yours sincerely

M Whitehall

MICHELLE WHITEHALL
Personal Assistant to the Director General

Enc

英國劍橋國傳記中心(I.B.C.)2002 年頒發詩人作家張萬熙（墨人）博士終身成就獎，英文信及金牌正反面照片墨人早年即被 I.B.C.推選為副總裁。

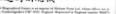

扶桑花　目次

扶桑花

一

當李美姿和一些同學們與王[redacted]老師閒談時，王[redacted]老師發現李美姿對[redacted]P和B兩個字母的發音有點混淆不清，王[redacted]老師奇怪，李美姿[redacted]怎麽連這兩個[redacted]字母的音也分不開？根據他的經驗，中國人對這兩個音不會有甚麽困難，只有日本人才分不清楚，因此他風趣地問李美姿：

「妳是不是日本人，」

李美姿笑着點點頭。

同學們一陣驚愕，王[redacted]老師又驚又喜，連說：

「Wonderful Wonderful，原來妳是日本人？難怪我聽妳講英語總有點不對勁？」

李美姿望着王[redacted]老師天眞地微笑，王[redacted]老師又笑着說：

「你們日本人說：I love you very much! 總是說成這個樣子：I lobe you bery much! 妳是不是這樣說？」

李美姿大笑起來，同學們更是大笑，生性詼諧的劉翰生馬上接着說：

「老師，李美姿對何文祥就是這樣說的，我們總是學她 I lobe you bery much。」

於是大家又笑了起來，何文祥卻悄悄地溜開。劉翰生望了何文祥一眼，笑着對王[redacted]說：

「老師，何文祥對L和N兩個字也搞不淸，他把 not 總是說成 lot，把 night 總是說成 light，他們眞是寶一對！」

經劉翰生這一形容，大家又大笑起來，王[redacted]笑着問：

「何文祥是甚麼地方人？」

「湖南！」劉翰生搶着回答。

「這很有意思，」王教授一笑：「湖南人對L和N這兩個字的發音也有困難。但這都是自己不小心，把鄉音夾進去了，學別國的語文就是不能夾雜自己的鄉音，一有鄉音就變成洋涇濱了。只要平時注意聽，注意講，多練習特殊的字的發音，這些毛病就可以避免；李美姿，以後妳可不要把V唸成B，把B唸成[redacted]呀！」

[redacted]大家又是一陣[redacted]笑。

接着王[redacted]老師還特別提醒大家注意ＴＤ這兩個字的發音，他說有些人學了一輩子英文，甚至在美國得了博士回來，這兩個字的發音還是不準，講起來沒有味兒，他並且舉time和darling爲例，他一學大家又笑起來，[redacted]而他說得卻和美國人一模一樣，非常受聽，夠味。

他們覺得和王[redacted]老師這一陣閒談，獲益匪淺，非常高興。

李美姿一轉身不見何文祥，有點詫異，因爲何文祥悄悄地溜走時她沒有注意。

她和同學們分手後就去找何文祥，她跑到教室去找，何文祥不在；跑到宿舍去找，何文祥也不在。後來她在校園裏面找到他，他正坐在一株杜鵑花旁邊發呆。

「嗨！我到處找你都找不到，你怎麽一個人坐在這裏發呆？」她笑着向他走來。

他低着頭沒有作聲，連看都不看她一眼。她心裏微微一驚，但並沒有生氣，還是向他走來，最後停在他面前，兩手扶着膝蓋，彎下腰去問他：

「甚麽事不高興？誰得罪了你？」

他仍然不作聲，也不抬頭看她。過了一會她又搭訕地說：

「王[redacted]老師的話你怎麽不聽？他雖然是隨便談談，卻比正式上課還帶勁。」

「哼！到今天我才知道妳是日本人！」他從鼻孔裏冷哼一聲。

她微微一怔，過了一會才問他：

「日本人有甚麽不好？」

「我討厭日本人！」他抬起頭來大聲地說。

「你也討厭我？」她笑着問。

「早知道妳是日本人，我才不和妳來往！」他憤憤地說。

她不自覺地後退了兩步，然後尷尬地一笑：

「你說日本人有甚麽不好？」

她這句卻把他問住了，他長了這麽大，並沒有接觸過一個日本人，日本人究竟怎麽不好？他並不十分清楚，他腦筋裏只有姑母灌輸他的一個概念：就是日本人都是壞東西！想不到他所喜愛的人卻是日本人？他覺得她不但生得美，一言一笑都很可愛，他即使想找她的壞處也找不出來。

「眞奇怪，」她看他不作聲又向他一笑：「你爲甚麽竟這樣盲目地憎恨日本人？」

「我才不盲目！」他馬上理直氣壯起來：「我母親就死在你們日本人手裏！」

她大大地一驚，幾乎是自言自語地說：

「眞有這囘事？」

「誰騙妳？」他把身子一扭，把背向着她。

她顯得相當尷尬，但她並沒有調頭就走，她想知道這件事的底細，因此問他：

「那是甚麽時候的事？」

「抗戰時候的事。」

「哦！你是說中日戰爭哪，」她微微一笑：「那離我們很遠了，當時我們都很小，戰爭開始時我們還沒有出生呢，你怎麽知道？」

「我姑媽親口告訴我的。」他突然回過頭來說：「我母親死得很慘！」

「你姑媽知道那個殺你母親的日本人嗎？」她委婉地問。

「那是一羣野獸，怎麽知道是張三李四？」他憤憤地說。

「因此你就恨所有的日本人了？」

「我如果知道是誰，我非殺掉他不可！」他斬釘截鐵說。

她和他繼續談了一會，知道他痛恨日本人，一時無法改變他的觀念。他對她的態度也幾乎有一百八十度的轉變，她終於傷心地走了。

二

何文祥對她突然疏遠，使她非常難過，她知道她自己並沒有錯，而是她的國籍帶來的煩惱。中日戰爭究竟是怎麼一回事？她並不十分清楚，中國書籍說是抗戰，抵抗日本的侵略，日本書籍有些卻說那是膺懲支那的聖戰。中國書籍說日本軍人姦淫燒殺；日本有些書籍卻說皇軍的紀律如何好？公說公有理，婆說婆有理，而何文祥又一口咬定日本軍人殺了他的母親，突然的對自己冷淡起來，這眞使她煩惱極了！

一天晚飯後，她實在悶不過，便問她父親荒木先生：

「爸爸，中日戰爭時你在中國，我們日本人究竟有甚麼對不起中國人的地方？」

她從來沒有提過這類的問題，這突然一問使荒木有點驚愕，他看了她一眼，然後說：

「美子，妳問這些事幹甚麼？」

「我要問。」她撒嬌地說。

「那同妳沒有關係，妳何必問？」他向她慈愛地一笑。

「這關係大得很，爲甚麼不問？」她說。

「妳當時還小得很，這和妳有甚麼關係？」他向她一笑。

「爸爸，你們那一代人做的事，卻影響了我們。」她嘟着嘴說。

「是不是中國同學對妳不好？」他有點關心起來。

「不，他們對我都好，」他搖搖頭說：「只有一個人態度大變！」

「爲甚麼？」荒木先生有點驚奇。

「本來我們感情很好，但他知道我是日本人之後就不理我了。」她的眼圈微微一紅。

「那是甚麼原因呢？」荒木憐愛地問。

「爸爸，這要問你呀！」她大聲地說。

「孩子，這是你們的事，我怎麼知道？」荒木先生幽默地一笑。

「他說我們日本人殺了他的母親！」她說。

「啊！」荒木先生一楞，沒有再說下文。

「爸爸：有沒有這回事？」她又追問。

「孩子，這很難講，打仗自然要殺人。」荒木歉然一笑。

「爸爸，打仗是男人的事，爲甚麽要殺女人？」
「孩子，戰爭的時候，人常常會失去理性。」荒木說。
「那何文祥的話不是假的了？」她兩眼盯着她父親。
「可能有這囘事，」荒木敲敲烟斗說：「但是妳不負這個責任。」
「那麽該你負這個責任了？」她天眞地說。
「我也不負這個責任，」荒木笑着搖搖頭：「當時我只是替軍部做生意，並沒有殺人。」
「那麽該誰負這個責任呢？」她打破沙鍋問到底。
「這是政府的責任，不是我們個人的事情。」荒木說。
「可是何文祥卻恨所有的日本人。」她說，眼眶又紅了起來：「他甚至連我都恨！」
「那妳別和他來往好了。」荒木說。
「啊！爸！」她幾乎哭起來：「不行！不行！」
「孩子，不要和外國人談戀愛，」荒木拍拍女兒的肩膀說：「我們遲早要囘國的。」
「爸，何文祥不是外國人，他和我們一樣，」她情急地說，隨後又稍作修正：「我覺得他不是外國人。」

「雖然他的皮膚和我們一樣，可是妳不要忘記他是中國人。」荒木又拍拍女兒的肩說。

「爸，你不是很歡喜中國嗎？」她問父親。

荒木不語，他昂起頭來望望天花板，他像在回憶甚麼事？不，他是在想上海、南京、武漢、北平、天津，那些他住過的地方，他喜歡那些地方，甚至也喜歡那些地方的人，他們是那麽善良，那麽大量；戰敗之後，他雖然被遣送回國，可是他仍然懷念中國，想不到中國的局勢變化那麽快，後來他想去也去不成了。因此他只好攜眷來到臺灣，一住就是八九年，女兒已經上大學了。當初他爲了使她不受歧視，還特別爲她取了一個中國名字「李美姿」，上初中時，因爲她的中國話講得還不大好，所以還有人知道她是日本人，現在上大學之後，便沒有人懷疑過，可是女兒目前旣然遇到國籍的困擾，他的潛意識就自然抬頭了。

「是的，我很喜歡中國，但是我也沒有忘記我是日本人。」沉默了很久之後荒木這樣說。

「爸爸，你看我們應該怎樣才能使何文祥忘記那筆仇恨？」她沉吟了一會之後望着她父親的臉上說。

「孩子，他自幼失去了母親，要他忘記這筆仇恨恐怕很難？」荒木疑慮地說。

「可不可以請他到我們家裏來吃晚飯，你就便向他解釋一番？」她忽然向她父親這樣建議。

「如果他肯來，我當然歡迎。」荒木順從了女兒的意見。

得到父親的允許，她高興得不得了，馬上把兩手放在膝蓋上，腰一彎，向荒木行了一個九十度的鞠躬禮。

三

第二天她來到學校之後，找了一個機會和何文祥單獨在一塊，她向何文祥說：

「文祥，我父親請你到我家去吃晚飯。」

「爲甚麽？」何文祥反問她。

「不爲甚麽，」她向他一笑：「只是請你到我家玩玩。」

「謝謝妳，我沒有空。」他冰冷地回答。

她睜大眼睛望着他，自尊心受了傷害，眼淚快要掉下來。

「我又沒有得罪你，你爲甚麽這樣恨我？」她終於哭了出來。

「我並不是恨妳，我是恨日本人。」

「你就因爲我是日本人，你才恨我。」她瞟了他一眼說。

他顯得有點手足無措，不知道怎樣說好？過了一會之後才說：

「這問題一下子也說不清楚，以後再談。」

他匆匆地瞥了她一眼之後便迅速地溜走。

「我家裏你到底去不去？」她追上一步問。

「我要先問問姑媽。」他隨口答應一句。

他走後她一個人痴痴呆呆地立在原地，恰巧劉翰生從這裏經過，發現她一個人立在這裏便笑着問：

「扶桑花，妳一個人站在這裏幹甚麽？」

她支吾了幾句，總算把劉翰生瞞了過去。自從那天她無意中吐露出自己是日本人後，同學們便替她取了一個綽號叫「扶桑花」，因爲她是日本人，又長得像花一樣嬌美。至於李美姿這個中國名字反而很少人叫了。

何文祥離開李美姿之後，心裏矛盾得很，以母親的死來講，他恨透了日本人，要是找着那個禽獸，眞非殺他不可。可是以李美姿來講，她一點不像日本人，一點也不可恨，自己爲甚麽恨她呢？實在有點莫明其妙？回家以後，他終於把和李美姿交往的經過情形一五一十地告訴了姑媽，並且問她應不應該到李美姿家裏去？

「怎麽？你爲了愛情就把你母親的血海深仇忘記了？日本人沒有一個好東西，你還有臉到她家裏去！這麽大的人沒有一點血性，講出這種話來，就對不住你的母親，你還不趕快向你母親陪罪？」他姑媽訓斥他幾句。

這時，他乖乖地向母親的遺像鞠了一個躬，他母親的這張放大瓷像很年輕，看上去只有二十三四光景，是一個古典美人。他父親就因爲他母親的横死，不久之後也氣憤而死了。

受了姑媽這頓訓斥之後，他從此不敢再提李美姿，在學校裏也避免和李美姿碰頭。對於李美姿邀他到她家裏去的事一直沒有答覆，一天下課之後李美姿截住他問：

「你到底去不去？」

「我姑媽不准我去。」他說。

她馬上失望地走開，含淚欲滴。

這天他回家時他姑媽突然拿着一張照片笑盈盈地問他：

「文祥，這女孩子是誰？」

他一看是李美姿，便不敢直說，情急智生，隨口撒了一個大謊，說是另一位許同學。照片後面雖然有英文簽名，但是他姑媽不認識。

他想不起這張照片是怎樣掉出來的？

「文祥，這女孩子長得眞可愛！你爲甚麼不和她好？偏要和那個日本婆子好？」他姑媽笑着說。

他心裏好笑，但是不敢笑出來，只是抿着嘴不作聲。

「傻孩子，應當愛的你不愛，不應當愛的你偏愛！明天禮拜六，下午沒有課，我弄幾樣好菜，你請她到家裏來。」她鼓勵他說。

「恐怕她不肯來。」他故意[redacted]地說。

「你不會想點辦法？」她望着他慈愛地一笑：「這麼大的人，難道還要姑媽教？」

「那我試試看。」他勉强答應下來。

「拿出勇氣來，[redacted]不把她請來你就沒有出息。」

這天晚上他躺在床上輾轉反側，遲遲不能入睡。姑媽看上了李美姿，他心裏自然高興，假如她知道她是日本人那又怎麼辦呢？自己繼續和李美姿交往是不是對得起母親的在天之靈？這些問題使他的頭腦紊亂得很。

第二天上學時他姑媽提着菜籃和他一道出去，分手時又特別叮囑他：

「我去買菜，你一定要把她請來！」

他聽了眞是一則以喜，一則以懼。

上學之後，他鼓了好幾次勇氣才找到李美姿，期期艾艾地對她說：

「我姑媽請妳去吃晚飯。」

她睜大眼睛望着他，不敢相信他的話，過了好一會才說：

「她不讓你到我家裏去，爲甚麼又要我到你家裏去？」

「她很歡喜妳。」他說。

「她恨死了日本人，爲甚麼歡喜我？」她奇怪地問。

於是他只好把經過的情形告訴她，她聽了一笑。

「如果她知道我是日本人，那怎麼辦？」她忽然躭心起來：「她會不會把我轟出來？」

「我們不說，她不會知道。」他說。

她考慮了一會，才接受他的請求，過後又歪着頭問他：

「你恨不恨我？」

他的臉一紅，一笑跑開。

四

下午放學之後，他們兩人一道走了。

他姑媽一看見他帶着她來了，馬上眉開眼笑地對她說：

「喲！許小姐，難得難得，我還怕妳不肯賞光哩！」

「伯母妳太客氣了！我怎麽敢不來？」李美姿笑着回答。

老太太聽了眼睛笑成一條縫，馬上望了何文祥一眼說：

「文祥，你看許小姐多懂事？你應該向許小姐多學學才對。」

說後又把李美姿領到客廳來，還從盤子裏挑出一個大蘋果遞給她：

「許小姐，妳先吃隻蘋果，我馬上泡茶來。」

說後身子一幌就走了，走到半路又囘過頭來對何文祥說：

「文祥，水菓刀在茶几下面，你替許小姐削削皮。」

老太太一進去，他們兩人就會心地一笑，她輕輕地說：「我又改姓許了！」

「暫時委屈一下。」他抱歉地一笑。

隨後她問了一些他姑媽家庭的情形，他告訴她連他一起才三個人，姑父又經常出差，家裏非常清靜。

「你姑媽人很好，怎麽那麽不諒解日本人？」她問。

「因爲他們那一代的人[redacted]太深。」他說，同時指指母親的照片：「妳看，那就是我母親！」

她驚訝地啊了一聲，隨卽抱歉地說：

「我眞替我們上一代的[redacted]胞抱歉！」

說過之後馬上走過去向照片恭恭敬敬地一鞠躬。

何文祥的姑媽端了兩杯香噴噴的茶出來，李美姿連忙走過去接住，老太太高興極了，笑着責備何文祥[redacted]：

「文祥，你就不知道動一下，還要許小姐自己來？」

「伯母，妳不要照顧我，我自己會來。」李美姿接着說。

老太太眉開眼笑地望着她，覺得她本人比照片更可愛。她皮膚雪白，身材修短適度，米色的洋上裝，緊身裙子，顯得身材很美，這些都是照片上看不出來的。何文祥偶一離開之後，她馬上笑問李美姿：

「妳看我文祥怎樣？是不是有點傻裏傻氣？」

「他很聰明，一點也不傻。」她笑着回答。

「許小姐，我跟妳說句眞心話，」老太太笑着說：「我非常歡喜妳，妳歡不歡喜我文祥？」

李美姿的臉微微一紅，然後點頭一笑，老太太高興得把她摟在懷裏，又在她耳邊輕輕地說：

「我的眼睛還沒有老花，你們兩人眞是最理想的一對！」

她羞澀地低下頭，老太太卻高興得哈哈笑。

吃晚飯的時候，老太太把好菜儘往李美姿的碗裏夾，又笑瞇瞇地望着她吃，心裏裝滿了歡喜。

飯後她又開好收音機，大家聽音樂，剝好橘子給李美姿吃，然後故意去後面，好讓他們兩人斷守在小客廳裏。

「你姑媽眞有意思。」她一面吃橘子，一面笑着對他說。

「妳也喜歡她？」他笑着問。

「她對我這樣好，我怎麼不喜歡？」她歪着頭回答。

「眞想不到妳們這樣有緣？」他欣慰地一笑。

「現在你可以把眞實情形告訴她。」她慫恿地說。

「那怎麼行？」他突然一怔：「妳不怕她轟妳出去？」

「我想不會。」她搖頭一笑。

「我可不敢說。」他用力搖搖頭。

「你眞沒有膽量。」她向他一笑。

「她會罵得我狗血噴頭。」

「你去試試看。」她輕輕地推他。

他鼓了很大的勇氣才站起來，慢慢地走到後面去。他姑媽看見他就笑着白了他一眼說：

「傻孩子，你不陪許小姐，跑到後面來幹甚麼？」

「我有話對您說。」何文祥期期艾艾地說。

「去，去，去！傻孩子！」她連忙向何文祥揮揮手：「有話儘管去對許小姐說，不要向我囉嗦。」

他看見老太太那高興的樣子，膽子壯了起來。終於開口說：

「姑媽，您以爲她是誰？」

「你這孩子，你不是說過她是許小姐嗎？」

「不，她不是許小姐。」

「孩子，你同我耍甚麼花槍？」她笑着駡他。

「姑媽，我不是向您耍花槍。」他笑着囘答。

「那麼她是誰？」她笑着問。

「她是李美姿。」他誠惶誠恐地說了出來。

「吓？」她馬上倒退兩步，睜大眼睛，張着嘴巴，半天才說：「她就是那個日本人？」

他惶悚地點點頭。

「嗨！怎麼我一點也看不出來？她完全不像日本人呀！」她奇怪地說。

「姑媽，您能原諒我們嗎？」他惶惑地問。

「孩子，你們都很可愛，只是她上一代人作了不少孽，可是這也不能怪她。」停了很久老太太才說。

「姑媽，您原諒我們了？」他望着老太太說。

老太太點點頭。

李美姿早已悄悄地站在廚房門口，一看見老太太點頭，便撲過來叫了一聲「姑媽」，老太太連忙抱住她，然後又伸手把何文祥攬進懷裏，眼淚隨即掉了下來。

五

何文祥把李美姿送了出來，兩人的心情非常愉快。快分手時他笑着問她

「妳怎麽早不說妳是日本人，那次王教授問妳才承認？」

「因爲我一直想作個中國人。」她笑着回答。

他聽了非常高興，不禁學着她的腔調說：

「I lobe you bery much!」

她馬上噗哧一笑，用力打了他一下，便迅速地跑開，然後又向他揚揚手，也學着他的腔調說：

「Darling, good light!」

他聽了也不禁失笑，他覺得他們兩人的發音都要重新來過，因此他大聲地對她說：

「美姿，明天我們兩人再去請教王老師！」

教師爺

一

鵝毛般的雪片，在空中飄飄盪盪，你擠我推，結果成堆地跌下來，但是沒有一點聲響，因爲地上的雪已經一尺多深了。

這樣的大雪已經連續下了兩天兩夜，外面是一片白色的世界，兀立着的大楊樹，也彷彿披着重孝的孤哀子，一身盡白，連那縮頭縮頸伏在枯樹枝上的烏鴉，背脊上也看不見一片黑色的羽毛了。

家家關門閉戶，圍爐取煖。母親偶爾伸頭向窗外一望，看見空中糾纏着的大雪。不禁把頸子一縮，冷兮兮地說：

「好大的雪！簡直像棉花條。」

我也好奇地端着橈子，站在上面向外一望，眞是天連地，地連天，白茫茫的一片。

在我眼光所及的地方，看不見一隻飛鳥，一隻走獸，連最愛在雪地奔跑的狗，也不見蹤影。

外面是一個無聲的世界，銀色的世界。而天空卻特別低沉，彷彿壓到了屋頂。

我因爲忍受不了那麽重的寒氣，又端着櫈子囘到火盆邊上烤火。父親翻翻火盆中的桑樹椿說：

「這樣的雪天，眞會冷死人！」

的確，我圍着火盆，還不時打着寒噤，我的花狗也睡在火盆旁邊，不敢出去。

突然，有人篤篤地敲我的門，父親奇怪地問：

「哪一個？」

「是我，三先生。」外面的人牙齒打顫地囘答。

父親連忙趕去開門，門一打開，就有一股寒氣衝了進來，我一連打了幾個寒噤，我的花狗跑到門邊去叫了幾聲又連忙退到火盆邊上來。

「舅公，是你？」父親驚奇地說。

這時，我看見一位四十出頭，上唇蓄了兩撇黃鬍髭，紅線眼，眼神卻很充足的中年人站在大門口，他身邊放了一個擔子，擔子裏是棉被鍋盌之類的東西，他[illegible]

位三十多歲的女人，和一個八九歲的女孩子。如果父親不叫那個男的一聲舅公，我還以爲是逃荒的。

那男的咧開嘴苦笑了一下，嗯了一聲。父親連忙把門全部拉開，一疊連聲地說：

「進來，進來！」

於是那男的兩手把擔子一托，托了進來，那女人和孩子也跟着進來。

父親把大門閂上，然後把男的介紹給母親說：

「這是沈家舅公。」

母親哦了一聲，原來沈家是父親今年才結的親戚，沈家的外甥女許給我弟弟，這是父親答應的親事，母親和我只見過另一位舅公，卻沒有見過這一位。

「這是我屋裏人。」沈家舅公指着那個女的對我母親說。

於是母親拉她坐在火盆旁邊，把那個女孩子拉在我旁邊坐下，女孩的手指凍得像煮熟的紅蝦，胖胖的臉凍得像染紅的鷄蛋，清鼻涕從那通紅的鼻子裏面不斷地流出來，掉在火盆裏發出磁磁的響聲。

母親從煨在火盆邊上的壺裏倒了兩盌熱茶遞給她們說：

「喝盌熱茶暖暖心。」

那女孩子的手指凍僵了，盌都端不穩，幾乎砸了，她母親連忙接過去，端給她喝。

父親拿了個錫酒壺過來，煨在火邊，笑着對沈家舅公說：

「你喝口熱酒活活血。」

酒壺煨在火邊不久，就發出一陣陣香味，沈家舅公饞涎欲滴，望着酒壺一笑：

「這酒衝勁很足。」

「這是上好的高粱，點火就燒。」父親說。

母親隨卽在火爐中扒出幾個烤紅苕，分給他們，紅苕噴着另一種香味，對我有很大的誘惑。

沈家舅公自己在火邊拿起酒壺，對着嘴喝了一大口，嘿了一聲。父親等他血脈暢通之後問他：

「舅公，大雪封了江，你怎麽過來的？」

「我邀老三的水鴨子過來的。」他說。

我知道那個水鴨子，尖頭，方屁股，只有五六尺長，平常只能坐兩個人，這樣的大雪天，他們三個人怎麽能坐過江？

「那眞不容易。」父親說。

「三先生，我是來投靠你的。」他又喝了一大口酒，雙手捧着酒壺，望着父親一笑。

「好說，好說，只要你不嫌怠慢。」

「我實在是不得已，才借你府上避避風。」他嘆口氣說。

「自己人，何必客氣？」父親說。

「本來她是嚴家的人，」他指着那女人說：「她外頭人過世之後，前兩個月才跟我，嚴家鬧的人和我過不去，總想拆散我們。」

「為甚麽？」父親奇怪地問。

「原來我和嚴家鬧有點過節——」他又捧着酒壺喝了一口。

「甚麽過節？」父親問。

「說起來話長，」他把酒壺放在膝蓋上：「有一年嚴家鬧比武，我把嚴猴子打下了台。」

「是不是那個學猴拳的？」父親不等他說完就搶着問。

「正是！」他把手在大腿上一拍。

「那很不容易！」父親讚揚地說。

「當時我只爲了好勝，現在想想眞不應該。」他後悔地說。

「那也沒有甚麽，」父親搖搖頭說：「既然抖擂台，自然要顯眞本事。」

「三先生你不知道，」他搖頭苦笑：「人家嚴猴子就憑他那一手在嚴家閘稱王稱霸，而且常常吃過界，你說，那一次我豈不是挖了他的牆腳？」

「他是不是找你的烙殼？」父親問。

「以前是做文章找不到題目，這次就找上了！」他望了那女的和我身邊的女孩一眼。

「現在並不禁止寡婦再醮，他這不是節外生枝？」父親說。

「嚴猴子就是這麽一個人，有甚麽辦法？」他捧着酒壺向父親苦笑。

「難道你怕他？」父親望着他說。

「不是那麽說，」他搖搖頭：「我四十多了，好不容易才成個家，何必？」

「既然這樣說，你就安心地在我這裏避避好了。」父親爽快地說。

「三先生，那我眞要千多萬謝了！」他拱拱手說。把壺裏的高粱一飲而盡。

二

從此，他們三人就在我家住下，住在後面那三間新添建的房子裏。

他是一肩擔兩口來的，無田無地，做買賣也沒有本錢，拿甚麽生活呢？靠我家周濟嗎？起初幾天他是接受的，後來他就婉辭了，但是拿甚麽生活呢？父親不能不爲他考慮了。他既然能打敗嚴猴子，手腳功夫自然不壞，因此父親建議他收幾個徒弟。

「我們家裏不是讀書的就是種莊稼的，還沒有出過教師爺，如果你願意教，我保險能收十個八個子弟，生活不成問題。」父親說。

「三先生，你少君的事我自然不能推辭，收徒弟我就不敢了。」他說。

「爲甚麽？」父親奇怪地問。

「我到你府上來是避難，如果收起徒弟來就會傳揚出去，惹麻煩。」他說。

「你在我這裏不要緊。」父親寬慰他說。

「我知道你們是大族大姓，不過能夠收藏一點我還是收藏一點。」他說。

父親自然不好勉强他，因此他只收了我這麽一個徒弟，另外還有一個在我家裏作事的缺嘴遠親，但這位遠親已經十八歲了，他並沒有正式收缺嘴，只叫他陪着我學，他說缺嘴年紀太大，學不到家，而我只有十歲，剛好。

從此，我白天讀書，晚上就在堂前練武。

他先教我練樁，作了個騎馬樁給我看，這件事看起來很容易，作起來卻很難，必須認眞用勁，如果我不用勁他會突然把手往我肩上一按，弄得我一屁股坐下地，那味道不好受。因此一次樁練下來，便兩腿痠痛，幾乎僵硬得不能舉步。我很討厭這種苦功，但是不敢不練，因爲父親總是在旁邊看。記得我六歲開蒙時，別的學生都在三跪九叩拜先生，拜孔老夫子，我卻在外面放鞭炮玩，結果挨了一頓好打，所以這次不敢馬虎。我是不得不練，而我那位缺嘴遠親卻非常用功，他練得臉紅脖子粗，大冷天頭上還冒汗。

以後他又規定我每天清晨起來，小便之前，就練「坐樁」，小便再急也不准解，這更是一件苦事，他卻說這樣練最有效！

過了十來天，他才叫我一招一式。首先是學規矩，雙手當胸一抱，站着丁字步向四周圍拱拱手，然後再講解一招一式的功用。他總是先作個樣子，讓我跟着學，學了十多天，一套梅花拳的架勢便打熟了。但我打來，完全是花拳繡腿，中看不中用，缺嘴卻連吃奶的力氣也用上去了，他居然打得虎虎生風，只是嘴巴關不住氣，往往一用勁，氣就嘣的一聲衝出來，我一笑就軟了手腳。

讀書，打拳，這兩道金箍咒箍得我完全失去了自由，幸好不久就放了寒假，只剩一道金箍咒了。白天除了踢毽子騎牛之外，就是拎着魚簍陪着沈家舅公去摸魚。

大冷天，尤其是結冰天，沈家舅公總是滿載而歸，一簍一簍的魚提回來，我很奇怪，別人用趕魚的網都沒有他弄的多，他怎麽憑着一雙手就能捉那麽多的魚？

無論天氣怎麽冷，他出去摸魚時總是穿着破棉襖，單褲，赤腳。一到水邊，他就把褲腳高高捲起，卸掉一隻衣袖，露出整個膀子。我一看他下水就打了一個寒噤，我把一個指頭伸進水裏試試，眞是寒得刺骨，一直冷到心裏，而他的兩條大腿和一隻臂膀卻整個地浸在水裏，我穿着棉袍站在岸上都冷得發抖，他在水裏嘴裏也像在嚼蠶豆，牙齒咯咯叫，但一條條大鯽魚卻從水裏摸出來，向岸上摔，我再一個個地檢進魚簍。

光摸鯽魚還不算稀奇，他還能捉住三四斤重的黑皮大烏魚，這種魚很難捉，普通大人用兩隻手在水裏都捉牠不住，因爲牠勁大皮滑，很容易溜走，他卻一隻手提了起來，當他把烏魚拋上岸之後，我要費好半天時間才能捉住牠，弄得烏魚一身泥，我也一身泥。往往我在岸上一條魚還沒有捉住，他又拋上另外一條，我的手卻凍僵了，要放在棉袍裏面煨一會才能活動。

他捉了一處又一處，當他從水裏起來再往別處摸時，我看見他兩條腿和那隻右臂凍得像熟蝦子，岸上剛勁的北風一吹，他似乎比在水裏還冷，他牙齒咯咯地說：

「要是有口高粱就好。」

但是沒有，他只能喝像刀樣銳利的北風。

「舅公，這些魚你是怎摸的？」我好奇地問。

「很容易。」他笑着說。

「你怎麽知道那裏有魚？」

「搞慣了一下水就知道。」他流着清鼻涕說。

「你怎麽捉得住？」

「鯽魚怕冷」，他向我一笑：「牠們會往我腳板底下鑽，我手一伸就像捉死的。」

「烏魚呢？」

「烏魚會鑽洞，」他用衣袖擦擦清鼻涕說：「我把手伸進洞扣住牠的腮。」

「我怎麽扣不住？」

「你的勁不够，」他向我一笑，然後把五指一張，一彎，像五隻鈎子，伸到我的面前：

「你看，人的眼睛都挖得出來，牠怎麽跑得了？」

「你不會把牠弄死？」

「不會，」他搖搖頭：「家裏不是養了一大缸？」

是的，我家裏那口大缸，他拿去養了烏魚，總有好幾十條，烏魚的生命力特別强，卽使離開水幾個鐘頭也不會死，尤其是冬天。

「你養着做甚麽？是不是準備放生？」我問。我記得祖母總是買烏魚，黃鱔，甲魚放生。她說烏魚頭上有王字，吃不得。可是有些人都非常歡喜吃烏魚，因爲牠肉多，刺少，帶補。

他聽了向我一笑，又輕輕地嘆口氣說：

「放生是有錢的善人幹的，我怎麽放得起？我是養到過年賣，價錢好些。」

我沒有作聲，他又笑着問我：

「你歡不歡喜吃烏魚？」

「歡喜！」我高興地囘答，祖母死後我才吃到烏魚，尤其歡喜吃用荷葉包着放在灶裏用文火灰燼煨熟的整條烏魚，那味道之好簡直說不出來。只有用同樣的方法煨的豬肝差可比擬。

「那過年時我多送你幾條。」他笑着說。

「你不是要賫錢嗎？」

「我總不能賫你的錢囉！」他摸摸我的頭說。

隨後他又走下另一個水塘，這個水塘更深，他的褲子完全濕了，一直濕到腰，連破棉襖的下襟也濕了。但在這裏他摸了更多的烏魚。

直到家家屋頂上冒着炊煙，烏鴉聒噪地繞着楊樹飛來飛去，他才和我一道回去。滿簍子魚我拎也拎不動，他在前面跑，我穿着長棉袍，像個大冬瓜，跑不快，跟不上，他邊跑邊回過頭來對我說：

「跑快點，我很冷。」

晚風一吹，的確更冷，何況他身上又是濕的？我聽見他的牙齒咯咯叫。

回家以後，他就抱着酒壺咕嚕咕嚕地喝了幾口冷酒，然後匆忙地換衣服，洗腳，舅婆殷勤地服待他，他笑着對我說：

「夜飯在我這裏吃魚。」

他的生活就是靠摸魚維持的。

三

臘月二十四，過小年那天，我家正忙着殺鷄，做年糕，煎豆皮，打豆腐，一家大小正忙得不亦樂乎，突然來了六個生人，一上門就找我父親。

「請問貴姓？」我父親問。

「敝姓嚴。」爲首的一位五十多歲的人點點頭說。看樣子他有點像教書先生。

我父親聽說他姓嚴，就知道是怎麽一囘事，於是笑着問他：

「請問貴幹？」

「你是三先生吧？」那人向我父親一笑。

我父親點點頭，那人馬上說：

「我想請教你一件事？」

「甚麽事？」

「聽說沈老大在你府上？」

「有這囘事。」我父親點點頭。

其餘的人立刻向我父親虎視眈眈，尤其是那個長着一對老鼠眼睛的中年人。

「聽說他還拐帶了一個女人，一個孩子，是不是？」

「女人孩子也是有的，只怕不是拐帶？」我父親說。

母親立刻把我一拉，拖着我到後面來向沈家舅公報信。

舅公他們正在房裏烤火，說說笑笑，我母親衝着他說。

「舅公，嚴家鬧來人了！」

舅公舅婆臉色突然一變，舅婆六神無主地望着舅公，舅公又望着我母親，過了一會再問：

「一共來了幾個人？」

「六個。」我搶着說。

「有沒有一個瘦瘦的，長着一對老鼠眼睛的人？」他又問我母親。

「有。」我母親點點頭。

「那就是嚴猴子。」他說。

「領頭的並不是他。」我母親連忙說。

「是怎樣的人？」他又問我母親。

「五十多歲，像個教書的。」我母親說。

「他是族長。」舅婆插了一句。

「他們問了甚麽？」舅公問我母親。

「問你們在不在我家裏。」母親說。

「三先生怎麽囘答？」他又問。

「他爹爹說在。」母親指着我照直說。

「那我到前面去看看。」他拔拔鞋後跟說。

「不能去，你不能去！」我母親雙手一攔。

舅婆也拉着他說：

「你不能去，不能在三先生家裏生事。」

「我會約他們到放牛場裏去！」舅公緊緊腰帶說。

「你不必去，」我母親擋住他的去路，又指指我說：「他爹爹見過世面，讓他應付。」

「我不能讓三先生一個人挺？」舅公說。

「放心，他就是脾氣躁一點，倒不怕事。」母親說。

這時前面突然吵了起來，我母親連忙把我一推：

「你去看看，快去快來！」

我三腳併作兩步跑到前面來，看見那幾個人當中已經有兩個人掏出牛繩來，看樣子是準備捆人。我父親突然把手在桌上一拍，水煙袋跳了起來，又倒了下去，我父親大聲地對他們說：

「好大的狗膽！敢在我家裏捆人？如果你們那個敢動一下，我就要你們統統過不了江！」

那兩個拿牛繩的人怔住了，望望那對老鼠眼睛的人，那位老鼠眼睛的人又望望那位教書先生，那位教書先生咳嗽了一聲，然後對我父親說：

「三先生，這不關你的事，希望你最好不要捲進去。」

「怎麼不關我的事？」我父親反問他：「沈老大是我的親戚，又是我的客人，你們成羣結黨到我家裏來捆人，憑那一條王法？又是哪一個的命令？」

那人楞了一下，又馬上接着說：

「我們是捆我們嚴家的人，並沒有冒犯府上哪一位？」

「你們憑甚麼捆她們寡婦幼女？」

「她們是我們嚴家的人。」嚴猴子說。

「現在不比從前，她丈夫死了，她愛嫁誰就嫁誰，你們無權過問。」

「她這是私奔，丟我們嚴家的人。」那位教書先生說。

「她又不是黃花閨女，是三四十歲的婦人，你們不讓他們結婚，她自然只好走遠一點。」

我看看局勢漸漸和緩下來，連忙跑到後面來，我母親一把抓住我問：

「怎麽樣？」

「差點打起來。」我加重語氣說。

「我去！」舅公排開我母親，準備挺身而出。

「本來他們拿出了牛繩，現在好了。」我攔住他說。

「他們拿牛繩幹甚麽？」舅公問我。

「好像是要捆舅婆和帶弟。」我說。帶弟就是舅婆的女兒。

舅婆和帶弟聽說馬上哭了起來。帶弟緊緊靠着舅婆，膽顫心驚的樣子。

「不要怕！」舅公對她們說：「就是嚴猴子親自動手，我也要打他個兩腳朝天，除非三先生叫他們捆？」

「不會，保險他不會！」母親連忙說。

「那妳們就不要怕了。」舅公放心地說。

「舅婆，他們爲甚麽要這樣和妳過不去？」我母親有點奇怪地問。

「還不是想在我身上敲兩個錢？」她望着我母親苦笑，又指指舅公說：「偏偏他又拿不出來！」

舅公臉孔微微一紅，過後又說：

「我就是拿得出兩百塊現洋，嚴猴子也不會答應的。」

「嚴猴子是妳甚麽人？」我母親問舅婆。

「叔子。」她說。

「叔叔也犯不着吃嫂嫂。」我母親說。

「他仗着會兩手，甚麽人都吃。」舅公說：「走他嚴家門過下路都要受欺。」

「那也太沒有道理。」我母親說。

「他嚴家人多勢衆，有文有武，誰敢惹他？」舅公說。「我沈家是小門小戶，又沒有一個先生，不然我也用不着躲他。」

這時我父親突然走了過來，舅公舅婆連忙問：

「三先生，到底怎麽樣？」

「嚴家的人服硬不服軟，」我父親說：「嚴猴子起先氣勢洶洶，硬要捆人，我火了，把桌子一拍，壓了下去。」

「三先生，你犯不着爲我們的事和他們翻臉。」舅公說。

「如果我不翻臉他們就要捆人，我總不能看着舅婆和帶弟被他們拉豬一樣拉走？這樣我的面子也下不去。」

「後來你們談的怎樣？」舅公急切地問。

「我等他們軟下來之後，再曉以利害，」父親說：「我對嚴猴子說，我知道你是高手，如果你想借我這裏和沈老大走幾招，我的場子大得很，我也樂意開開眼界；如果你仗着人多，也不過六位，我一呼就可以來幾十上百。嚴猴子聽了臉上紅一陣，白一陣，不敢作聲。」

父親說完以後哈哈一笑，又指着舅公說：

「我知道他打不過你，才故意出他的鋌子。」

舅公也一笑，雙手一抱說：

「多謝抬舉！」

「他們走了沒有？」舅婆膽怯地問。

「沒有。」父親搖搖頭。

舅公舅婆的臉色馬上陰暗下來，舅公躭心地問：

「難道他們還有別的要求？」

「他們想把帶弟帶走。」父親臉色凝重地說。

帶弟聽說哇的一聲哭了起來，舅婆連忙把她摟住。

「三先生，你答應沒有？」舅公問。

「我不能替你們作主，我來和你們商量。」父親說。

「帶弟是他們嚴家的人，我自然沒有理由强留，」舅公說：「不過她娘怕她受折磨，所以才帶在身邊。」

「舅公，你的話有情有理，」我父親接着說：「我們要顧到她們母女之情，但是也不能輸理。」

「那就讓他們帶去吧？」舅公望望舅婆徵詢地說。

舅婆兩淚如麻，帶弟眼淚鼻涕直流，哭着說：

「我不去，我不去！」

父親看了有點不忍，便對舅公舅婆說：

「這樣吧，只要你們同意帶弟回嚴家，不妨留她在身邊過個年，開年以後再送她去，行不行？」

舅公點點頭，又望望舅婆。舅婆揩揩眼淚說：

「三先生，我是苦命人，也只好這樣了。」

「好，那我再去和他們商量商量。」父親轉身就走。

母親也牽着我跟着父親走，但母親走了兩步又回過來對舅公說：

「舅公，你靜心聽信好了，讓他爹爹去辦交涉。」

父親一走到前面，嚴猴子他們就圍了過來，急切地問：

「三先生，他們的意思怎樣？」

父親把舅公舅婆的意思轉述了一遍，嚴猴子把老鼠眼睛一瞪，眉一皺，對父親說：

「三先生，他們不要不識抬舉，今天我們是看在你的面上，不然連她那個賤人也一道捆走！他們還扭甚麽筋？」

「三先生，我們這個人丢不起！」那位教書先生模樣的人說：「我們六個長長大大的，連一個三尺之童也帶不回去，那我們這個跟斗就栽得不小？」

「是呀！」嚴猴子馬上接着說：「三先生，你也是檯面上的人，如果今天我們空手囘去，叫我姓嚴的以後怎麽做人？」

父親知道他們這些人耍的是威風，要的是面子，因此也以商量的口氣對他們說：

「你們能不能同情她們的母女之情？讓她們在一起過一個殘年？一開年我一定親自把帶弟送到你們嚴府去，這樣行不行？」

他們幾個人互相望了一眼，嚴猴子和教書先生又交換了一個眼色，教書先生向我父親拱拱手說。

「三先生，我是一族之長，如果連一個毛丫頭我也辦不下地，我還有臉囘去？」

父親摸摸下巴，沉吟不語，他感到苦惱的時候，就有這個動作。

母親把我一拉，向舅公這邊跑，把剛才看見的情形一五一十地告訴舅公舅婆。

舅公嘆口氣，舅婆扯起衣襟擦擦眼淚站起來說：

「我們不能使三先生過份爲難，沒有辦法，只好我們母女骨肉分離了！」

她一面說，一面哭着牽了帶弟就走，舅公和我們都跟在後面。

她們母女突然出現，場面便緊張起來，嚴家人顯然沒有料到這一着，以爲她們母女躲着不敢見面。

嚴猴子迅速地打量了舅公和她們母女一眼，舅婆忍住眼淚把帶弟向嚴猴子面前一推說：

「叔子，我當着族長的面把帶弟交給你，希望你以後放我一條生路。」

帶弟又哇的一聲哭了起來，不肯過去，嚴猴子迅速地伸手一抓，像老鷹抓小鷄般地把帶弟往腋下一夾，帶弟掙扎着大哭大號，但是沒有一點用處。

「我們走！」嚴猴子向他們的人說了一聲，就大步向前，離高門檻還有幾步，他便縱身一躍，挾着孩子躍了過去。

其他的人都跟着他走，族長一旋身，向我父親拱拱手：

「三先生，得罪，得罪！」

「好說，好說。」我父親也向他拱拱手。隨即送他出去。

帶弟還在嚴猴子的腋下大哭大號，我母親連忙拿了兩個熟紅苕，包了一布包炒花生，往她身上一塞，她的哭聲就小了一些。嚴猴子突然提高音對站在我父親後面的舅公說：

「沈老大，你心裏放明白些，今天我是看人家三先生的面子，不是怕你！」

舅公習慣地把雙拳當胸一抱，笑着回答：

「多謝，多謝，早就領教過了。」

嚴猴子走後，舅婆哭得很傷心，舅公笑着安慰她說：

「妳還哭甚麽？要不是三先生擋一陣，連妳也帶走了。」

「嗨！嚴猴子的身手眞不壞！」父親望着舅公感慨地說。

「他學的是猴拳，手腳是很靈巧。」舅公大方地說。

這天，舅公因爲心情不好，沒有去摸魚。吃晚飯以前，他從缸裏捉出幾條烏魚，拿着我家十八兩老秤，沿家兜賣。因爲魚大，秤大，又是小年，賣得很快，他來來囘囘地跑着。

從王大爹門口跑過時，他家裏那條「偷人咬」的大黑狗，突然不聲不響地從屋裏衝出來，我看看要咬着舅公的捲起褲腳的腿肚子，正想喊叫時，舅公突然把腰一挫，反手一撥，便把那條大黑狗撥出好幾尺遠，然後又囘過頭去對那隻狗一笑，又繼續跑，但那隻狗兀兀地站着沒有敢追，我拍着手歡迎他說：

「舅公，你這一手比嚴猴子的更好？」

「快別作聲，」他笑着向我搖搖手，又低着頭輕輕地對我說：「不要讓人家知道。」

我惶惑地望着他，心裏有點奇怪，爲甚麽自己有本事還怕別人知道？

四

時間過得眞快。小年過去了，轉眼又是春暖花開。

一天晚上，他教我練過拳後，把我叫到他房裏去，拿了一條荷葉包着燒的烏魚給我吃，這條烏魚燒得不嫩不老，味道眞好，我吃完之後他笑着對我說：

「這是最後一條烏魚。」

「統統賣完了？」我笑着問他，我知道他後來又摸了好幾十條。

「早就賣完了，」他向我一笑：「這是特爲你留下來的。」

我不知道說甚麼感謝的話，只是望着他的臉上笑笑，我覺得他的紅線眼更紅了。

他摸摸我的頭，摸了一會突然黯然地對我說：

「舅公明天要走了。」

「那裏去？」我抬起頭來驚奇地問他。

「回家。」他輕輕地說。

「我家裏不好嗎？」我天眞地問，我以爲有誰得罪了他。

「很好。」他笑着點點頭。

「那你爲甚麽要走？」

「我總不能在你家裏住一輩子啥？」他向我一笑，望望院子裏的桃樹說：「你看，桃花都開了，天暖，魚難摸，我後門口兩畝沙地也荒了。」

「我爹爹答應你走嗎？」

「我已經對他講過了。」

「你囘去不怕嚴猴子嗎？」我笑着問他。

「他曉得我有你們這門親戚，以後或者好些。」他揣測地說，隨後又向我一笑：

「你想不想帶弟？」

我不知道怎樣答好？帶弟和我玩得很好，但我覺得她有點可憐，尤其是被嚴猴子帶走的那一剎那。

他看我不做聲，望了舅婆一眼，又向我一笑：

「你太小，還不懂這些事。」

我對他這些話的確沒有興趣，但對打拳卻已發生興趣，可是他一走我就白學了，因此我對他說：

「舅公，你一走就沒有人教我打拳了！」

「當初我心裏就不贊成你學打拳。」他望了我一眼說。

「爲甚麽？」

「你們書香子弟，還是讀書好。」

「可是打起架來就吃虧！」我看有些讀書人眞是風一吹就會吹倒，更不要說打架了。

「會打架有甚麽用？」他向我一笑：「像我，西瓜大的字認不滿一籮筐，只配摸魚。」

「多認幾個字又有甚麽用？」我說。

「嘿！這好處就大了！」他把大腿一拍：「你看衙門的老爺有幾個是玩泥巴的？」

我不懂他這些話，兩眼直瞪瞪地望着他，他又接着說：

「別人不說，你大爹你總知道？」

我點點頭。他又接着說：

「聽說他在人家的狀紙上只改了一個字，就打贏了一場人命官司。」

我也聽先生說過，那是把江邊的「邊」字改爲「心」字，就贏了一場拖了幾年的官司。

他看我似乎聽懂了他的話，又高興地說：

「你看那多有用處？你就是一拳能打死一條水牛，讀書的先生只要寫幾個字，就可以把你送到衙門打屁股。」

「那有那回事？」我聽了一笑。

「唉！你不懂！」他嘆了一口氣，過後又說：「你爹爹總不會打拳啥？嚴猴子在他面前就不敢撒野，這總是眞的？」

我點點頭。他又接着說：

「那天如果不是你爹，我和嚴猴子不要拚個你死我活？你說那有甚麽用處？我四十多了，好不容易成個家，那一打不是家破人亡了？」

我沒有想到會有這樣的後果，其實那天我心裏眞想看他和嚴猴子打一架，看看到底是誰的本領强。

他看我怔怔地望着他，又笑着對我說：

「聽說你已經讀完左傳詩經，孟子也能整本背是不是？」

我點點頭，他笑着拍拍我的肩說：

「這就很了不起，比打拳强多了！」

「舅公，我的梅花拳不是打得很好嗎？」我覺得近來我打拳時很認眞，這套拳我已經打得爛熟了，因此我不服氣地反問他。

他哈哈一笑，摸摸我的頭說：

「早的很哩！你連樁都還沒有坐好！」

「你說那點不好？我坐給你看看。」我不服氣地說，馬上把腰一挫，坐了一個樁。

「坐好了沒有？」他望着我一笑。

「坐好了！」我一面回答，一面暗中用勁，我準備坐一個最穩，最結實的樁給他看。

他緩緩地走到我身邊來，突然伸手在我肩上輕輕一拍，不知怎麽的我竟一屁股坐了下去，跌在地上好痛。

他哈哈大笑起來，連一向很少笑的舅婆也哈哈大笑了。

「我說了還早的很吧！」他笑着把我從地上拉了起來。

「他這麽一點點大，你何必整他？」舅婆望着他責怪地說。

「他想當教師爺嘿！」舅公揶揄地一笑，又對她說：「妳知道我吃過多少苦頭？這簡直是抓癢。」

說完之後，他把巴掌在大腿上用力一拍，腰一挫，懸着屁股坐了一個樁：

「來，看我的，我做個樁給你看看。」

我看他做的和我一樣，沒有甚麽稀奇，心裏有點不服氣，便把頭望着別處。他看出了我的心理，便笑着對我說：

「你來推推看，看你推不推得動？」

聽他這樣說，我心裏便高興起來，我眞想推他個狗吃屎，報那一箭之仇。於是，我退後幾步，站遠一點，然後用最快的速度向他的背脊急衝過去。可是我像碰着一座磚牆，撞在他背上立刻倒退回來，退了幾步終於一屁股跌在地上。

他哈哈大笑起來，舅婆也跟着大笑。

我又羞又惱，舅婆笑着叫我不要再上當，可是舅公又笑着對我說：

「你再用力攀攀看，這次你一定可以把我攀倒。」

我經不起他的挑撥，從地上虎跳起來，以前多少大人蹲在地上都被我攀倒過，現在他屁股懸空，底下是虛的，我眞想把他攀得兩腳朝天，像被我翻過來的烏龜，要他好看！

於是，我用力吸口氣，站好了丁字步，雙手猛然用力一攀，可是他動也不動；我再用力一前一後地搖撼，他仍然不動，嘴裏卻笑出聲來。我一氣，往他頭上一跳，騎在他的頸子上，把他當牛騎，他突然站了起來，轉了幾轉，哈哈大笑，然後把我往地上一放，摸摸我的頭說：

「看樣子你倒是一個教師爺的好胚子，不過犯不着。」

「爲甚麽？爲甚麽？」我急着問。

他深深地嘆口氣，然後用手在我頭上一摸：

「用功讀書吧！將來好好地考個狀元！」

「舅公，現在沒有狀元。」我提醒他。

他臉一紅，然後搭訕地說：

「那就考個洋狀元吧！」

五

清早起來，我跑到後面一看，舅公已經把鋪蓋捆好，把鍋盌用具檢好，像來時一樣，放在兩個大籮筐裏。

「舅公，你這就走？」我仰着頭問。

他點點頭。

「要不要看我練練拳？」

他遲疑了一下，然後眼圈一紅：

「好吧！」他點點頭，跟着我走到院子裏來。

我爲了表示不辜負他的教導，特別用心賣勁地打拳我的腳在泥地上也能劃出一道道痕跡，當然只是一層表皮，不能像缺嘴劃得那麽深，可是我覺得不再是花拳繡腿了，因爲一出拳，一彈腿，也有一點風聲。

我的拳快打完時，父親走了過來，他看了一笑，我一抱拳向舅公和他行了一個禮後，他便笑着問舅公：

「舅公，你看他可不可教？」

「可教，可教，他的悟性很好。」舅公笑着回答。

「舅公，你能不能留下來！」父親藉機挽留他。

「三先生，恕我和你講直話，」他向我父親一笑：「我覺得打拳沒有什麽意思，你們府上也不在乎個把教師爺。像我，不但不能替你保鑣，反而要你替我保鑣，你說學拳有甚麽意思？」

「我是想他學個文武雙全。」父親指指我說。

「三先生，」他又向我父親一笑：「兩頭總只能就一頭，如果少君眞要學打拳，勢必荒廢學業。」

「這樣早晚練練不很好嗎？」父親說。

「嘿！」他不禁笑出聲來：「這只能練練身體，練不出眞功夫來。」

父親奇怪地望着他，他又向父親一笑：

「如果你眞要少君學武，你就得把他交給我，十年之內，你不要過問，到時候我交一個教師爺給你。」

父親聽了一怔，沒有作聲。他又接着說：

「但是人外有人，天外有天，我武藝不精，那時他也不過是我這個樣子，高也有限。」

父親摸摸下巴，啞口無言。

原來我也以爲一年兩載之後，可以顯顯身手，聽他這一說也冷了半截，比昨天晚上他整我更要尷尬。

「既然你這樣說，那就算了。」父親終於開口：「不過你還是不要回去好。」

「三先生，我說了我不能長久叨擾你，我的兩畝沙地也不知道荒成甚麼樣子？」

「那嚴猴子你還是要提防提防，我看他又狠又陰。」父親提醒他說。

「朝了南海以後，我頭上也沾了一點靈光。」他笑着回答：「說不定能逼逼邪？」父親也得意地一笑。

過了一會，舅公就挑着擔子出來，舅婆跟在後面。他們兩人的眼睛都是紅紅的，說不出話。

我們把他們送到門口，舅公抱拳向父親母親作揖，轉身就走，舅公的紅線眼更紅了。

「你去送送舅公。」舅公走了十幾步之後，母親突然把我一推說。

「舅公，我來送你。」我邊跑邊叫。

舅公一回頭，看我跑來，眼淚禁不住一滾，像兩顆珠子似地滾了下來。

舅公來的時候是大雪紛飛，走的時候卻是楊花撲面；來的時候帶了一個帶弟，走的時候卻只兩個大人；母親要我送他大概也是觸景生情，因爲我和帶弟差不多大。

「我眞想把你帶在身邊，」舅公摸摸我的頭說，隨後又嘆了一口氣：「不過你是你爹爹的活寶，我沒有這個福氣，我不能把你帶走。」

我不知道怎麼說好？揮手拂拂迎面撲來的楊花。

楊花像雪，漫天飄舞。

楊花落在舅公的擔子上，並沒有增加擔子的重量；楊花落在舅公的頭髮上，卻使他的頭髮花白了。

「最後一條烏魚昨天夜裏燒給你吃了，今天沒有甚麼送你。」舅公抱歉地說。

「如果帶弟能夠由我作主，我眞想把帶弟送給他。」舅婆說。

「帶弟就是能夠由妳作主，他也不會要，」舅公望着舅婆一笑，又指指我說：「我知道他人小心高。」

舅婆望望我，嘆口氣，又用衣袖拂掉我頭上的楊花。

我送了舅公很遠一段路，舅公突然警覺地說：

「哦，不用再送了，快點回去上學！」

我站着丁字步，雙拳當胸一抱，向舅公舅婆行了一個禮，舅公又驚又喜地說：

「哦！你拳沒有學到家，禮數眞到家了！」

我看見他眼圈一紅，眼淚又滾了下來，像滾下兩顆珍珠，我眞想伏下身去檢起來，但它已經滲進泥土了！

舅公走後，缺嘴還是照常練拳，我卻無心再練，我知道我一個人無論怎樣練，也練不到舅公那樣的身手。

舅公走後，一直沒有信來，他根本不會寫信，但我知道他會想念我，因爲我也想念他。

這年冬天，又是一個大雪紛飛的日子，我們又關着門烤火，突然聽見大門篤篤幾聲，我以爲又是舅公來了，我心裏很高興，連忙跑去開門，但氣急敗壞地衝進來的卻是舅公的弟弟，他跑到我父親面前結結巴巴地說：

「三先生，三先生，我哥哥嫂嫂昨天夜裏被人殺了！」

我的頭像挨了一榔頭，有點天旋地轉，我父親震驚得跳了起來，母親雙手撫着胸口，喃喃地念：

「天哪！阿彌陀佛！」

「死沒有死？」我父親大聲地問。

「死了！」舅公的弟弟啊啊地哭了起來，哭得像牛叫：「統統死了！」

「走！」我父親把他弟弟一拉：「我們一道過江去！」

於是，他們兩人冒着大雪衝了出去。

母親把我拉在懷裏，她的身體發抖，嘴裏在唸阿彌陀佛。

雪，漫天飛舞，又彼此糾結着跌跌撞撞地掉下來。

地上一片白，積雪又一尺多深了。然而我不再把它看成一個銀色的世界，想起重孝之家門口貼着的「白梅含孝意」那句上聯，我把滿地的白雪當作弔喪的大白布了。

劉二爹

劉二爹挖了一下午菜園，有點累，剛坐在地上吸旱煙，一個二十來歲的年輕人興冲冲地跑來，連珠炮地說：

「二爹，二爹！祠堂面前比武，你去看看。」說着，他就用手拖劉二爹，可是拖不動。劉二爹從嘴裏取下旱煙桿，悠閒地問他：

「比甚麽武？」

「比武就是打架，」年輕人性急地回答，隨後又加以修正：「不是眞的打，是打得玩。」

「誰同誰打？」劉二爹瞇着眼睛問。

「起先是日本人同日本人，現在是日本人同我們打，誰都可以參加。」年青人說。

「你打過沒有？」劉二爹笑嘻嘻地問。

年輕人臉一紅，囁嚅地說：

「我打他們不過，那個日本人力氣好大！」

劉二爹一笑，在鞋底上敲敲煙袋，抬起頭來對年輕人說：

「打人家不過何必打？」

「人爭一口氣，佛爭一爐香，人家的洋槍大炮比我們厲害，我們認了！現在人家不用槍，不用炮，只和我們比力氣，如果我們也輸給人家，這口亡國奴的氣一輩子也出不了。」

「你打不過他們難道別人也打不過他們？」劉二爹又裝上一袋煙，笑眯眯地說：

「嘿！好幾個年輕力壯的人都敗下陣來，不然我怎麼會跑來找你？」年輕人跺着腳說。

「我老了，你找我有甚麼用？」劉二爹望着他笑。

「二爹，你和我們不同，」年輕人大聲地說：「你有武功」。

「嗨！」劉二爹一笑：「我這兩手三腳貓，要是在你這個年紀，還可以對付一兩個人，現在連你也對付不過去了。」

「二爹，你不要騙我，」年輕人一笑：「剛才我用力拉你就沒有拉動。」

「大概是我的屁股生了根？」劉二爹詼諧地說。

「不，二爹，你不要儘扯野話，快去！我們不能丟這個人！」年輕人着急地說。

「我還沒有撈到棺材本，你何必要我去送命？」劉二爹吸着旱煙說。

「二爹，保險你不會送命，你要是送了命我情願拿哭喪棒！」年輕人跺着腳說。

劉二爹一笑，慢慢地站起來，弓着背對年輕人說：

「來，我一身瘦痛，你先替我搥搥背。」

年輕人馬上握起兩個拳頭，在劉二爹背上雨點般地敲打起來，劉二爹滿意地點點頭，伸直腰來對他一笑：

「我先和你說好，我只是同你去看看，決不動手。」

年輕人沒有辦法，只想哄着他去，便同意地點點頭。

劉二爹邊走邊吸旱煙，彷彿散步一般地悠閒。年輕人急着對他說：

「二爹，你老人家走快一點好不好？」

「老囉！走不動了。」劉二爹摸摸八字鬍鬚說。

年輕人急得直瞪眼，自己往前跑，跑了幾步又停住，回過頭來望望劉二爹：

「二爹，我求求你走快點好不好？」

劉二爹一笑，詼諧地說：

「水生，照你這樣急早該添孫子了，我看你連老婆還沒有討到手哩。」

年輕人臉一紅，走過來牽他。

「二爹，我牽你吧？」

說着他拖着劉二爹便跑，劉二爹腳步一停，他也走不了，他回過頭望着劉二爹苦笑：

「二爹，你老人家何必拿我開心？」

劉二爹哈哈一笑，拍一拍他的肩說：

「水生，我不拿你開心還敢拿日本人開心？」

「二爹，我要是有你這身本事，我早把那個日本人摔成肉醬了！」叫作水生的年輕人說。

「小孩子不知道天高地厚！」劉二爹教訓他一句。

「二爹，這些年來我們的氣已經受夠了，有機會爲甚麼不出口氣。」

「古人說忍得一時之氣，免得百日之憂，像你這樣毛手毛腳，還不吃大虧？」劉二爹又教訓他幾句。

「好，好，好，你老人家快走吧！」水生希望劉二爹快點去，只好接受他這頓教訓。

這是一個半城半鄉的市鎮，人口不少。劉二爹人還沒有走到，就望見劉家祠堂前面的空場上圍滿了人，站成一個大圓圈，大家都伸長頸子望着中間，彷彿看猴子耍把戲似的，只是沒有鑼鼓的響聲。

當水生帶着他擠進人堆裏，他看見一個中等身材，光頭，打着赤膊，束着帆布寬腰帶，穿着黃呢馬褲的日本人趾高氣揚地站在空場當中，他的肌肉結實得很，彷彿子彈都打不進去。

「就是這個傢伙。」水生輕輕對劉二爹說。

劉二爹悠閒地吸着旱煙，沒有作聲。

人堆裏也鴉雀無聲。

突然一個翻譯問大家：

「還有沒有人敢和中村比一比？」

人堆裏沒有反應，水生輕輕地推推劉二爹：

「二爹，你去，你去！」

劉二爹笑笑，仍然悠閒地抽着旱煙。

旁邊的人在議論紛紛，有的說：

「中村這傢伙力氣眞大，一連打倒五六個後生。」

有的在唉聲嘆氣地說：

「唉！我們中國人眞不行！洋槍大炮比不上人家，連空手打架也打人家不過，難怪人家欺侮我們！」

那個剃頭的中國翻譯看着沒有人出來，又大聲地宣佈：

「再等兩分鐘，如果沒有人敢出來，今天這場親善比賽就結束了。」

水生急得滿頭大汗，又推推劉二爹說：

「二爹，我們不能丢這個人，你快點出去，扳扳面子。」

「你急甚麽？」劉二爹看了水生一眼：「我不相信你們後生這麽沒出息，還要我這個老骨頭動手？」

說過以後他仍然咬着旱煙袋，悠閒地抽着。

「二爹，你不要小看了中村，」站在劉二爹附近的一個四十來歲的人說：「我看他不只有幾斤蠻力，好像還學過兩手？」

「他學的是那一路？」劉二爹笑着問那個人。

「我看不出來，」那人搖搖頭：「只覺得同我們中國人的路子不同，他很會摔。」

劉二爹用力吸了一口煙，然後向那個人一笑：

「聽你這樣說，如果我們眞沒有人出場，我倒要會會他。」

「二爹，讓我說句眞話，」那人向劉二爹一笑：「要是在二十年前，我也會慫你出場，現在你上了年紀，犯不着囉！」

「我也但願年輕人不個個草包。」劉二爹沒有生氣，反而心平氣和地說。

中村在場子裏扭動膝蓋和腰部，完全是一副目中無人的氣概，隨後又伸直身子環視四周，看看還沒有人出場，便準備「收兵」，那個翻譯連忙替他把上衣披上，一副脅肩諂笑的樣子。劉二爹正準備把旱煙桿往腰上插，想不到羣衆中突然閃出一個三十來歲的壯漢，笑着對翻譯說：

「我來試試看。」

中村點點頭，翻譯連忙把中村的上衣拿下，對那個壯漢說：

「你把短棉襖脫掉。」

那壯漢脫下短棉襖，只留一件貼身的大藍布襯褂，翻譯又對他說：

「打赤膊！」

「我不歡喜打赤膊，這樣可不可以？」那壯漢笑着問翻譯。

翻譯請示中村，中村點頭同意，翻譯冷笑地對壯漢說：

「我坦白告訴你，不打赤膊你會吃虧！」

那壯漢淡然一笑，他看見中村腰上有一根綑得很緊的寬帆布帶，他也在地上檢起他那根綑短棉襖的藍布腰帶，把藍布襯褂攔腰綑緊。

當他出場時，觀衆中引起一陣小小的騷動，有的人躭心，有的人稱讚，躭心的人說：

「羅老大沒有練過武，恐怕也不是中村的對手？」

稱讚他的人說：

「羅老大力大如牛，能挑兩擔黃豆走五里路，三百二十斤老秤，不是假的。我們這些人有那一個挑得起？」

兩派人唧唧喳喳，議論紛紛，翻譯突然大聲地對羅老大說：

「你準備好了沒有？」

「不就是這個樣子？」羅老大向翻譯傻笑。

翻譯又問他：

「你懂不懂得規矩？」

「什麽規矩？」羅老大問。

「不管是誰，只要把對方摔倒，或者是按在地上就算贏。」翻譯說：「不准老壓在對方身上不爬起來。」

「我懂。」羅老大笑着點點頭。

於是，中村向他一步步走來，步子穩健得很，大家都替羅老大捏一把汗。

羅老大站着不動，準備迎敵。

當中村快接近羅老大時，突然游走起來，羅老大也只好跟着游走。

羅老大的塊頭比中村高大，肩膀也比中村闊，看樣子他並不膽怯。可是中村比他老練：狡猾，中村是個角力老手，羅老大毫無經驗，只是小時候在放牛場裏偶爾和放牛的孩子打着玩過，這十幾年來只是挑擔。可是挑擔也有一個好處，使他兩個肩膀特別有力，樁子也踩得特別穩。

中村突然覷着一個機會，迅速地向羅老大一衝，抓住了他的藍布腰帶，提起就摔，可是羅老大的樁子穩得很，沒有被中村提起來，但他也抓不住中村的腰帶，中村的肉很滑，他的手抓不住，兩人就肩頂肩在場中磨來磨去。

大家看中村一下沒有把羅老大摔倒，立刻高興起來，因爲以前幾個年輕人都是被中村抓住腰帶，一提，一摔，人就放倒在地上，沒有多費一下手腳。

「羅老大，快點抓住中村的腰帶！」有人在提示羅老大。

但是中村很狡猾，很會閃避，而且隨時進攻。

劉二爹咬着旱煙桿，欣賞兩人的角力。旁邊的人輕輕地問他：

「二爹，你看怎樣？」

「這眞是兩條蠻牛。」劉二爹一笑。

羅老大費了很多功夫，右手終於抓住了中村的腰帶，他牙一咬，突然把中村提了起來，使中村頭下腳上，然後把中村往地上一按，像按住一隻大青蛙。

大家馬上歡呼鼓掌。

中村悻悻地爬起來，向翻譯講了兩句話，翻譯馬上對羅老大說：

「中村要你再和他比一次，現在休息一下。」

於是那個翻譯用毛巾替中村擦汗，又捧着茶壺讓中村喝茶。羅老大沒有毛巾，抬起藍布襯褂的袖子擦汗。觀衆覺得他這件藍布襯褂吃了很大的虧，很容易被中村抓住，他有好幾次掙脫了中村的手，可是衣服又被中村抓住，因此有人大聲對他說：

「羅老大，把褂子脫掉，打赤膊！」

羅老大馬上把褂子脫掉，向場邊一拋，又把藍布腰帶綑緊，用自己的手指向腰帶裏面插了幾下，沒有插進，他滿意地傻笑了。

中村彷彿一個打足了氣的皮球，又向他走來。這次他可不被動，中村一走近，他就向前一衝，一下就抓住中村的腰帶，中村卻沒有抓住他甚麽，只見他雙手一舉，把中村高高地舉了起來，然後用力一甩，叭噠一聲，中村跌在五六尺外，悶哼一聲。

大家立刻歡呼起來。劉二爹取出嘴裏的旱煙桿，笑瞇瞇地說：

「羅老大這一手倒很要得！」

中村在那個翻譯和另外幾個日本人扶持之下，垂着頭走開了，大家也一哄而散。有幾個年輕人簇擁着羅老大走了。

「二爹，幸好半路殺出一個程咬金，來了一個羅老大，不然我看你也得出場？」水生笑着說。

「我說了你不要急，年輕人總不會個個像你這樣草包。」劉二爹笑着調侃水生。

水生的臉一紅，過後又請求地說：

「二爹，你能不能教我兩手？」

劉二爹哈哈一笑望了他一眼：

「你？」

「二爹，我不能學？」水生惶惑地問。

「你呀！」劉二爹叭了一口煙說：「我怕出人命，我可不隨便教人。」

「二爹，你看左了。」水生不大高興地說。

「我看左了？」劉二爹又哈哈一笑：「我問你，如果別人朝你臉上吐口痰，你受得了嗎？」

「二爹，難道你受得了？」水生奇怪地問。

「哼，」劉二爹一笑：「人家要我喝尿我都喝過了。」

「二爹，眞有這囘事？」水生抓住劉二爹的臂膀直搖。

「我還騙你？」劉二爹望了水生一眼說。「你知道張百忍的故事嗎？」

「二爹，作人作到那樣有甚麼意思？」水生鄙夷地說。

劉二爹哈哈地笑了起來，笑過之後又說：

「如果張百忍不是最後那一忍，第二天早晨他新媳婦床上怎麼會睡着一個金人？」

「二爹，你是不是想做張百忍？」水生睜大眼睛問。

劉二爹哈哈大笑，把旱煙袋在鞋底上一磕：

「我還差得遠呢！」

水生的興頭已經過去，聽劉二爹越說越沒有意思，便找了一個藉口跑開。

第二天他又興冲冲地跑來找劉二爹，告訴劉二爹說：

「二爹，警備隊在祠堂門口貼了紅紙條子。」

「甚麼事？」劉二爹問。

「今天下午舉行人狗比賽，不問生死，只問勝負。」

「那是怎麼一回事？」

「二爹，你知道警備隊那條狗吧？」

「知道。」劉二爹點點頭。

「要是狗咬死了人，警備隊不負責；要是人打死了狗，警備隊還賞五十斤鹽。」水生說。

「怎麼的打法呢？」劉二爹笑着問。

「赤手空拳。」水生加重語氣說。

「那有那樣的傻子？」劉二爹一笑。「誰不知道那條大狼狗厲害？」「可是有五十斤鹽哪！」水生大聲地說：「二爹，你知道那要抵十擔芝蔴，十二擔黃豆哇！」

「那也犯不着去送死呀？」劉二爹一笑。

「二爹，人爲財死，鳥爲食亡，說不定有人出場，到時候你看好了。」

「嘿！」劉二爹把旱煙袋在磚頭上用力一磕：「那條狼狗受過訓，不知道咬死過多少人，你勸勸那些冒失鬼，不要輕舉妄動。」

「二爹，五十斤鹽實在誘人，」水生笑着說：「我要是有你一身本事，我一定試試。」

「小鬼頭！」劉二爹把旱煙袋在水生頭上敲了一下：「你不要想拖人下水，我白活了幾十歲了，還會上你的當？」

水生摸着頭直笑，邊摸邊說：

「二爹，我長了這麽大，從來沒有看見你同別人交過手，你就同那條狗走幾招給我看看？」

「我還想多活幾年哩！」劉二爹哈哈一笑說。

「二爹，你罵我是草包，我看你也是一個洩了氣的皮球？」水生激他。

劉二爹一點也不生氣，反而望着水生微笑。過了半天才說：

「你不懂。」

「二爹，以前人家要你喝尿，你喝，我看現在人家要你吃屎你也會吃。」水生說了這幾句話就一溜煙地跑開。

劉二爹哈哈一笑，隨後又自言自語地說：

「年輕人眞不知道天高地厚。」

這天下午，劉二爹又在挖菜園，水生又跑了過來，要他去看人狗比賽，劉二爹說他沒有空，不去，水生卻拖着他說：

「菜園包在我身上，你一定要去看看。」

「眞有那些獃子想和狗打架？」劉二爹笑着問。

「還不是爲了那五十斤鹽？」水生說：「嘿！五十斤鹽可以吃幾年，這幾年我們口裏淡出水來。要是拿去賣也值一筆大錢。」

「不要財迷了心竅，鬧出人命。」劉二爹放下鋤頭說。

「你去看看，」水生趁勢把劉二爹一拖：「說不定你會想出一個法子，贏回那五十斤鹽。」

「我倒不想那五十斤鹽，」劉二爹從藍布腰帶上抽出旱煙桿，上了一袋煙，邊吸邊說：「我是怕那些冒失鬼送命。」

於是他們兩人又一道趕到劉家祠堂前面的空地上，那裏又圍滿了人。

水生和劉二爹擠到前面一看，那個翻譯和幾個日本兵坐的凳子前面放了半麻袋鹽，那隻幾乎和豹子一般大小的黑背脊、白肚皮的大狼狗，正張着大嘴巴，伸着鮮紅的舌頭，露出四顆寸把長的銳利的獠牙，在場子裏目空一切地走來走去，它的腳踩在灰土地上露出一個個大梅花印子，看起來它的腳比豹子的腳還要高。

本來有好幾個年輕人躍躍欲試，但一看見它這副樣子就有點膽寒，覺得它比中村可怕得多，難應付得多。中村他們尚且鬬不過，這隻大狼狗就更不必說了，因此沒有一個人敢走進場子裏去。他們心裏想：要是准帶一根棒子？就好？因此有人提議：

「可不可以拿根棒子？」

翻譯把這句話告訴那幾個日本兵，他們馬上笑了起來，其中一個會講幾句中國話的日本兵說：

「這不公平。」

「它有獠牙。」一個青年人說。

「你也可以咬它。」那個日本兵說着笑了起來。

那個青年人不再講話，大家都噤若寒蟬，更沒有一個人敢走出來。

那幾個日本兵笑着拍拍鹽包，中村站了起來，繞着人牆走了一遍，突然發現羅老大，便指着他說：

「你，你！」

那個翻譯馬上趕了過來，問了中村幾句，便對羅老大說：

「你敢不敢出來比賽？」

羅老大本來也想得那包鹽，但是沒有足夠的勇氣，經中村和翻譯這一挑逗，好勝心和那一包鹽加在一起，他便大步走了出來。劉二爹馬上勸說：

「羅老大，不要冒失！」

羅老大有點猶疑，便問那個翻譯：

「要不要脫衣服？」

「不必。」翻譯搖搖頭。

羅老大膽子又壯了起來，他仗着穿了短棉襖棉褲，因此他回過頭來對劉二爹說：

「二爹，讓我碰碰運氣。」

說着便走向場子中間。劉二爹又大聲地對他說：

「你要特別小心，狗不是人。」

羅老大笑着點點頭。

於是中村把那隻狗叫到他們的座位那邊去，對它講了幾句話，然後用手拍拍它。

狗和羅老大距離約有二十公尺。

翻譯問羅老大準備好沒有？羅老大拔拔布鞋，緊緊藍布腰帶，回答一聲：

「好了。」

於是中村對狗輕輕地發了一聲命令，它便向羅老大一步步走來。

它兩眼閃着綠光，尾巴向後拖着，姿勢取得很低，慢慢走了十來步，便像箭樣地向羅老大射去，在羅老大前面一丈多遠的地方又騰空一躍，跳起五六尺高，直向羅老大迎面撲去，羅老大嚇得連忙倒退兩步，那條大狼狗剛好落在他的腳前，一口咬住他的腿子一摔一拖，羅老大便哎喲一聲倒了下去。

觀衆中馬上一陣騷動，女人孩子都哭叫起來。

狗咬着羅老大不放，羅老大痛得在地上打滾，劉二爹連忙衝了出去，把旱煙桿往場中一抛，甩起手對日本兵說：

「我來！」

中村看了他一眼，冷笑一聲，便發了一聲命令把狗召回。狗的嘴上染滿了羅老大的鮮血，水生看了心驚膽顫，連忙對劉二爹說：

「二爹，快回來，不要去！」

劉二爹回頭瞪了他一眼，厲聲罵他：

「怎麽？你現在怕了？不知道天高地厚的東西！」

水生從來沒有看見劉二爹這麽瞪過眼，從來沒有聽見他這麽罵過人，他羞愧得頭都抬不起來。

一羣青年人把羅老大抬出場去，地上有一灘鮮血，他腿上的血還一滴滴地往外掉。劉二爹望了羅老大幾眼，咬咬牙，一臉孔的嚴肅，堅決。

日本兵看他是一個中等身材的瘦老頭，一點也不起眼，臉上都浮着一層鄙夷的冷笑。那個翻譯卻同情地對他說：

「老頭兒，剛才的情形你看見了？這是要命的！」

「前天我滿了五十歲，今天死也不算短壽。」劉二爹拱拱手笑着回答。

那個翻譯臉上有點尷尬，便對劉二爹說：

「那你要好好準備？」

「除了棺材板以外，我甚麼都準備好了。」劉二爹向翻譯一笑。

翻譯低頭和日本兵唧噥了一陣，然後回過頭來對他說：

「老頭兒，你站好。」

「我站好了。」

「你要站到羅老大那個位置去。」

劉二爹移動了幾步，走到羅老大先前那個位置，鄭重地對翻譯說：

「要是我死了，那沒有關係，要是狗死了，那怎麽辦？」

「也沒有關係。」翻譯說。

「你的話不能算數，你問問日本人看？」

翻譯不大高興地和日本人說了，那個會說幾句中國話的日本人馬上站起來說：

「狗死了你沒有責任，還可以贏五十斤鹽。」

他臉上掠過一絲冷笑，又補充一句：

「只怕你要送掉老命！」

「我的命不值錢，」劉二爹也冷笑地回答：「你放牠過來吧！」

這時觀衆都緊張起來，膽小的女人孩子都悄悄地溜走，水生更心驚膽顫，哀求着對劉二爹說：

「二爹，你快過來吧，不要比了。」

「沒有出息的東西！你跟我滾回去！」劉二爹大聲罵他。

水生不敢再作聲，其他的人也屏息着靜待事情的發展。

中村給大狼狗吃了一塊鮮牛肉，又拍拍牠的頭，等牠休息够了便在牠耳邊輕輕地講了幾句話，然後作了一個手勢，牠便向劉二爹走來。

劉二爹穿着打了補釘的黑布短棉襖，腰上繫了一根藍布腰帶，下身穿着紮了腳管的破夾褲，腳上穿了一雙舊布鞋，沒有穿襪子。

他氣定神閒地站着，靜靜地注視那條大狼狗向他逼近。當狗像先前一樣衝過來騰身一躍時，劉二爹把身子一矮，馬步向前一移，身子一旋，大狼狗便從他頭頂上撲了過去，他卻伸手一撩，抓住了那條大狼狗的一條後腿，像舞龍燈一樣揮舞起來。

大狼狗腳不沾地，身子懸空，嘴巴朝外，一點沒有辦法，只會嗥嗥叫。劉二爹牙齒一咬，伸出另一隻手來抓住狗的另一條後腿，兩手用力一分，大狼狗慘叫一聲，後半身活活分開，腸子都流了出來。劉二爹把它往地上重重地一摔，罵了一句「畜生！」，便拾起旱煙桿走開。

這時觀衆大聲歡呼起來。

日本兵在看見劉二爹抓住狗的後腿時便大驚失色地站了起來，看見狗像個死蛤蟆樣地摔在地上，便奔喪般地闖了過來，非常痛惜地望着牠。

那個翻譯看見劉二爹走開，便叫住他：

「老頭兒，不要走。」

劉二爹以爲是找麻煩，便倏然站住，神情嚴肅威容滿面地望着那個翻譯，翻譯和日本兵唧噥幾句，便回過頭來指着鹽包對劉二爹說：

「你把鹽拿回去。」

「我不是爲了五十斤鹽來冒這個險！」劉二爹鄙夷地說，然後大踏步走開。

二媽

一

六歲以前，我沒有進過城，是個道道地地的小鄉巴佬。

六歲那年春天，父親才決心帶我上街去見見世面，我心裏自然癢癢的，別人也很羨慕我，尤其是隔壁的金枝姐，一聽說我要「上街」，就拉着我的手，蹲在牆角說：

「你倒不錯，這點年紀就上街，去看花花世界！」

她十八歲了，過年時才第一次上街買點嫁粧，有很多人活到四十五十，還沒有上過街哩。

「金枝姐，街上好不好玩？」我問。

「好玩得很！」她以朝過南海的口氣說：「那眞是花花世界，有東洋車，有大洋船，舖子裏的貨堆得像山，街上的人像螞蟻搬家，還有黃頭髮，綠眼睛，高鼻子的洋鬼子。好處眞是說不盡！」

我睜大眼睛迷惘地望着她，我揣摩不出城裏倒底是個甚麼樣兒？

「還有，」她把我的身子一搖：「城裏的女人眞齊整，不論是大姐大嫂，都長得細皮白肉，不像我們鄉下人黑皮黑臉。」

「金枝姐，她們有妳漂亮？」我覺得金枝姐是最漂亮的女人，瓜子臉，整個冬天把她養得又白又嫩，綠襖，黑褲，背後拖着一條大黑辮子，走起路來搖呀擺的，說多漂亮就多漂亮，難道城裏還有比她更漂亮的女人？

「嗨！」她向我一笑：「我算老幾？我還趕不上你二媽？雖然她已經四十好幾了。」

我笑了起來，別人我不知道，我二媽我是淸淸楚楚的，整天蓬頭散髮，衣服穿得也不周正，一雙大腳板，那樣子說多難看有多難看。見人，講話，都是縮頭縮腦，一對小眼睛，總不安定，我大伯大媽都不喜歡她，罵她是「糊塗神」；我父親也不喜歡她，只有我母親對她同情。我呢？也儘量和她站遠一點，我怕她親我，她嘴裏那股臭味，眞會使我作嘔。金枝姐說她趕不上我二媽，我怎麽不笑？她身上有股香味，特別好聞，據說那是大閨女的奶花香，和我二媽的口臭剛好相反，我是很願意她這樣抓住我的。

「你傻頭傻腦笑甚麽？以爲我指的是你這個糊塗神的二媽？」

「妳不是指她難道我另外還有一個二媽？」

「我說的是你城裏的那個二媽。」

城裏我還有一個二媽？這眞是一件奇事，我從來沒有聽說過。

「金枝姐，妳騙我。」我搖搖頭。

「我怎麽會騙你？我親眼見過的，她還買東西給我吃。」

「我媽怎麽沒有跟我講過？」

「你這麽一點點大，她跟你講這些幹甚麽？說不定她還怕你將來跟你二爹學樣呢？」

「我怎麽學得來我二爹？」我說。

我二爹昂藏七尺，濃眉，大眼，長方臉，唇紅，齒白，講起話來聲音淸亮得很，他不但是個美男子，也是我們這方圓幾十里地男女老幼都敬重的二先生，長子先生。他長年住在街上，不大下鄉，如果下鄉，一定是有人去請去接，要他排難解紛。我看見他那樣子就有點怕，想學也學不來。

「其實也難怪你二爹，何況你城裏的二媽又是那麽漂亮賢慧？我從來沒有見過。」

「她倒底像誰？」金枝姐既然把城裏的二媽說得那麽好，我就想知道她究竟怎樣好法？我們鄉下也有不少漂亮賢慧的女人，她倒底像那一位？

「誰也比不上她。」金枝姐搖搖頭。

「我才不信妳的鬼話！」我摔開她的手。

「小鬼，你以爲我扯謊是不是？你進了城，覿了面，你就會知道她是個甚麽樣子？現在我也不必對牛彈琴。」金枝姐笑着站了起來。

二

我們的烏蓬船一靠岸，碼頭上的那些大輪船就使我目瞪口呆。以前我只看見它們在江上行駛，站在堤上望着它們，從來沒有靠得這麽近，我們的帆船從它們的肚皮旁邊擦過，才感到它們大得嚇人。

一上岸又到處是人，使人眼花撩亂。父親帶着我在人堆裏鑽來鑽去，我早就不知道東西南北，最後他把我帶進一家「仁和客棧」——這幾個字我是從字帖上學來的，寃家路窄，剛好碰上。

父親帶我上樓，在樓梯口我碰見了二爹的小兒子三哥，我很高興。本來我們是在一塊玩泥巴的，去年二爹帶他進城上學，就一直沒有見到他，他長得又胖又白，穿得整整齊齊，不像在鄉下跟「糊塗神」二媽生活時那個小叫化子的樣子，早前他不如我，現在我不如他，他眞是從十八層地獄一下跳進了天堂。

在房門口我看見了二爹，他雖然向我笑了一下，我還是非常害怕，一進房我就看見一位四十來歲，笑容可掬，黑緞襖，黑長裙，一雙小得像金枝姐做的「姑姑鞋」的小腳。小巧玲瓏的身材，比鄉下的二媽還要小一號，比我母親要小兩三號，走起路來腳步輕得像黑貓，一步不超過五寸，非常從容優雅。她先笑着叫了我父親一聲「三先生」，聲音輕柔得很，完全不像鄉下女人那麽大聲聒叫。我癡癡呆呆地望着她，她眼角還沒有縐紋，臉秀氣得很。她走過來笑着輕輕地摸摸我的頭，她的手是那麽柔軟那麽輕，我從來沒有經驗過。

「她是誰？」我心裏正在這樣揣測，父親卻輕輕地對我說：

「叫二媽。」

本來我最不愛叫人，二爹我也不肯叫，生人我更不開口，可是我覺得這位二媽特別可親，便心甘情願地叫了她一聲。她快活得眼睛幾乎笑成一條縫。

她忙着從景泰藍的瓷罈裏抓了幾把芝蔴糖、香豆放在黑漆果盒裏，端給我吃，果盒裏還有些洋糖果之類好吃的東西。

我注意她端着果盒的手，巴掌小，手指卻又尖又長，而且柔若無骨，指頭翹起來便成了一張小弓，很美。

她看我傻頭傻腦地看着她，笑着摸摸我的頭：

「你認生是不是？不要怕，二媽不像你二爹那個老虎樣子。」

「他是個褲襠包的，怕生，膿包。」我父親笑着說。

平時我聽了這樣的話，心裏會很不高興，可是這次我原諒了父親，因爲我心裏太高興。

「讓他在街上多住幾天，和他三哥到處玩玩，膽子就會大點。」二媽笑着說。

本來我最不願意在別人家裏住，我缺少適應新環境的能力，別人的床我也睡不着覺，可是二媽這樣說我心裏卻很高興，父親問我願不願意留下來住？我點點頭，他感到非常意外，高興地對二媽說：

「這膿包和你有緣。」

「三先生，可惜我沒有這麼好的命。」二媽謙虛而微帶感傷地一笑。

「我的孩子還不是和妳的一樣？」父親說。

「這樣也好，」她欣慰地一笑：「我自己的命不好，不能生，二師母生的也和我生的一樣，你的孩子我也當作自己的。」

她說的二師母自然是指我鄉下的二媽。奇怪，別人提到我那位二媽總帶點輕視的口氣，我大爹大媽甚至我父親一提到她都要加上「糊塗神」三個字。而這位二媽提到那位二媽卻沒有一點輕視的味道，甚至相當尊敬。

這天我父親吃過午飯就囘去了，我一個人留在仁和客棧，留在二媽的家裏。這眞是破天荒的一次。

父親走後二媽對我更加親切，輕言細語地和我說話，噓寒問暖，比我母親還要細心。她說話的聲音總是那麽輕，生怕驚動了別人似的；透氣也是那麽慢慢的，好像怕一口大氣把我冲倒；走路也是輕輕的，生怕踩死了螞蟻。她不但自己身上乾乾淨淨，房間裏的桌椅板櫈也纖塵不染，黑漆的桌椅簡直光可鑑人。

她對我和三哥完全一樣，不分彼此，晚上叫餛飩麵或是糯米花鹽茶鷄蛋，總是一人一份，早晨的飯兒糕或是豆腐腦亦復如此。

三哥對她也很親熱，可是嘴裏卻含含糊糊,不叫。但她並不生氣,對他總是笑眯眯。笑，是她臉上特殊的標誌，彷彿窗口吊着的牽牛花。對我們如此，對別人也是一樣。

在二媽家裏住了一個禮拜，要不是父親來接，我眞不想囘去。

我一回到家，金枝姐就悄悄地問我：

「怎樣？你那位二媽怎樣？」

「金枝姐，妳沒有扯謊。」我輕輕回答。

三

我在鄉下唸了幾年私塾，也上城裏進洋學堂。我又住在二媽家裏。我再度進城，二爹二媽卻是租人家的房子住，他們的仁和客棧倒了。怎麼倒的？我並不十分清楚，二媽偶而和我說起時只是笑瞇瞇地說：

「義不掌財，慈不掌兵，你二爹不是做生意的人。我也面軟。房間貼給人家住了，還要供人家的伙食，到頭來拍拍屁股走路。你二爹是金剛菩薩，樣子嚇人，心腸頂軟，自然不會剝人家的衣服；我更不會討賬，人家三句苦一訴，我也陪着掉眼淚，恨不得再送他幾文盤川路費。就是有座金山銀山，也會拖垮。」

我還記得仁和客棧是管吃管住，開起飯來就是幾桌，而且吃的流水席，這樣自然非垮不可。

二爹事業失敗，心情自然不大好，兩條濃眉更顯得烏雲蓋日，我雖然長大了不少，還是怕他。不過他不發我的脾氣，只罵罵三哥、二媽和她的女兒。

上次我住仁和客棧，時間短，沒有看見二媽的女兒，也不知道她有個女兒。原來她這個女兒是前夫生的，前夫去世後她們母女就相依爲命，自然跟着二爹。她的女兒叫雲英，人也出落得非常標緻，只是鼻樑低一點，能說會道，聰明絕頂，個性和二媽不同，大概是像她父親。

雲英結過一次婚，男的配不上她，離了。在我們這個地方，女人是「嫁鷄隨鷄，嫁狗隨狗」，不作興下堂求去，而她作了，因此一般人對她的批評不好。後來她又和我們鄉下一個大財主在城裏姘居，（我住仁和客棧時正是她和那個大財主姘居時期。）反應更壞。再加上染上了鴉片嗜好，她便變成了一個人所不齒的女人了！尤其是二爹的大兒子媳婦，我叫二哥二嫂，他們兩人對她更不諒解。當她和那個大財主分居以後，二爹收留了她。二哥二嫂認爲留着這麽一個「爛女人」在家有辱門風，因此和二爹鬧得很不愉快，幾至不相來往。二爹是個愛面子的人，爲了二媽只有這麽一個女兒，他自己也沒有女兒，雲英又無處可去。所以寧可在兒子媳婦面前忍氣吞聲，還是收留了她。偏偏雲英又不爭氣，常常給二哥二嫂的話柄，二爹經濟情況不好，她還照樣抽大煙，吃好的，穿好的，有時二爹火了就痛罵她一頓，可是她還是雲淡風輕地望着二爹笑笑。二爹一走，她反而拉着三哥或是我往她房裏的鴉片燈旁邊一靠，又燒起她的煙泡來，以備不時之需。

「雲英姐，妳怎麽不怕二爹罵妳，反而笑嘻嘻？」有一次我輕輕問她。

如果二爹像罵她那樣罵我，我早就翹起屁股走了。

「爹是叫騾子脾氣，叫一陣子也就算了，何必跟他生氣？」她笑着回答。

她眞是摸透了二爹的脾氣，其實大爹，我父親以及兩位姑媽，都是一個樣子，脾氣來的時候跳起三尺高，像要吃人的老虎，如果你不作聲，他們也就算了，如果你向他們陪幾句小心，或是笑一笑，他們自己也會笑起來，滿天雲霧立刻散了。如果你不識相，要和他們硬頂，那準沒有好處。我自己就吃過我父親的苦，他雖然十分愛我，可是在他火頭上我一頂嘴，那就不管抓着甚麽就劈頭打下來，雖然如此，我還是照頂不誤，沒有辦法，我身上流着他的血。雲英姐對付我二爹的辦法可眞絕，有幾次我看見二爹的手指頭指到她的腦殼，如果她的頸子一硬，二爹的大巴掌準會打得她暈頭轉向，可是這種緊急關頭，她卻咧開嘴「嘻嘻」一笑，二爹那過膝的長手便像棉花條樣軟下來，笑着罵她一句：

「死了臉的！」

完了，滿天的風暴便這樣結束了。

「雲英姐，妳對付二爹的法子眞巧！」我不得不佩服她。

「兄弟，別人怎麽來，我就怎樣去；你們上一輩的人都是直統子，好對付。就是妳二哥二嫂，難纏！」

的確，她在我二哥二嫂面前總抬不起頭來。二哥二嫂是商人，二哥也有二爹那樣濃眉，眼睛卻深沉多了，身體雖然沒有二爹那麽高，卻比二爹壯，講起話來有斤有兩，作起事來乾淨利落，在雲英姐面前總是板着臉，不苟言笑。二嫂呢，無論講話做事更是快刀斬亂蔴，比二哥更勝三分，雲英姐本來很會講話，死的說成活的，可是二嫂卻能把活的說成死的。她對付雲英姐最厲害的兩着是，一是無論雲英姐怎麽奉承嘻笑，她根本不理；二是不講話則已，一開口就把雲英姐逼進死衖子，根本不讓雲英姐有回嘴的餘地。他們住得很近，卻三五個月難得來二爹家裏一次，要來就帶點「考察」性質，而雲英姐十有九次是悄悄地從後門溜走，不敢和他們覿面。二哥二嫂簡直是雲英姐的尅星！

三哥卻是一個馬虎人，心裏一點不渾，表面上卻馬馬虎虎，我到底隔了一層，沒有利害衝突，卻有血統之親，因此雲英姐和我們兩兄弟都處得很好，如親姊弟一般。

二媽是位烹調能手，任何普通菜一到她手裏就特別有味，一盤豆腐腦湯，經過她的手就有說不出的好吃，她眞有「淸水變鷄湯」的本領。在二媽家裏我眞享盡了口福。而雲英姐也繼承了二媽這一手，抽大煙的人特別講究吃，她又聰明，往往想些稀奇古怪的法子，弄出五花八門的食物，她吃，自然我也有一份。

不但吃她少不了我一份，她打麻將也教我，有時還故意要我「挑土」，她站在後面指導，可是我不成材，對這門玩藝始終提不起興趣，無論她怎樣教，我總是學不好，始終沒學會「算和」，她往往氣得在我頭上敲一下：

「你讀書考頭二名，打起牌來怎麼這麼笨？你是甚麼鬼腦筋？」

在這方面三哥卻比我强多了，因此她放棄了敎我，而專心培植三哥。

二媽對於她教我們打牌並不干涉，她常常笑着對我說：

「玩玩也好，不要讀成了個書獃子。」

二媽自己也常常打打小牌，可是十次有九次輸。不是她的牌打不好，而是她的手太鬆，她不扣牌。因此別人都歡喜坐她的下手。當她打了一張牌給下手和了一個辣子時，雲英姐往往氣得跳腳：

「娘呀！娘呀！這張牌你怎麼能打？你明明知道別人做淸一色，你還要放銃，娘呀！你是怎麼搞的？」

二媽卻笑容可掬地回答她：

「他那麽好的牌，不和實在可惜，我不打誰打？急壞了人怎麽辦？」

別人笑得前撞後仰，她卻不聲不響地「包」了。

雲英姐的牌技自然高明，她的牌理講得更頭頭是道，沒有一個人及得上她，可是她也是十打九輸，而且輸得多，因爲她歡喜打大牌，而又不願意和「屁和」，不和辣子決不過癮，別人知道她愛做大牌，所以專和「屁和」，最多她剛剛做成，別人的牌已經倒地，而別人偶爾做一次，卻往往成功，因此她也是輸，但是輸得並不服氣，還說別人打得狗屎。

「你就是嘴硬。」二媽聽她講牌理講煩了時，也會輕輕刺她一句。

「娘，你就是手軟。」她也笑着回答，

「所以我們娘兒兩個總是輸家。」二媽自己也好笑。

四

二媽一年三百六十天，總是一張笑臉。輸了錢也是笑嘻嘻，受了二哥二嫂的委屈還笑着替他們解釋：

「也難怪他們，我和雲英實在拖累了你二爹。」

遇着二爹向她暴跳時，她也不生氣，反而笑容可掬，輕言細語地對他說：

「不要做出老虎吃人的樣子，喝口水把我吞下去好了。」

二爹那麼高高大大，發起脾氣來眞像一隻暴怒的老虎；她是那麼小巧玲瓏，站在二爹面前眞像一隻小白兎站在老虎腳下，看樣子二爹眞可以一口把她吞下去。

二爹那樣子要是別人眞忍受不了，尤其是我大爹和我父親，他們兩人雖然尊敬他在地方上的聲譽，可是三兄弟關在一個房子裏，誰也不服誰的氣，誰也不向誰示弱。他們三人都有三條好嗓子，唱起二進宮來最對勁，可是他們三人碰在一塊，就是三個打火石碰在一起，吵架的時候多，誰也不放讓，如果再加上兩位姑姑，那屋瓦都會震掉。誰也不顧二爹的身份地位，他也佔不到他們的便宜。雖然他打起官司來包贏，但那是在法院，不是在家裏，在家裏他對哥哥固然沒有辦法，對弟弟妹妹照樣一籌莫展，只有二媽逆來順受，而且笑臉相迎，讓他逞逞虎威。二媽對他是自然的，不像雲英姐對他存心耍點小手段。

往往我替二媽感到難受時，她卻輕言細語地笑着對我說：

「你二爹也可憐，要不是我和雲英拖累了他，他坐着做老太爺、享福，那用得着和我娘兒倆受罪受屈？」

這倒是實情，二爹自從仁和客棧倒掉之後，便一蹶不振，一面要維持那麽大的家庭開支，和三哥的學費，在外面還得維持紳士的派頭。遇到過年過節或是三哥上學無錢繳費時，他也決不向二哥二嫂開口要一文錢，而二哥二嫂是人財兩旺，婚後一連生了五個兒子，生意越做越大，年年還在鄉下買地，可決不送錢給二爹，他們也有他們的道理，二嫂就常常這麽說：

「要是爹一個人，天天人參燕窩我們也供得起，但他那家是個無底洞，我的錢不塞狗洞。」

這些話當然會傳到二媽和雲英姐耳裏，有時二嫂還故意說給雲英姐聽，雲英姐只當耳邊風，仍然我行我素，二媽心裏卻不大好受，因此對二爹的處境格外同情，對他的脾氣更不計較了。無論二爹怎樣暴跳如雷，她總是笑嘻嘻。

但是有一次她板了臉，生了氣。

起因是我患了感冒，雲英姐說鴉片可治百病，她悄悄地把我拖到她房裏燒煙給我抽。我因爲頭暈腦脹，非常難過，恰好又碰上大考，病急亂投醫，就信了她的話。

平時無事我也愛在她煙燈旁邊躺躺，聞聞那股香味，看看她手裏那桿精緻的紫銅色的煙槍。別人的煙槍有一尺多長，又黑又髒，她的煙槍不過八寸，擦得放亮，如果不用來抽煙，也是一件小巧的玩藝。

我看她抽時那麼自如，滋滋有聲，抽完以後連忙喝一口滾茶，過半天才唉的一聲，吐一口氣，而不是煙，煙都吸到肚子裏去了。我不行，吸了半天，煙都從鼻子嘴裏跑掉，第一顆煙泡是白白糟掉。

「你眞笨，打牌不會算和，抽煙從鼻子嘴裏跑掉，眞是烏龜吃大麥，糟蹋糧食。」於是她又替我燒第二個煙泡，教我一些抽的訣竅。我接連抽了兩個煙泡，吸一半，糟一半。她笑着對我說：

「去睡一覺，保險會好。」

我睡了一覺，的確好了很多，但還沒有好淸，她又要我抽第二次，但這一次卻被二媽看見了。她的臉馬上一板，氣得渾身在顫。責備雲英姐說：

「你眞不知死活，他年紀輕輕的你教他抽這個東西？這是害人精，敗家精，你還不知道？他要是抽上了癮那怎麼得了？」

她雖然駡雲英姐，可是聲音還是那麼輕柔，只是氣得有點結結巴巴，身子顫抖。

我翻身跳下床來，臉紅臉熱，雲英姐卻雲淡風輕地囘答她：

「娘，你何必大驚小怪？他人不舒服，燒兩口煙給他驅驅寒氣，有甚麼關係？」

「沒有關係？誰不是這樣上癮的？要是他二爹知道了不剝你的皮？」二媽說。

雲英姐淡然一笑，輕輕地吹熄了煙燈，閉着眼睛養神。

事後我對二媽說：

「二媽，雲英姐是一番好意，您怎麼發那麼大的脾氣？」

「老四，」她叫了我一聲，我在家裏是老大，但按堂兄弟的排行卻是老四。「你不知道這東西有多害人？你二爹是個飛天的人，就坑在鴉片手裏。」

二爹抽過大煙，我還不知道，他怎樣抽上的？我更不淸楚。於是二媽往事從頭說起：

「你二爹年輕時心比天高，他那個氣派也沒有人趕得上。他本來要當革命黨，你公公婆婆死也不讓他出門，要他靠煙燈，這一靠就上了癮，一抽十來年，甚麼也不想幹，只和我結了這段孽，後來雖然發狠心戒掉了，又丢不下我母女兩人，就這麼拖拖扯扯誤了他一生。你們這一代的希望就在你和三哥身上，你又有點像你二爹的性情，你要是也走上了你二爹的老路，我母女兩人豈不是害了你們兩代的人？……」

我眞沒有想到會有這麼嚴重，楞楞地望着她，她嘆了一口氣，又駡雲英姐：

「那個死不了的眞丟盡了我的人，我處處要面子，她處處丟我的人，還弄得你二爹在你二哥二嫂面前抬不起頭。她又死皮賴臉，趕也趕不走。我們母女兩人也是孽，說不定是我前生該了她的？」

我不知道怎樣說好？她又輕輕嘆口氣：

「唉！人奈命不何，你那個二媽福氣好，輕輕鬆鬆地生了兩個好兒子，我偏偏只帶來這麼個不爭氣的女兒。」

鄉下的二媽眞是糊塗人有糊塗福，據我母親說二哥三哥生下來以後她很少問事，他們居然都長大了。三哥將來如何？雖然還不知道，二哥卻給她爭來很大的面子，這份光榮自然不會落在這個二媽的頭上的。反之，人家一提起雲英姐，就會搖頭，不消說，這筆賬又記在她的頭上了。無怪她有這份感慨。

可是她對於鄉下那個二媽一點也不妬忌。

鄉下的二媽一年也要進一兩次城，在二哥那邊住上十天半月，有時也過來探望三哥，可是她又怕見二爹，來時總先在窗子外面探望一下，如果發現二爹在家，她就溜走，二爹不在家她才進來。

有一次我發現二媽站在窗口和人談話，我走過去一看，外面站着的原來是鄉下的二媽，她輕輕地問窗子裏面的二媽：

「他在不在家？」

「不在，師母，你請進來。」窗子裏面的二媽笑着回答。

我趕出去，鄉下的二媽便一扭一扭地走進來，城裏的二媽連忙把她迎進房裏，請她坐，親自倒茶，口口聲聲稱她「師母」，鄉下的二媽天上一句，地下一句，和她亂扯，她總是笑着回答，一點也不厭煩。直到二爹的咳聲在外面響起，鄉下的二媽才一溜煙地從後門溜出去，但她的背影已經被從前面進來的二爹瞥見了。

「糊塗神剛才來過了是不是？」二爹問二媽。

「你對師母也客氣一點啥，她一年難得來一次兩次。」二媽笑着規勸二爹。

「我又不吃她，她要那麽的鬼鬼祟祟怪誰？」二爹說。

「老虎不吃人，樣子難看，你對師母總沒有一張笑臉，你還怪她？」二媽說。

「見了她我就作嘔，還笑得起來？」二爹說。

「奇怪？當初你兩個兒子是怎麽生的？」二媽笑着問他。

二爹忍不住噗哧一聲。我連忙跑進廚房，捧着肚子笑，生怕二爹聽見。

五

我在二爹家裏直住到抗戰爆發的第二年。

在這期間，二媽對我生活上的照顧，不下於我母親。她使我享盡了口福，三哥進省城讀書以後，完全是我一個人獨享。而她對於我感情的潤澤甚至超過我母親。每當冬夜無事，她不是教我起牙牌數，就是一面喝苦茶，一面和我聊天。她不但精於食，喝茶也很考究，茶葉一定是上好的，而且泡得特別釅，起初我簡直喝不進口，慢慢地我也學會了喝苦茶。從她嘴裏，我知道了地方上的一些恩恩怨怨，和許多人情世故。可是從盤古到如今，她從來不說人家一句壞話，沒有罵過人，別人欠了她多少年爛賬，她也是輕描淡寫地點到爲止。她那麼小的個子，卻有別人所未有的恕道和愛心。她要我向二爹學的是一個「正」字。

「脾氣不好沒有關係，心可要放在中間。你二爹是個脾氣點得着火的人，他能贏得這點聲名，就是一個正字。」

她眞摸淸楚了我們兩代人的毛病。

當她和二爹搬到鄉下躲避戰禍，我離家遠走時，她還塞給我十元一張的大票子。

「人是英雄錢是膽，你多帶點在身邊以防萬一。」

這時他們的經濟情況已經十分拮据，但她還是硬要我收下這筆錢。而我那位有錢的大姑，對我的出門逃難卻毫無表示，這使我父親很傷心，但是有甚麼辦法，他們那一代硬碰硬，姊弟傷了和氣，再加下一代的我又是一塊茅坑裏的石頭，怪誰？如果不是二媽的溫柔體貼，成天笑臉迎人，我也不可能在二爹家裏住那麼多年。

抗戰八年，我在外面流浪了七年，勝利後回家，二爹剛去世不久，二媽愁容滿面，人也老多了。

「可惜你回遲了一步，你二爹天天盼望你兩兄弟回來，還是沒有望到。」二媽說。

這時三哥還沒有回來，我也不知道他在那裏？

「本來我希望走在你二爹前面，再怎麼說他也會把我送上你們的祖坟山，偏偏我老不死，這包骨頭還不知道丟在那裏？」

二媽顯然在爲今後的問題憂慮，我已經感到有一股暗流在二哥二嫂那面湧起。

雲英姐也老了很多，不再那麼輕盈瀟洒，不再那麼雲淡風輕，二爹的去世最受威脅的顯然是她。

果然，二爹七七一滿，二哥二嫂就提出了條件：如果二媽願意和他們一起生活，生養死葬他們負責，但是雲英一定要離開；如果二媽想和雲英一道生活，他們願意拿出一筆錢，但以後生養死葬概不負責。自然更不能上我們的祖坟山，和二爹葬在一起。

很多人都勸她跟二哥生活，以免日後受苦，死無葬身之地，因為大家擔心錢一到手就會被雲英姐三把兩把化掉。但她考慮之後還是對二哥二嫂說：

「我們母女臍帶相連，分不開，一切都是命，不管以後怎樣？我認了。」

就這樣，她拿了一筆數目不大的錢和雲英姐搬走。我空手回家，無能為力，她還是和二爹在日一樣款待我，輕言細語地和我說些瑣事，從她口裏我知道二爹拒絕維持會長不幹，挨過日本憲兵的打，受過小漢奸的氣，以及死後幾天接到縣參議員聘書的事。她談話時以輕輕的嘆息代替了往日的微笑。她的茶泡得更苦，我在外流浪七年，喝慣了白開水，這種釅茶已經苦得我喝不進口了。

我回家作了一陣「客」又走了。第二年夏天我拂袖而歸時，又是空手。去年初回家打空手還有人原諒，說是八年抗戰，後方很苦。這次我是從十里洋場的上海回來，依然故我，別人就看準了我沒有出息。因為凡是從外面回來的青年人，不是褲帶上串滿了金戒指，就是箱子底下藏了金條，最少衣服也穿得光光彩彩，手指上也要戴一兩隻黃澄澄的金戒指。我兩手空空，而且丢掉了工作，弄得我父親都無法解釋。我受不了別人的冷眼，便成天躲在二媽家裏，她像一根慈愛的柱子，撐住我使我沒有崩潰。

「不要灰心，你的日子還長得很，你二爹也有過這樣的情形。」二媽安慰我說。

「二媽，我是不是眞有點像二爹？」

「你們是一個老祖宗傳下來的，屋簷水點滴不差。」她望望我悽然一笑。

但我知道我比二爹實在差得太遠。

「人死留名，豹死留皮，爹雖然倒了一輩子楣，總留得一個好名聲，你應該學二爹。」雲英姐插嘴。

「你米湯裏洗澡，糊塗了一輩子，就只講了這麼一句中聽的話。」二媽笑着罵她。

「娘，人奈命不何？我娘兒倆那一點不如人家？你總是把我的話不當話。」

「寃家！」二媽悽涼地一笑。

就在我賦閒在家的短短期間，二媽像一盞菜油燈樣熄滅了。

她死得冷冷清清，一口白木棺材，雲英姐和我，以及少數幾個牽藤絆葛的人，把她送上東門外的荒山。

「唉！好人沒有得到好報。」金枝姐感慨地說。

六

十七年來，我時常夢見二媽，昨夜我又夢見她和我輕言細語，她用那尖尖的手摸摸我說：

「不要灰心，好好地做人。」

二媽，一個永遠活在我心裏的美麗、賢慧、文雅、善良而薄命的女人。

異鄉人

一

菜花黃，麥子抽穗的日子，突然來了一個陌生人，而且是個當兵的。

當他從壩上走下來時，由於他那身與衆不同的灰棉軍服，很快地便被發現了。在地裏工作的男人們，停止了工作，老遠就用眼睛盯着他；而在地裏拔野蒜的大姑娘和小孩子們，一看淸楚了他是個當兵的，雖然相隔還有半里路，便驚驚慌慌地跑回家，而且邊跑邊叫：

「兵來了！兵來了！」

膽小的女人們一聽說「兵來了！」，在大門口張望了一下，便驚驚慌慌地把大門一關，而且抬張大方桌把大門抵住，把孩子一推說：

「快點躲到馬桶角下去！」

她們自己卻躲到灶下，在鍋底下撈把鍋烟，往臉上一摸，馬上變成了一個母夜义，不知道有多醜！

她們不時又好奇地把那張母夜义的臉，貼着廚房的小窗孔向外張望，望見那個當兵的漸漸走近，他的後面也遠遠近近地跟了幾個男人。

當他走進村子時，後面跟着的幾個男人，便慢慢向他圍攏，他們手裏都有一丈多長的鋤子。

他的灰棉軍服很舊，有幾處還露出了棉花。他的個子高大，身體結實，但他看看幾個男人懷着敵意圍住他，他也有點膽怯。

他頭上沒有帽子，他勉强堆着一臉笑容，向那幾個圍着他的男人作作揖說：

「老鄉，俺不是壞人，請你們放心。」

「你是南軍，還是北軍？」我堂兄問。

他愕了一下，似乎不大瞭解南軍北軍的意思，過了一會突然領悟過來，抱歉地一笑：

「俺不是革命軍，俺是孫傳芳的部下。」

「聽你的口音就知道你不是南軍。」我堂兄說。

「原來是個侉子！」王老三說。

「老鄉，俺現在不當孫傳芳部下了，」他看着大家對他沒有好感，馬上解釋：「不過俺有幾個月沒有關餉，沒有盤纏囘家，聽說貴地人好，富足，俺想打打長工，弄幾個盤纏囘俺老家。」

果然，大家聽他這樣說，便有點同情起來，互相望望，但是也沒有誰答應請他，因爲開天闢地以來，就沒有誰請過外鄉人當長工，猶其是北方侉子。

他看看沒有人答應，顯得有點失望。王老三卻對大家說：

「我們不要上他的當，先搜搜他的身上看看有沒有傢伙？」

「你是吃糧的侉子，俗語說知人知面不知心，我們還不知道你身上有沒有藏盒子砲？你應該先讓我們搜搜。」我堂兄說。

「盒子砲沒有，我刀子倒有一把。」他坦率地說：「不過這不是作壞事的，是俺防身的。」

「那你把它交出來。」王老三說。

「俺交是可以交出來，」他望望王老三說：「不過你們不能報信，俺老實說俺是個逃兵。」

「好，我們決不報信。」大家同聲說。

他又望了大家一眼，然後伸手從褲腳綁帶裏抽出一把六七寸長的鋒利的匕首，往地上一拋說：

「俺說了俺不是壞人，你們現在總該放心？」

大家望望鋒利的匕首，又望了他一眼，表示驚奇與好感，王老三特別細心，又問了一句：

「你身上眞的沒有盒子砲？」

「俺又不是當馬弁，那有盒子砲？」他向大家憨直地一笑。

「你在北軍裏是幹甚麽的？」我堂兄問。

「俺旣不是當馬弁，又不是當伙頭軍，俺是拿毛瑟槍打仗的。」

「你貴姓？」

「俺姓李，」他看見大家的態度漸漸友善起來，也顯得比較愉快。「李樹的李。」

「你讀過書沒有？」

「沒有，」他笑着搖搖頭：「俺一個大字不識。」

「你家在甚麽地方？」

「俺家在李家莊。」

「遠不遠？」

「總有一兩千里路，」他揣摩地說：「在黃河邊上。」

「你家還有甚麼人？」

「只有一個老娘。」

「你想當長工，會不會做莊稼？」我堂兄問。

「俺本來就是莊稼人。」他坦率地一笑。

「那你爲甚麼吃糧？」王老三問。

「黃河冲走了俺幾畝地，不吃糧又幹啥？」他向我堂兄一笑。

「炮子沒有長眼睛，你不怕送命？」王老三說。

「炮子打死比餓死强。」他憨直地一笑。

大家一陣沉默，內心裏興起一股同情。過了一會彼此互問：

「你家裏要不要長工？」

有的說不要，有的猶豫不決，最後王老三對我堂兄說：

「轉眼就要收割了，我看你一個人實在忙不過來？」

「這事我不能作主，要等我爹決定。」我堂兄回答。

「那就把他帶給你爹看看再說。」王老三慫恿地說。

於是我堂兄俯身檢起地上的刀子，眞的把他帶回家去。女人孩子們早已陸陸續續地跑了出來，一看見我堂兄把他帶回家，又好奇地跟在後面，指手劃腳，唧唧喳喳，像一羣麻雀。

我堂兄讓他坐在大門口的一條長櫈上，倒了一大盌茶給他喝，他感激地雙手捧着，像喝糖水樣咕嚕咕嚕地牛飲下去。

我伯父在屋後菜園裏種瓜，我堂兄跑去找他，告訴他這回事，我伯父卻鼓着兩眼罵他：

「你發了瘋！要請長工我也只請屋門口的人，怎麽能請一個侉子？一個逃兵？」

「他人很好。」我堂兄說。

「很好？」我伯父的手指頭幾乎指到我堂兄的鼻尖上說：「我告訴你！你不要惹禍上身！現在外面亂紛紛，我不管他是南軍北軍，不惹他們。」

這一盆冷水澆得我堂兄楞頭楞腦，他還記得前幾天江對岸過了一整天兵，像螞蟻搬家似地牽連不斷，輪船上也載着成千累萬的灰衣人，不知道是南軍還是北軍？但是他已經把人家帶到家裏來了，又怎樣打發人家走路呢？何況人家怪可憐的？

「爹，我看人家實在很老實，不信你自己去看看？」我堂兄終於鼓起勇氣說。

「吃糧的不都是痞子赤膊鬼？還有甚麽老實人？」我伯父不以爲然地說。

「他說了他是種莊稼的，我看他也不是那種游手好閒的人。」

「我不信！」伯父用力搖搖頭。

「爹，我說話空口無憑，人在前面，你自己去過過目好了。」堂兄開始以柔克剛。

「而且他不但人老實，又身長力大，眞抵得上一條水牛！」

伯父被堂兄最後一句話打動了心，他知道一條水牛對他是多麽重要？他本來有一條大水牛，還想再買一條，一則是牛販子索價太高，二則他還沒看到一條頂合適的牛，既然人能抵得上水牛，當然比水牛更有用了。

「他有那麽大的力？能拖車嗎？」伯父的八字鬍翹動了一下。

「爹，他是侉子，的確身長力大，他一個人最少抵我兩個。如果你眞要他拖車，你也該去駕駕軛？」堂兄慫恿地笑着。

伯父眞的被堂兄慫動了，他笑着把鋤頭一放，摸摸八字鬍，又從腰間抽出旱烟桿，裝了一袋烟，點燃，猛力吸了一口，便尾隨着堂兄走到前面來。堂兄走得非常輕快，他幾乎跟不上，笑着罵了堂兄幾句：

「雜種，我又不跟你賽跑，你搶甚麼？」

堂兄回頭向他一笑，便把腳步放慢下來。

很多人圍着侉子問長問短，連女人也插嘴詢問，她們不再怕他，有的女人都忘記了把臉上的鍋烟擦掉，因此看起來很可笑。

堂兄帶着伯父擠了進來，指着他對侉子說：

「這是我爹，我已經把你的意思說了。」

侉子立刻站了起來，笑着向伯父拱拱手說：

「老太爺請你作作好事，俺沒有盤纏回不了老家，想打兩年長工賺幾個盤纏回去。」

伯父向他全身上下打量了一眼，看他比自己差不多高一個頭，自己已經相當高了。他的身體又粗又壯，肩膀很寬，眞結實得像一條沒有閹過的牯牛，心裏便有幾分歡喜，但他還是矜持小心地問侉子：

「你會不會給我惹麻煩？」

「你放心，俺決不會惹麻煩，」侉子鄭重地說，又拍拍自己的衣服：「你看，俺除了這身破軍裝之外，沒有拐帶任何東西。」

「你會不會做莊稼？」伯父又問。

「會，會，」侉子連忙點頭：「我說了我是莊稼人。」

伯父又打量了他一眼，然後指指附近的一個大石磙說：

「看樣子你有點力氣，你搬搬那個麻石磙給我看看？你儘力而爲好了。」

那個大麻石磙是用牛拖着輾麥子用的，很多青年人都搬不起來，力氣最大的也只能搬到膝蓋高，便再搬不上去了，這個大石磙等於是考驗靑年人力量的試金石，力氣不够的人連試也不敢去試。

侉子聽了伯父的話便向伯父笑笑，走了過去。他看了石磙幾眼，便彎下腰去，兩手扣住兩端承木軸的洞裏，輕輕易易地端到齊腰高。伯父看了直摸他的八字鬍鬚，又笑着對侉子說：

「你走幾步給我看看？」

侉子便端着石磙走來走去，臉都不紅一下，伯父的眼睛卻越睜越大，他正想叫他放下時，他卻把石磙往脇下一挾，一隻手挾着，走了幾步，然後突然把身子一旋，隨手一甩，把石磙甩了出去，跌在地上有三四寸深的印子。

「爹，我說他抵得上一條水牛吧？」堂兄得意地在伯父耳邊輕輕地說。

伯父兩個指頭捻着右邊的一撇鬍鬚，笑着點點頭。

大家都以驚奇的眼光望着侉子。

侉子笑着走過來，對我伯父說：

「老太爺，俺只有這幾斤蠻力，你看怎樣？」

「你的力氣很大，我們這裏的後生還沒有人抵得上，」伯父笑着回答：「不過你們貴處種莊稼的方法或者和敝處不同，因此，我答應請你，但第一年的價錢不能太高，只要你做得好，第二年我一定加，不曉得你的意思怎樣？」

「俺沒有打算發洋財，只想賺幾個盤纏回老家，隨你好了。」侉子說。

「你在外面吃糧多少錢一個月？」伯父問。

「七塊半。」侉子說。

「那這樣好了，」我伯父說：「我一年給你六十塊錢大洋，這是普通價錢，決不相欺，年底我另外送你三套衣服，一套棉的兩套單的，你願不願意？」

侉子點點頭。

我伯父看他除了身上的露出棉花的灰棉軍服之外，似乎別無長物，打量了他一眼之後又問他：

「你有沒有便衣？」

侉子尷尬地搖搖頭。

伯父卻以長輩的口吻說：

「你不換套便衣就這樣逃跑，萬一被他們抓到了，你的腦売豈不要搬家？」

「你們南方人討厭俺北方人，不肯借便衣，俺有啥辦法？」侉子憨直地苦笑。「俺所以帶了一把刀子，就是防備上面派人抓。」

伯父望了那雪亮的刀子一眼，然後拿在手裏，笑着對他說：

「我們這裏不作興用這種東西，我代你保管好了，日後你走的時候你要我再給你。」

侉子笑着點點頭。

就這樣，侉子被我伯父收留了。

從此，大家叫他侉子或是老李，沒有誰問他的名字。

二

侉子老李穿着我堂兄的衣服又小又緊，綳在身上非常難看，顯得非常笨拙，我伯父看着把八字鬍鬚一摸，一笑：

「嘿！老李，我答應你三套衣服，起碼要買四套衣服的布。」

「俺就是這麽一個大飯桶！」老李也向我伯父傻笑。

他說他是個大飯桶一點不錯。農忙時我堂兄也只能吃三大海盌飯，這已經足有一升多米，可是老李第一頓就吃了四大海盌，最後很不好意思地自己放下盌筷，看樣子他還能吃一大海盌。

飯後，我姣小的堂嫂悄悄地對堂兄說：

「嘿！老李一頓要吃兩升多米，吃都要被他吃窮，你怎麽把這麽個薛仁貴弄到家裏來？」

「不要着急，吃得做得。」我堂兄向她一笑。

「你知道他吃一頓，我要吃兩天？」我堂嫂皺皺眉說。

「妳怎麼能和他比？」我堂兄一笑：「他能搬得起大石磙，你連推也推不動。」

「我看他是一條牛，就只少了兩隻角？」堂嫂也不禁好笑。

「但是我們不能給他吃草。」堂兄笑着說。

「那我們可以少買一條牛？」她說。

「妳倒會精打細算。」堂兄一笑。

「你請這麼一個大飯桶，我不精打細算怎麼行？」堂嫂賣弄地一笑。

「他做起事來你就會知道我們並不吃虧。」

果然，堂兄的話沒有錯，晚飯前老李第一次做事，那是堂兄每天最後的工作——挑水。老李爲了找點事做，便先把這個工作接替下來。當堂兄把水缸邊那擔能挑一百六十斤的大水桶指給他看時，他笑着問：

「還有沒有大的？」

「這就是最大的了！」堂兄一笑：「這一帶要算我家的水桶最大，沒有再大的了。」

老李笑着把扁擔挽好，又隨手拿了一個能提三四十斤水的大提桶，往扁擔頭上一掛，便挑着走了。

當他從一百多公尺遠的大水埔裏，一手扶着扁擔，一手提着提桶，一閃一閃地挑着水走回來時，我堂嫂和其他的女人都站在門口看，而且議論紛紛。

「他挑起來好像不費力嘛！」

「這個侉子眞有一把牛力！」

「張嫂嫂，你家裏眞兜着了，請一個當兩個！」王老三的大妹子桃花笑着對我堂嫂說。

「妳就不曉得他一頓吃幾海盌飯？」堂嫂向桃花一笑。

「妳還怕他吃窮了？」桃花也向堂嫂一笑：「三月一收割啥，够他吃幾十年囉！」

「妳別瞎扯好吧！」堂嫂在桃花的臂上拍了一下：「當初你家裏怎麽不請他？」

「只怪我哥哥沒有眼光呀！」桃花惋惜地說。

「妳怎麽不獻獻計呢？」

「嘿！先前看他穿一身老虎皮，我駭得躲到馬桶角裏不敢出來呀！」桃花壓低聲音說。

「妳現在不怕？」堂嫂問她。

「他換了裝也和我們這裏的人一樣呀！」桃花說。

侉子老李越走越近，她們就停止談話了。

老李看有這麼多女人站在門口看他，顯得有點不好意思，本來他的臉不紅，這一來他反而紅臉了，紅得簡直像個關公。

當他把水挑進屋裏，桃花悄悄地一笑說：

「嗨！這麼大個男人還害羞？」

侉子把水嘩啦嘩啦地倒進缸裏之後，又挑着水桶出來，臉上還有點紅，他硬着頸子走向塘邊，衣服小，肩上和全身的肌肉更顯得突出，眞健壯得像一條未閹的公牛。

桃花兩眼直瞪瞪地望着他的背影，如醉如痴，我堂嫂看了一笑，在她背上輕輕一拍說：

「嗨！十七八歲的大姑娘了，怎麼好意思這樣看人？」

桃花如夢初醒，滿面緋紅，揚起手來打了我堂嫂一下，隨卽身子一扭，辮子一甩，頭一低，像隻受驚的兔子樣跑回家去了。

於是大家都笑了起來，有人笑着埋怨我堂嫂說：

「妳也眞缺德，何必當面點破？」

「我看桃花有點騷，」堂嫂輕輕地一笑：「先點破好，免得她日後勾勾搭搭，弄得侉子無心做事。」

「該死的！你想得也眞周到。」有人笑駡堂嫂。

老李又挑着水回來，仍然紅着臉。他進屋之後，女人們彷彿看足了西洋鏡似的滿意地散了。

平時我堂兄要挑六擔水，才能挑滿那口大缸，老李只挑五次就盛不下，還多餘大半水桶和一提桶。我堂兄看過之後笑着對堂嫂說：

「怎樣？老李的飯沒有白吃吧？」

堂嫂笑着白了堂兄一眼說：

「你請的人總是好的。」

堂兄對老李確實很好，老李作事也特別賣力。

老李來後，堂兄就輕鬆多了，不但一切雜事有老李代勞，收割時老李的表現尤其好。

老李不但會割麥，而且割得特別快，鐮刀一揮，一大把麥稈就嚓的一聲斷了，看他彎着腰只聽見嚓嚓的響，一方丈圓的地區一眨眼就割光了，而且椿子又矮又齊，像刀削的一般，不是那種狗啃的高高低低。他不但割得快，割得好，捆麥把捆得又緊又大，而且兩頭翹，像翹起尾巴的公鷄，非常好看。

當麥把裝上高大的牛車時，他作我堂兄的下手，他用那七八尺長的鐵羊叉，叉起一個個大麥把，百多斤重的麥把，他輕輕一舉就舉了起來，動作非常快。

麥把裝得和樓房一般高，照理應該用兩條牛拖，可是我伯父家裏只有一條牛，走平坦的車路倒沒有多大的關係，一上坡牛就非常吃力，但老李主張裝高，他說：

「要是牛拖不動，俺可以幫忙拉。」

牛車被樓房般的麥把壓得咿咿呀呀地叫，聲音悠長悅耳，和快割鳥、黃鶯、雲雀，形成最好聽的交響樂，牛卻喘着氣，車輪壓過地面有三四寸深的軌跡。

上坡時牛拖不上去，車子反而倒退下來。老李從麥把堆的頂上爬下來，把套着粗繩的牛軛往自己肩上一揹，站在牛的前面。我堂兄一聲吆喝，用那桐油浸過的鞭子在牛屁股上一抽，牛的兩條前腿一跪，老李的身子一低，肩一用力，這麼一配合，樓房一般高的牛車，便拉上十五度的斜坡了。

我伯父本來還有一點躭心老李不太會作我們這個地方的莊稼，他看過這些情形之後，不禁摸摸八字鬍鬚笑着對老李說：

「老李，你眞勝過一條牛。」

我堂嫂也不再說老李吃多了飯，在這段收割期間，本來一天要吃五頓，除了三頓乾飯之外，上午下午還有兩次「中伙」，三頓正餐又特別豐盛，「中伙」也多半是麵食之類的好吃的東西，堂嫂把那一向作爲「私房錢」的鷄蛋也提出來煎給老李和我堂兄吃，而且每人都是兩個煎得兩面黃的荷包蛋。老李從前好像很少受過這樣的優遇，所以他心裏非常感激，但是嘴裏不講，做事時卻連吃奶的力氣也使出來了。

不但我堂嫂名正言順地優待老李，最有趣的還是桃花。

桃花家裏的地和我伯父的地阡陌相連，除了一條稍微深一點點的溝畦之外，幾乎沒有界綫，而且多半是平行的，從這頭望到那頭一眼幾乎難以望盡。

一天下午，老李正在這頭割麥，我堂兄在那頭割，他們兩人準備在中間會師。我卻在老李附近的麥林裏找雲雀蛋。

桃花是待嫁的黃花閨女，她家裏不讓她在地裏作粗事，規定她每天送一頓中飯，兩次「中伙」，因此她挑着輕便的菜籃來來去去。

這天下午當我找到一窠雲雀蛋，高興得跳起來，頭一伸正預備告訴老李時，沒想到桃花正偷偷地抛了一個熟鷄蛋給老李，恰巧被我碰見，老李看見我連忙把鷄蛋往嘴裏一抛，望着我傻笑，桃花臉一紅，挑起菜籃就跑。我因爲檢到了一窠雲雀蛋，也不想再在地裏晒太陽，而且麥穗刺在皮膚上很癢，因此便尾隨桃花回去。

桃花先是挑着菜籃匆匆地跑，我趕不上她。後來她突然停了下來，回頭向我一笑，我便迎了上去。

「小鬼，你不上學在地裏幹甚麽？」桃花笑着問我。

「撿雲雀蛋，」我說，隨卽把手一揚：「妳看，我一下撿了五個。」

「撿那種鬼蛋有甚麽意思？」她向我揶揄地一笑。

「妳說甚麽有意思？」我偏着頭無心地問她。

她卻臉一紅，咬着下唇白了我一眼說：

「小鬼，你好壞！」

從來沒有人說過我壞，今天桃花是第一個說，因此我不服氣地問她：

「我那一點壞？妳說。」

她的臉又一紅，窘得說不出來。隨後又向我一笑，腰一彎，在菜籃裏摸出一個熟鷄蛋來，向我把手一招：

「來，雲雀蛋不好，我送個鷄蛋給你吃。」

我站着不動，我並不稀罕她的鷄蛋。她看我不動，又笑着走過來，把鷄蛋往我口袋裏一塞，把臉貼在我的臉上哄着我說：

「以後你不要再撿雲雀蛋了，我每天會送個鷄蛋給你吃。」

「妳也送給老李吃？」我笑着問她。

她瞪了我一眼，隨後又向我一笑，輕言細語地說：

「老李是外鄉人，可憐，所以我才送他一個。」

「老李現在不可憐，我嫂嫂每天煎兩個荷包蛋給他吃。」我說。

「你怎麽知道這些鬼事？」她奇怪地瞪了我一眼。

「我嫂嫂又不是偷偷摸摸的，我怎麽不知道？」我理直氣壯地反問她。

想不到她弓起手指在我腦壳上敲了一個栗子，敲得很痛，我氣憤地問她：

「妳爲甚麽敲我？」

她馬上蹲下來把我摟在懷裏，在我耳邊輕輕地說：

「桃姐姐失錯，桃姐姐疼你。」

「疼我也不是這樣疼法？」我生氣地掙脫她的摟抱，摸摸腦壳，腦壳上起了一個疱。

她顯得又慌又窘，過了一會又向我陪着笑臉說：

「好，我錯了，明天我再送兩個鷄蛋給你吃。」

「誰稀罕妳的臭鷄蛋？」我把口袋裏的鷄蛋掏出來向她臉上一扔：她頭一偏，讓過了，鷄蛋卻掉在地上跌得稀爛。

她惋惜地望着地上的鷄蛋，又望着我嘆口氣，我頭一扭，逕自走了，我的腦殼在辣辣地痛。

她看見我獨自走了，心裏很急，隨卽追了上來，一把抱住我說：

「不要生氣，和桃姐姐一道囘去。」

「我自己會走！」我說。

「乖，聽話，」她哄着我說，又伸手在我疱上揉揉：「讓桃姐姐替你揉揉。」

她的手很輕，很柔，我的痛好像也減輕了不少，我的氣也漸漸消了。

她看我不再生氣，馬上高興地一笑，輕輕地囑咐我：

「剛才的事你千萬不要傳出去！」

「甚麼事？」我奇怪地問她。

她紅着臉囁嚅了半天，沒有講出一個字，最後用了很大的勁才說出來：

「哎！就是你剛才在地裏看見的！」

「送個鷄蛋給老李吃又有甚麼關係？」我說。

「哎！」她嘆口氣說：「你不懂，傳出去了人家靑口獠牙，會講閒話！」

「妳又沒有做賊，還怕人家講甚麼閒話？」我望着她說。

她的臉又一紅，連顴骨上那幾點雀班也紅了。

「你不要儘和我辯理，你不講出去就沒有事了。」她搖搖我的肩膀說。隨後又問我：「答應我，你講不講？」

過了一會我才搖搖頭說「不講」，她馬上摟緊我，在我臉上吻了一下說：

「好！你眞聽話，桃姐姐疼你。」

過後她又看看我腦壳上的疱，躭心地問我：

「如果你娘問起你腦壳上的疱，你怎麼說？」

「我就說是妳敲的。」我說。

「千萬說不得！」她向我搖搖手：「你就說是自己碰的。」

「那妳不是教我扯謊？」我鼓起眼睛問她。

「常常扯謊要不得，偶然扯一次倒沒有關係。」她向我一笑。

我不明白這是甚麼道理？惶惑地望着她。她又對我說：

「你就說是自己碰的好不好？」

我看她那祈求的眼光怪可憐的，只好點點頭。她又在我臉上吻了一下，然後高興地挑起菜籃，走在前面。

「桃姐姐，我覺得老李有點傻裏瓜氣，妳看怎樣？」走了一段路我突然問她。

「北方侉子就是這個樣子的，」她回過頭來向我一笑。「其實他心裏並不眞傻。」

「妳怎麽知道？」我問她。

她的臉又是一紅，轉過頭去說：

「你長大了也會知道。」

「妳歡不歡喜老李？」我又問她。

她回頭望了我一眼，向我一笑：

「你呢？」

「歡喜。」我毫不考慮地點點頭。

「我也——」她的臉一紅，沒有講下去，隨後又蹲下來在我耳邊輕輕地說：「和你一樣。」

我馬上用食指在臉上刮了幾下，她臉一紅，頭一扭，然後又向我噗哧一笑，用指尖在我腦殼上一戳：

「小鬼，你好壞！」

三

晚上，老李抓了兩口袋煮熟的蠶豆，和我坐在大楊樹下邊吃邊談。他遞了一把新蠶豆給我，這種煮的蠶豆特別好吃。

老李不但和我堂兄相處得很好，也歡喜和我玩，他心裏好像有點寂寞，和我在一塊便很愉快。

「今天桃花送了俺一個熟鷄蛋，你千萬別張揚出去。」老李對我說。

「不會。」我爽快地回答。隨後又問他：「你喜不喜歡桃花？」

「俺一個外鄉人，不敢妄想。」老李說。「最好你代俺謝謝桃花姑娘，俺實在不便和她講話。」

「講話又有甚麽關係？」我說。

「俺在軍隊裏都不亂來，何況是在你們貴地。」

「老李，桃花很喜歡你哩！」

「那沒有用，」老李憨直地一笑：「聽說她已經有了婆家。」

「她男人是個癆病鬼，她不喜歡。」我說。

「不喜歡又有甚麼用？長輩還能反對？」老李說。

「你在家裏有沒有定媳婦？」我問老李。

「俺家裏窮，沒有定。」老李搖搖頭。隨後他又笑着問我：「你呢？小子。」

我搖搖頭。他又接着說：

「你們貴地不但富足，妞兒也長得很俊；不像我們家鄉，黃沙地，人也長得跟我這樣粗頭粗腦，連小妞兒也是粗手粗腳，沒有一點秀氣。」

「那你就在我們這裏成個家好了。」

「不成，」他用力搖搖頭：「俺家裏還有老娘，樹高千丈，葉落歸根，不然大家儘揀好地方住，那壞地方不是沒有人烟了？」

我嚼着新蠶豆，仰臉望着他，上弦月像女人的眉，光線不太亮，他的大臉也顯得有點黯淡。我不知道甚麼地方好？也不知道甚麼地方壞？更不知道那些地方沒有人烟？我無法回答他的話。我原先以爲我們這個地方很差勁，想不到他卻不止一次說它好。但我還是喜歡聽他講外面的事，講軍隊的事，但一直沒有機會，因爲他很忙，今天是個好機會，因此我不能不說：

「老李，請你講點南軍北軍的事給我聽聽。」

我既不知道南軍的情形，也不知道北軍的情形，他當過北軍，能講點北軍的情形也好，而我最希望知道的是他有沒有打過仗？像他這樣强壯的身體，我想是很少有人打得過他的。

「你打過幾次仗？」我接着問。

「三次。」他伸出三個指頭。

「有沒有戴花？」

「戴過！」他馬上捋起褲管，大腿上有塊大疤。「第一次上火線，不懂事，猛衝，差點送了命。」

談着吃着，老李兩口袋蠶豆不知不覺地吃完了。他站起來兩手把口袋一拍說：

「眞是在家千日好，出外一時難，還是你大爹的話不錯：風吹犁尾巴不倒！」

我不大瞭解老李的話，沒有接腔，只跟着他默默地站起來。

我們分手的時候老李又輕輕地對我說：

「記住，替我謝謝桃花姑娘的熟鷄蛋，俺老李沒有那份福氣消受她，俺更不想破壞別人的好事，遭天雷打！」

當我把老李的話悄悄地告訴桃花時，桃花一呆，眼淚不自覺地流了出來。過後又擦擦眼淚，輕輕地問我：

「眞是他親口講的？你不要扯謊！」

「我只扯過一次謊，那還是妳教的。」我說。

她聽了不禁一笑，隨後又重重地嘆口氣，自言自語地說：

「想不到他那麽大的個子，沒有一點膽量？」

「他敢在火線上衝，妳怎麽說他沒有膽量？」我說。

她被我這一說，才警覺自己的失言，勉强向我一笑。

「你太小，你還不懂。」

是的，我眞不懂，他們的事我好像在霧裏看花，有點朦朦朧朧。

四

臘月裏，大雪天，伯父請了三個裁縫在家裏做衣服，一做就做了半個月。

伯父和堂兄都添做了長棉袍子，也要替老李照樣做一件，老李卻說：

「穿長袍子像個教書先生，俺老李一個大字不識，不要辱沒了讀書人。」

「我們這裏不論是讀書人，還是種莊稼的，冬天一律穿長袍子。」伯父說。

「俺可不敢跟你們貴地學，免得回老家後讓人笑話，說俺忘了本。」老李說。

「你不打算在我們這裏落籍？」伯父笑着問：「我可以替你娶門親。」

「謝謝你的好意，俺還有老娘，俺不能只顧自己。」老李向伯父拱拱手說。

伯父也只好由他，結果他做了一件短襖，比我們一般人穿的短襖長三四寸，另外做了一條繫腳棉褲，這種棉褲在我們這裏看來也是過時的，現在大家都作興大腳褲。

當棉襖棉褲做好之後，老李弄了一根藍布腰帶，攔腰繫住，非常高興地一笑：

「這樣俺就很暖和了！風裏雪裏都可以去得。」

這年他過了一個豐盛而歡樂的年。伯父家裏殺了一條兩百多斤重的肉猪，又殺了好幾隻大肥鷄，魚也是自己塘裏車起來的，有四五籮筐。

大年三十晚上，吃團圓飯之前，照例要三跪九叩拜祖宗牌位，不論年齡多大，也要下跪。老李是異鄉人，外姓人，祖宗牌位不在這裏，本來可以不拜，但他還是跟着我們拜了，拜過之後他又請求伯父准許他寫張紅紙條子暫時掛在神龕上，讓他拜完之後再取下來，伯父同意了，他便請求我代他寫一張「李氏歷代祖先之位」的紅紙條子，他用漿糊貼了上去，然後跪在蒲團上虔敬地叩了幾個響頭，再把紅紙條取下來，放在半斤重的紅蠟燭上焚化了。

吃過年夜飯後，伯父用紅紙包了一塊銀洋給老李作壓歲錢，我也得了一份。堂兄他們都結伴賭寶去了，可是老李不去賭，他陪着我們小孩子放鞭炮，玩燈籠，他高興地對我說：

「這是俺一生過得最快樂的一個年。」

「你在家裏沒有過過？」我奇怪地問。

他黯然地搖搖頭。

「在外面也沒有過過？」我又問。

「嘿！」

我摸出一個大炮仗給他放，他也學我們的樣，點燃引線之後便往天空一拋，但他拋得比我們高好幾倍，而且連耳朵也不蒙住。

「你不怕把耳朵震聾？」我笑着問他。

他哈哈一笑，摸摸我的頭說：

「洋槍大砲都沒有把俺震聾，何況這個小小的炮仗？」

這天晚上大家都在「守歲」，我和老李也通宵未睡，老李快樂得像孩子一樣。下半夜，他和我在場子裏堆了兩個和他一般高大的雪人，他笑着對我說：

「這是你家裏的把門將軍，一邊是秦叔寶，一邊是尉遲恭。」

秦叔寶尉遲恭已經變成我們這裏辟邪的門神，每年臘月三十都要換一副新的貼在大門上。

「你也知道秦叔寶尉遲恭？」我笑着問他。我心裏一直以爲他的家鄉和我們不同，因爲他說話是用不同的口音。

「俺從小就聽說過，怎麼不知道？」他笑着說。

「你佩不佩服他們？」我問。

「人家是扶江山保社稷的功臣，俺怎能不佩服？」

「你也可以學他們。」

「俺不配，俺還是做個善良百姓。」他向我憨直地一笑。

天一亮就是大年初一，青年人成羣結隊地拜年，我每年初一都要先向伯父拜年，老李也跟着我向伯父叩了一個頭，伯父高興地摸摸八字鬍鬚對他說：

「老李，今年我加你二十塊大洋，過年時再送你兩套衣服。」

老李咧着大嘴一笑，打躬作揖地說：

「多謝！多謝！俺領了！俺領了！」

正如伯父大門口的春聯：「淑氣來黃鳥，瑞雪兆豐年。」所說的，這年又是一個大豐年，不但春季小收好，秋季的大收更好，由於堂兄和老李的同心協力，深耕勤鋤，每畝地比別人的硬是多收一兩斗，伯父笑口常開，老李心裏也非常高興，作事時總是咿咿呀呀地唱着，別人聽不懂他唱些甚麽？但看他那副傻里瓜氣的樣子唱着娘娘腔，就忍不住笑起來。

「你們別見笑，俺是唱的家鄉小調。」

他一聽見別人笑，馬上停止唱，也向別人一笑。

老李的力大，勤快，已經出了名，不論遠近的人都知道了，王老三一家人更是看在眼裏。第三年伯父又自動加了老李二十塊，一年是一百塊大洋，這已經是長工們最高的身價了。可是王老三卻出了老李一百二十塊要老李跳槽，老李沒有答應，他回答王老三說：

「俺不能這樣貪利，你出一千塊大洋，俺也不能答應，人總要講點義氣，俺多謝你的好意。」

王老三反而被他說得不好意思起來。我知道這是桃花的主意，因爲桃花對老李一直沒有死心，加上她那位癆病鬼的未婚夫在年底死了，桃花的父母也很有意思把老李招贅，第一步就是要老李過去作長工。王老三沒有想到老李不同意，所以下面的話也不敢貿然說出來。

這年臘月初，老李忽然對伯父說要回家去，伯父卻對他說：

「老李，你在我們這裏三年了，人情風俗你也淸楚了，大家對你也很好，我勸你還是落個籍算了，何必千里迢迢地跑回去？」

「俺早說了俺家裏有個老娘，這幾年連個信兒也沒有捎來，俺實在放心不下，無論如何俺要回去看看。」老李說。

「老李，你要是不走，我負責給你娶個媳婦，成個家。」伯父說。

「俺先謝謝你的好意，等俺回去看看老娘再說。」老李誠懇地回答。

老李要走，不但堂兄和伯父感覺到將要失去一個大幫手，桃花聽了更像失魂落魄，坐立不安起來。因此王老三把老李找到他牛欄裏去懇切地商談。

「老李，現在我坦白對你說，當初我出你一百二十塊大洋要你到我家來，並不是存心挖張家的牆腳，實在說是我妹子桃花對你很好，老人家也想把你招贅過來，你的意思怎樣？」

老李訥訥地不能出口，過了好半天才對王老三說：

「俺要想想，等俺想一夜再回答你。」

這個問題顯然給了老李很大的困惑，他也有點坐立不安起來。加之桃花一看見他就兩眼癡癡地盯着他，盯得他神魂顛倒，那麽大的個子腳步踏在地上也不着實，有點飄飄蕩蕩，搖搖擺擺。

吃晚飯時他一個人坐在大楊樹根上雙手抱着頭嘆氣，我好意走過去叫他回去吃飯，他痛苦地搖搖頭說：

「俺吃不下去。」

「你一頓吃四五盌，怎麽能不吃飯？」我說。

「俺心裏像塞了一塊石頭，」他放下手對我說：「一盌飯也吃不下去。」

「誰給你塞的？」我笑着問他。

「小子，你別大白天打着燈籠走路！」他笑着把我一拉，拉進他的懷裏，然後在我耳邊輕輕地說：「還不是桃花！」

「桃花怎麽能在你心裏塞一塊石頭？」我偏着頭問他。

「小子，你是眞的不懂還是裝蒜？」他的大巴掌在我屁股上拍了一下。

我用力搖搖頭。

他重重地嘆了口氣，然後自言自語地說：

「我實在怕看桃花那對眼睛！」

「她的眼睛有甚麽稀奇？還不是和我的一樣？」我說。

老李哈哈地笑了起來，然後又在我屁股上一拍：

「傻小子，你怎麽能比她？看了她的眼睛心裏會甜甜的，軟軟的，酸酸的，……有時想笑，有時又想哭……。」

看他那副傻里瓜氣的樣子，我也哈哈地笑了起來，但是沒有他的聲音那麽沉，那麽大。

「她有甚麽了不得？」我有點不服氣，桃花在我眼裏很平常，沒有甚麽了不起，怎麽對老李會有不同的意義？

「傻小子，」他向我一笑：「現在和你講也是對牛彈琴，等你長到我這麽大，不，還不要我這麽大，你就會知道女人的眼睛多迷人？只要她的眼睛一瞟，你的心就會一跳！她的眼淚一流，你的心就軟了！」

我又笑了起來。我記得那時桃花摟着我討好，在我臉上吻了不止一下，我也沒有甚麽感覺，我甚至還有點討厭她那種女人氣味哩！

「傻小子，你不要笑，」他又在我屁股上拍了一下：「說不定你將來會哭呢？」

「笑話！」我馬上反駁他：「爲女人哭多沒有出息！」

「小子，俺總是一個鐵打的漢子啥？」他望着我臉上說：「可是事到臨頭，俺也六神無主啦！」

這天晚上，我不知道老李是怎麽過的？第二天一大淸早，我就看見他腫着大眼泡，站在牛欄角上和王老三在談話，王老三問他：

「你昨大晚上想通沒有？」

「俺想是想通了。」他向王老三一笑。

「怎樣？」王老三急着問。

「俺還是決定回家去看看老娘。」老李說。

王老三顯得有點失望，老李看了他一眼再說：

「不過俺也想了一個兩全的辦法，不知道你贊不贊成？」

「你說說看？」王老三急着說。

「憑良心說，俺家鄉不如你們這個地方，何況俺又無田無地，只有兩間茅屋，一個老娘。如果俺老娘還在，俺會勸她遷到你們這邊來，她聽說俺能在這邊娶個媳婦，會來也說不定？如果俺老娘不在，俺料理一切之後再自己轉來。」

王老三點點頭，但過了一會之後又提出一個問題：

「如果你娘在，她又不肯來，那怎麽辦？」

老李想了一下，終於黯然地說：

「那也沒有辦法，俺只能守着老娘。」

「那我怎麽知道？」王老三問。

「不管怎樣？半年之內俺總會捎個信來，決不讓桃花姑娘久等。」老李拍拍自己的胸脯說。

老李說完之後就和王老三分手，回到伯父家裏找出他帶來的那把攮子，在磨石上磨來磨去，因爲它三年未用，已經銹了。

磨好以後，他就用特做的藍布綁腿綁在腿肚上，我問他爲甚麽要這樣做？他回答我說：

「防身，恐怕遇到攔路打刼的。」

隨後我又看見他把三筒銀洋，塞進新買的厚帆布腰帶裏，然後往褲腰上一捆，捆得很緊，連指頭也插不進去。最後他滿意地把短棉襖拉下遮住，[redacted]又用藍布腰帶把短棉襖捆緊。

飯後，他把一個長長的藍布包袱往肩上一掛，眼淚就滾了下來，他向伯父和堂兄堂嫂一一拱拱手說：

「多謝你們收留，俺老李心裏有數。」

伯父也紅着眼睛對他說：

「老李，祝你一路平安，早去早回。」

老李含着眼淚走出門，堂兄殷殷相送，王老三也跟着相送，王老三的父母也站在門口相送。

桃花卻遠遠地站在大楊樹背後，望着老李的背影偷偷地擦眼淚。

天上正飄着六角雪花，像桃花晶瑩的眼淚。

五

老李走後，如黃鶴飛去，杳無消息。

年過了，沒有消息；桃花站在枯禿的大楊樹下流淚。

二月花朝過了，沒有消息；桃花攀着嫩綠的柳條流淚。

三月清明過了，沒有消息；桃花望着飛揚的紙灰流淚。

一年過去了，沒有消息。

兩年過去了，沒有消息。

三年過去了，仍然沒有消息。桃花終於號啕大哭地坐上了花轎。

大家都陪着她流眼淚，連我伯父也老淚縱橫，唉聲嘆氣。

我堂嫂也不再說桃花騷了，反而一把眼淚一把鼻涕地說：

「唉！老李出了甚麼事呢？老李怎麼還不回來？」

花嫁

草長鶯飛，柳絮撲面，桃花笑臉迎人。我帶着風箏，春桃帶着鞋面，我們共騎一條大水牛，來到長堤外面的揚子江邊。

河灘的草嫩綠得彷彿一張大絨毯，吃乾稻草過冬的牛，本來瘦成皮包骨，青草一長，又長得肉厚膘肥。本來河灘的草已經是大好的美味，可是地裏的麥有三尺多高，更肥更美，大笨牛的嘴也刁，常常會溜到麥地裏大吃一頓，肚皮漲得像關帝廟裏的大鼓，這不但糟蹋青苗，牛也會脹死，因此春桃一個大姑娘，還得出來看顧牠。她家裏沒有請放牛孩子，她是最小的[redacted]女兒，所以這份工作就落在她的頭上。

我是無事忙，先生生病以後，我就忙着吃，忙着玩，現在又忙着放風箏。書早就還給先生了，只記得「青草地，放風箏」這兩句。

風是柔軟的風，吹在臉上像春桃的手輕輕地撫摸。可是我的風箏就是放不起來，縱然升上一兩丈高，又會像斷頭雞樣打着轉轉栽下來。我很生氣，但是不明白是甚麼道理？因爲我並沒有看見別人放的風箏，只是看見書上的圖畫，便自作聰明地做了起來，事實上大人都忙，誰也不肯給我做這玩意，我還是瞞着自己的父母溜出來放的。

春桃看我氣得想哭，便同情地說：

「兄弟，我看你是白費了心血，你一定沒有懂得訣竅？」

「春桃姐，妳懂不懂毛病出在那裏？」我問她。

「嗨！」春桃悵然一笑：「我只學針線，沒有學玩，這種雅事兒我怎麼會？」

「妳針線做得這麼好，怎麼這也不會？」我指指她手中的鞋面，針線比螞蟻排隊還細密整齊，我有點不相信她的話。

「俗語說隔行如隔山，」她向我一笑：「你會寫蒼蠅大的小字，怎麼也做不好？」

我做的風箏是八角形，用綿紙糊的，我看不出有甚麼不對，我要她看看，她把風箏檢起來，看了一會，也想不出是甚麼道理，但她爲了安慰我，替我拿着風箏幫忙我放，我跑出兩三丈遠，等到一陣風吹來，她連忙把風箏向上一拋，我連忙扯線，一扯一抖，風箏居然爬到四五丈高，我們兩人高興得大笑大叫；但風一弱，它又打着轉轉一跟斗栽下來。她嗨了一聲，嘆了一口氣。我氣得跑過去想一腳把風箏踏爛，她隨手把我一拉，摟在懷裏，輕輕地對我說：

「兄弟，你眞是人小脾氣大，你想你費了多少心血？一腳踏掉多可惜！」

她這一說我眞有點心疼起來，風箏是躲在茅房裏做的，費了多少手腳，麻繩是母親打鞋底的，我偷來放風箏她還不知道，日後一旦發現，一頓掃帚屁股是少不了的。

「春桃姐，妳看該怎麽辦？」我仰起頭來問她。

「不要像猴兒上樹那麽急，」她摸摸我的頭一笑：「關帝廟也不是一天做成的，我們慢慢想個法子。」

她檢起風箏，看了一會，又用她那細長的手指敲敲腦袋，思索了一會，無可奈何地對我一笑：

「兄弟，我們再試一次。」

於是我們又像先前一樣放了一次，又同樣地失敗，我們兩人正垂頭喪氣時，一位穿絲緞長夾袍的年輕書生走近我們，他看來有十八九歲的樣子。

江邊剛過來一隻渡船，事先我們沒有注意，他大概是搭這隻渡船過來的。

「小兄弟，你不上學，倒躲到江邊放風箏？」他向我搭訕地說。

「先生有病。」我說。

他望了春桃一眼，春桃紅着臉把頭一低。

他又撿起我的風箏看看，向我們一笑：

「你的風箏沒有尾巴，難怪在空中打轉轉，放不起來」。

春桃驚奇地看了他一眼，他乘機對她說：

「大姐，妳找根草繩子吊在下面都行，這樣它就不會打轉了」。

「我那裏去找草繩？」春桃望了周圍一眼，周圍是一片密密的青草，沒有別的東西，她望着他搖頭一笑，又把頭微微一低。

他望着她烏黑的大辮子，靈機一動，打趣地說：

「如果妳把妳這條大辮子剪下來，那就更好」。

「你讀書人怎麽這樣講話？」春桃立刻白他一眼。

「大姐不要生氣，我這邊有禮。」他抱拳向春桃微微一揖：「要想風箏上天，妳總得想個法子？」

「多謝你先生的好意，我們回去再想法子。」春桃向他微微一笑。

「這倒也有道理。」他望了春桃一眼，笑着走開。

「這人好生面善，莫不是賽西施的兄弟？」春桃望了他的背影一眼，輕輕地對我說。

我不認識他，聽春桃這樣說，我馬上大聲地問他：

「喂，你先生可是賽西施的兄弟？」

他馬上回頭笑着問我：

「小兄弟，你怎麽知道？」

「是春桃姐講的。」我指指春桃說。

春桃拉拉我的衣袖，不要我講，可是我話已出口，他又笑着走了回來。

「不錯，春香是我姐姐，」他邊走邊說，望着我們兩人問：「小兄弟貴姓？大姐貴姓？」

「三横王。」我搶着回答。

「啊，原來兩位是這裏的大戶大姓。」

「沒有甚麽，小門小姓。」春桃客氣地說。

「大姐何必客氣，誰不知道這是王家洲？」他爽朗地一笑：「妳認識我姐姐？」

「我們王家洲的人誰不認識賽西施？」春桃一笑。

「大姐，妳過獎了，妳才是賽西施呢。」他哈哈一笑，又仔細看了春桃一眼。

春桃被他看得臉一紅，可是樣子蠻高興。嘴裏卻嬌嗔地說：

「李家舅爺，你怎麽這樣看人？不怕眼睛生疔？」

「大姐妳眞會罵人！」

「是你自己討罵嘛！」她瞟了他一眼，噗哧一聲。

他索性在我身邊一坐，地上綠草如茵，他隨手把我一拉，我也跟着坐下，他又望望春桃：

「大姐妳不坐？」

春桃遲疑了一下，走開幾步，才歪着身子坐下。

現在正是桃花汎的季節，春江水漲，大輪船已能在前河通航，江上輪船帆船來往如梭，岸上綠草如茵，柳絮撲面，他不禁感慨地說：

「貴處的風水眞好，難怪男俊女俏。」

我還不大懂他的話，春桃卻噗哧一笑：

「我們王家洲的人不歡喜戴高帽子。」

「大姐，我講的是眞心話，決不是奉承。」他認眞地說。

「你對你姐姐夫講好了，我們可不敢當。」春桃笑着拿起鞋面子邊做邊說。

她的牛已經溜到麥地裏，她說了一聲「該死！」連忙跑了過去，身子像風擺柳，大辮子兩邊甩，他望着她有點發呆。

「小兄弟，他是不是你姐姐？」他突然問我。

「叔伯房裏的，不是同胞姐姐。」

他哦了一聲。我忽然想起只知道他姓李，還沒有問他的名字，因此直統統地問他：

「你叫甚麽名字？」

「小字家駿。」他斯斯文文地回答。

「你很像你姐姐。」我打量他一陣說。

「一母所生，那會走樣？」他向我一笑，笑得更像。

「你姐姐是王家洲最漂亮的新娘子。」我說。

「那位大姐才是個美人胎子。」他指指春桃說。

春桃已經抓住牛索，把牛牽出麥地，可是她就站在那裏牽着牛吃草，並不過來。他看了一笑，輕輕地對我說：

「小兄弟，大姑娘害臊，我還是先走。」

他一走，她就把牛牽了過來，往我身邊一坐，指着李家駿的背影輕輕地說：

「他的臉皮有城牆厚。兄弟，他剛才和你扯些甚麽？」

「他說妳是個美人胎子。」我說。

「兄弟，你信他胡說？」他笑着把我一摟：「男人的嘴都要長疔，專會奉承人，你長大了可不要學他？」

「我看他說的是眞心話？」

「天曉得他是眞心假意？」她臉上浮起兩朶紅雲，輕輕一笑。

「春桃姐姐，妳怎麽這樣不相信人家？」

「兄弟，男人的嘴甜如蜜，哄死了人不償命。」

「他爲甚麽要哄妳？」我奇怪地問。

「天曉得他安的甚麽心？」她嫣然一笑。

李家駿長袍飄飄，瀟瀟洒洒，很快地走到他姐姐家，春桃望了幾眼，又輕輕地對我說：

「兄弟，你長大了要是有他這個樣子，就不愁沒有女人喜愛。」

「春桃姐，妳也喜愛他？」

她滿面緋紅，垂着頭不敢看我，過後又緩緩抬起頭來，正色地說：

「兄弟，你怎麽胡扯起來？你小心我擰你的嘴。」

「春桃姐，我不過隨便說說，妳又何必認眞起來？」

她又把我摟在懷裏，在我耳邊輕輕地說：

「這種話可不能亂說，我也沒有說我喜愛他，你怎麽亂猜？」

「我猜得不對？」

「當然不對，」她把頭一昂，又低下來看看我：「你又不是我肚子裏的蛔虫，怎麽知道我的心事？」

「春桃姐，如果我沒有猜對，妳怎麽臉紅？連頭也不敢抬？」我笑着問她。

「你人小鬼大，會爛心的！」妳又臉一紅，在我腦壳上輕輕地戮了一下。

我望着她得意地笑了起來，同時用食指在臉上刮刮，她紅着臉揚起手想打我，我在草地上一滾，溜跑了。她爬起來追趕我，卻抓我不到，因爲她沒有我跑得快。她最後只好站住，望着我直跺脚。

第二天，我和春桃再來到堤上時，風箏的尾巴已經做好，果然一放就爬得很高，不再在空中打轉，我高興得雙脚直跳，春桃也很高興，但她笑着調侃我：

「你就是會想歪心思，你看人家的心思多巧？」

「春桃姐，我要是趕得上他，你就不會打我了。」

「貧嘴！」她笑着白了我一眼。

她罵我時我發現李家駿正向我們走來，春桃沒有發現，我不作聲，他走近時春桃想避開又不好意思，紅着臉和他打了一個招呼。

「小兄弟，你看我的法子對不對？」他笑着問我，又望望春桃。

我笑着點點頭，故意拉着風箏跑開，越跑越遠，把身子隱在一棵大楊樹後面。

他們的說話我聽不見，他們的舉動我看得清楚。

春桃低着頭雙手扭弄着大辮子，不時膽怯地向我這邊望望。她穿着黑短襖，黑長褲，從頭到腳一身黑。她比李家駿矮不了多少。

李家駿好像在找她說話，他湊過來一點她連忙又把身子移動一下，生怕李家駿粘住了她似的。

李家駿不時抬起頭來望望我放在天上的風箏，還故意指給她看看，她看了一眼又低下頭去。

李家駿向四週望望，看看沒有人，就坐了下來，裝作等船過渡的樣子。春桃低着頭，他抬起頭來正好從下面望着她，春桃嗤的一笑，把身子一扭，黃蜂般的細腰差點扭斷。

但是她並沒有走開，她不時抬頭望望天上的白雲，望望我的風箏，又向我這邊探望一下。

我不想久躲，又拉着風箏跑到他們身邊去。

「小鬼，你躲到那裏去了！」我走近春桃時她笑着向我一指。

「我迴避一下還不好？免得礙手礙腳。」我笑着回答。

李家駿聽了一笑，春桃卻指着我把嘴一嘟：

「小鬼，你那裏學來的一張油嘴？」

我望着她笑而不答，她又教訓起來：

「我看你呀簡直像放牛的野孩子，那裏像個讀書的學生？」

「春桃姐，妳這眞是兜着豆子沒有鍋炒，何必拿我生氣？我到底犯了甚麽忌？」

我這一問春桃竟紅着臉無話可說，李家駿卻笑了起來，她轉過身去嬌嗔地白了李家駿一眼，他更好笑。

春桃更窘，咬着下唇把辮子扭來扭去。

「春桃姐，妳今天的辮子梳得才好，扭散了多可惜？」我說。

「誰要你狗咬耗子，多管閑事？」她白了我一眼。

「唉！今天我眞起早了！」我故意自怨自嘆地說。「出門時娘在我腦殼上敲了兩下，妳又不給我一點好顏色。」

她聽了噗哧一笑，把我往懷裏一摟，我又變成了她的大辮子，她在我身上揉來揉去，我怕癢，禁不住笑了起來。她也忍不住笑了。

渡船划了過來，李家駿隨即站起，在屁股上拍拍，笑着對我說：

「小兄弟，我要回去了。」

「你甚麽時候再來？」我問。

他望了春桃一眼，春桃又把頭一低，他朗朗地說：

「你們兩姐弟如果不嫌棄，我會常常來。」

春桃望了他一眼，他一笑而去，嘴裏卻吟誦起來：

雲淡風輕近午天，傍花隨柳過前川。
時人不識余心樂，將謂偷閒學少年。

這首詩我自己雖然沒有唸過，但我聽過先生和別的同學搖頭幌腦地唸，我覺得很有意思，他唸起來更有意思。

「嘻！自己又沒有七老八十。賣甚麽老？」春桃輕輕一笑。

李家駿上了渡船，他站在船頭向我們揮揮手中的紙扇，我也想揮手，可是我的手一抬恰和春桃舉起的手一碰，我回頭望望春桃，春桃的臉紅得像兩片桃花，結果我們兩人都沒有揮手。

「春桃姐，妳怎麽像喝醉了酒？」我笑着問她。

「小鬼，你總有許多話說！」她把我輕輕一推。

我望着渡船划着李家駿過去，她也望着渡船。

我把風箏繩上的椿子往地上一插，讓它在空中飄盪，不去管它。

春桃也開始做鞋子，我躺在她旁邊的草地上。我看她好像有點心不在焉，手中在做事，眼睛卻望着天上的白雲，終於一針刺上自己的指頭，她兩眉一皺，喲了一聲，手指上沁出一團血，她連忙放進嘴裏一吮，又拿出來揉揉，向我赧然一笑。

「春桃姐，你剛才想到那裏去了？」我笑着問她：

她的臉微微一紅，然後支吾地說：

「我看天上的雲，像羊、像船，……像……」

她說不下去，我接着說：

「像人。」

「不像。」她搖頭一笑。

「當然不像我，」我笑着說：「它只像一個人。」

她望着我兩眼翻了幾下，突然把手一揚，我連忙滾開，她指着我笑罵：

「小鬼，你要爛心！」

「春桃姐，妳不要瞞我，妳先前和李家駿講些甚麼私話？」我坐起來問她。

「我一句話也沒有講。」她搖搖頭。

「妳又不是啞吧，怎麼會不講話？」

「我不會把嘴閉起來？」

「閉着嘴那多難過！」

「講多了話會爛舌頭。」她暗暗罵我。

「春桃姐，就[redacted]算妳不講話，李家駿總不會啞吧？他講些甚麼？」

她望了我一眼，隨後在鼻子裏輕輕地哼了一聲說：

「你們書呆子，還不都是講些瘋話？」

「李家駿聰明得很，他才不瘋呢！」

「不瘋？」她望着我一笑：「才瘋得很哩！」

「春桃姐，他怎樣個瘋法？講了些甚麼瘋話？」

「你又不是包打聽，你問這麼多幹甚麼？」她兇了我一眼，但那樣子一點不兇，還格外可愛。

「妳不告訴我，放在肚子裏會爛腸子。」我說。

「小鬼，你死壞！」她用力向我一指，笑了起來。

「春桃姐，妳就只會罵我，」我不服氣地說：「李家駿既然講瘋話，妳爲甚麼不罵他？」

她的臉一紅，望着我不知道怎麼囘答。

「人家是客人，怎麼好罵他？」過了一會她才這樣說。

「客人也不能講瘋話，要是我早糊他一身爛泥巴。」

她嗤的一笑，又指着我說：

「小鬼，我說你壞你就是眞壞！」

「我才不壞，我只是不願意受人欺侮，不像你，連頭都不敢抬！」

她滿臉通紅，趕過來想打我，我又一溜煙跑掉，她不再追趕，只是伸長手，指著我罵：

「小鬼，你眞[redacted]爛心！你躲在甚麼地方偷看？」

「我有千里眼，還有順風耳，」我故意唬她：「妳和李家駿講的話，我也句句聽到，妳別想瞞我。」

她的臉色一白，過後又向我招招手，和顏悅色地說：

「兄弟，你過來，我有話和你講。」

「妳會打我，我才不上妳的當。」我故意走開。

「好兄弟，妳過來嘛！姐姐打你就是這個！」她翹起尖長的小姆指，尖得簡直像毛筆。

我知道小指代表小人，大指代表君子，這是我們的共同標誌。他既然不願做小人，我就放心地走了過去。

「好兄弟，你一個人聽到了不要緊，」她雙手扶着我的肩膀說：「可千萬不要傳出去？」

「春桃姐，那妳怎麼感激我？」

她翻翻那對黑亮的眼睛，又低頭向我一笑：

「我煮幾個糖心蛋給你吃好不好？」

我笑着點點頭，她家裏的鷄大，蛋大，她又很會弄菜，糖心蛋煮得不嫩不老，平時我吃不到，只有受了先生或父母的處罰，不准我吃飯時，她才會偷偷地煮兩個糖心蛋給我吃。今天是她做賊心虛，曲意籠絡我，其實她講些甚麼？我一句也沒有聽見。

第二天先生病好了，我又關進鐵籠子，整天不得出來。李家駿和春桃是否再會過面，我不知道。直到端午節，有幾天假，我才能野一下。就在端午節這天上午，我發現了一件大事。

我到河堤上去找春桃時，發現李家駿和春桃正在堤下談話，我連忙隱身在一棵大楊樹後面。他們說了幾句，李家駿便從口袋裏摸出一個小紙包，拿出一對綠耳墜子，抖了兩下，雙手送給春桃，春桃起先推辭了兩次，過後又笑着收下。李家駿一把握住她的手，她身子扭了兩下，隨即低着頭讓他握着，過後又像受驚的小鹿一樣跳開，兩眼注視李家駿，李家駿也盯着看了她一會，然後笑着走了。

李家駿走遠後，她拿起綠耳墜子看了一看，還放在耳珠上比比，然後雙手覆在胸前，望着藍天微笑。

過了一會，她才小心地把耳墜子包好，往懷裏一塞，又謹慎地按按摸摸，高興得輕輕地唱了起來。

在她高興得有點忘形的時候，我走了出來，她沒有注意我，直到我叫她時她才帶着驚奇的眼光看着我：

「怎麼，你逃學了？」

「春桃姐，妳怎過糊塗了？今天是端午節呀！」我說。

「哦！對了！」她笑着點點頭：「下午還要賽龍船哪，我帶你看白娘娘和許仙。」

「春桃姐，李家駿也是來看龍船的嗎？」

「你怎麼知道他來了？」她臉色一變，怔怔地望着我。

「我親眼看見的嘛！」

「你在甚麼地方看見他的？」她歪着頭注視我。

「在那邊，」我用手一指，李家駿已經快走到他姐姐門口：「春桃姐，妳看見他沒有？」

她望了我一眼，連忙搖搖頭。

我不禁一笑，她看出一點蹊蹺，扶着我的肩膀輕輕地問：

「兄弟，你是不是檢到了發財票？」

「王家洲都是土財主，金銀財寶都埋在地下，我怎麼檢得到發財票？」

「那你爲甚麼發笑？」

我望着她不作聲，我看見她的臉在慢慢發紅，紅得像搽了一層胭脂。我越是盯着她看，她的臉紅得越厲害，她幾乎是求饒地說：

「兄弟，不要這樣看我，看得我有點心慌。」

「春桃姐，妳懷裏是甚麽東西？」我笑着指指她胸前一個小包。

「兄弟，你越來越邪了！」她又臉色一整，故意白我一眼：「每一個女人長大了，胸前都會生兩個大疱，你怎麽別的地方不看單看這個地方？」

我看她那副假正經的樣子忍不住大笑起來，笑得肚子作痛，不能不彎着腰。我再抬起頭時，她有點心慌意亂，不敢正眼看我。

「春桃姐，妳和我講了半天假話，那又何必？」

「兄弟，你又看見了？」她顫着聲音問我，幾乎要哭。

我點點頭。她懇求地說：

「兄弟，你千萬不能講出去呀！」

「春桃姐，妳放一百二十個心，我決不會講出去。不過，妳怎能接他的東西呢？妳有了婆家呀？」

她一把摟着我哭泣起來，邊哭邊說：

「兄弟，本來我不敢接的，但是我好像喝了迷魂湯，我又接下了。」

「那妳怎麽辦？」

「兄弟，我真不知道該怎麽辦？」她望着我求助地說。

「春桃姐，妳說實話，妳喜不喜歡他？」

她望我一會，紅着臉點點頭。

「我們應該想個法子才好？」我說。

「兄弟，你讀了書，開了竅，替我想想法子好不好？」她好像抓住救星似地抓住我說。

「春桃姐，不要急，我們慢慢想，說不定天上會掉下來？」

她抹抹眼淚一笑。

可是我想了很久還沒有想出一個辦法來，她連提也不敢提，直到臘月她婆家送了日子來，她悄悄地拖着我哭着說：

「兄弟，怎麽辦哪？你看到底怎麽辦哪？眞的急死人了！」

我看她急得像熱鍋上的螞蟻，便硬着頭皮告訴了母親，希望她想個法子，把春桃姐的婚事退掉，好讓李家托媒人來說親。母親聽了我的話後臉色一變，教訓我說：

「你瘋了！書不好好地讀，管這種閒事？劉家的孩子又不聾、不啞、不瞎，怎麽可以退婚？王家大門大姓，王家的女兒還作興退婚的？」

「劉家老大是捋牛尾巴的，配春桃姐不上，只有李家舅爺才配！」我抖着膽子說。

「快別胡說了！」母親搖頭擺手：「你爹要是知道你和春桃搞出這種鬼事，他會剝你的皮！」

原先我以爲我置身事外，膽子還壯些，母親這一說，才知道我自己也脫離不了干係，父親發起脾氣來又像打雷，即使不用刀子剝我的皮，他的鞭子也會抽掉我一身皮，我便不敢再吭氣。

春桃姐知道這種情形後，整天以淚洗面，她還是不敢吐露半個字。我母親也守口如瓶，把我的話爛在她自己的心裏。

春桃出嫁的頭一天，她交了一雙男人的鞋子給我，這雙鞋是上等直貢呢的料子，做得特別精細，雪白的鞋底是用細麻繩打的，針腳比螞蟻還細得多，線路筆直，像用墨線彈過，底又打得特別結實，這雙鞋子眞不知道化了她多少心血？

「兄弟，請你把這雙鞋子轉給他，我是一針一淚。」春桃哭着說：「你就說我這一輩子也不會忘記，今生今世不能結成連理，但願能作一對來世的夫妻！」

「春桃姐，我很對不起妳，我沒有替妳想出個法子。」我看她哭得傷心，更感到抱歉。

「兄弟，我不怪你，你只有這麼一點大。你自己也趁早多燒點香，免得將來痛斷肝腸。」她抹抹眼淚，悄悄地從後門溜走。

第二天清早，她家大門口就貼了紅紙對聯，喜氣洋洋，她卻從清早就哭起，不飲不食。劉家花轎一到，她哭得更傷心，我擠到她的床邊，她拉着我的手號啕：

「兄弟呀！兄弟……」

我被她哭得鼻酸心傷，也陪着她落淚。

她大哥抱她上轎時，她拉着我的手不放，兩腳亂蹬，不肯上去，哭得上氣不接下氣，兩隻眼睛腫得像兩隻大紅桃，伴娘替她搽的胭脂水粉，像大雨冲洗的新石灰牆壁。看熱鬧的人除了我以外，沒有誰知道她的心事，沒有誰瞭解她爲甚麼這麼痛哭？

花轎把她抬走之後，女人們嘖嘖地說：

「嗨！春桃眞會哭嫁！連叔伯兄弟也捨不得。」

「好哇，越哭越發！」她母親也含淚微笑：「明年再請大家吃紅蛋。」

南海屠鮫

一

現在我們和這小島上的三男一女完全混熟了，而且我們處得很好，我們送給他們蓬萊米、牙刷、牙膏、毛巾、肥皂、鹽、火柴這類的日用品，使他們恢復了文明人的生活。他們也幫忙我們採海參和江瑤柱（干貝），他們做這些工作彷彿比我們更加熱心，因爲他們希望我們早天滿儎，他們也好早天脫離這荒島生活，回到人類社會去。

據他們說，他們是在三四個月前，今年的第一次颱風中在這兒遇難的，和他們同行的還有一隻漁船，那隻船沒有掙扎到這兒就在大海中沉沒了，人也統統餵魚了。他們這四個人總算是不幸中的大幸，當他們的船被颱風打沉的時候幸好觸着這兒的珊瑚礁，船雖打得稀爛，人也死了好幾個，但他們四個人卻是劫後餘生，他們終於沿着珊瑚礁爬到這座小島上來，在這兒過了三四個月的原始生活。我們的船來到之後，他們才又接觸到文明生活，他們的前途才出現了一道曙光。

可是我有點不相信他們眞是漁民，他們的知識水準很高，常識非常豐富，而且會好幾種語言。我雖然是水產學校畢業的，但我也不能不承認自己的淺陋，我的船員們那就更不必說了。他們的知識水準雖然很高，可是對於我們這一行業[redacted]他們完全是生手，最多只能算半路出家，他們拿着我們的鐵鏟很不習慣，動作顯得相當笨拙，我們鏟完了三四個貝蛤他們才能鏟完一個，那個叫做江冰的女人的工作效率更差，見了兩尺多長的蠕動的海參還會大驚小怪地叫起來，這完全不像一個漁家女[redacted]，而且我們從事遠洋作業的漁船是不帶女人的，也許海南島漁民的習慣不同吧？但我們仔細觀察的結果，總覺得她的身份和我們漁民的生活不配，她雖然頭髮披到肩上，幾個月沒有梳理，身上又只穿了一件破格子的旗袍，又和我們一樣赤腳，可是仍然不失大都市女人的風度，她的美麗和一種特有的神秘感也是我們漁家女人所沒有的。她和那個叫做王大空的大個子雖然是一對夫妻，但她和另外兩個男人也很親暱，和王大空更是放浪形骸，不像我們正常的夫妻，這都使我不免有點疑慮。幸好他們對我們很好，尤其是對我，簡直有點巴結，因爲他們知道我是船長。[redacted]是我對他們這種態度並不鄙視，我同情他們的遭遇，同情他們急於脫離這座荒島的心情。

二

這座荒島在海圖上是看不見的，沒有名字的，它是珊瑚礁構成的，它本身的拔海高度不過兩公尺，面積也小得可憐，寬約一百五十公尺，長約五百公尺，上面只有些椰子樹和矮小的灌木，以及一種黑嘴白羽的鳥，以前是沒有人住的。它的東西北三面的珊瑚礁都相當大，寬約三浬，長約十浬，這些珊瑚礁有些高出海面不到一公尺，大部份都在海平面之下，若隱若現，如果風浪大點，它就全部被浪花掩蓋了。可是這些珊瑚礁卻是一個豐富的寶藏，它裏面藏有無數的貝蛤，海參，這裏的海參特別肥大，有兩尺多長，大貝蛤每隻都有[redacted]百斤左右，這兩樣東西就是我們不遠千浬而來的最大誘惑。去年這時我們來到此後不到半個月工夫就裝了滿滿的一船海參和江瑤柱回臺灣，一次就賺了十多萬，現在又到了旺季，我們希望這次也能滿儎而歸。

在作業進入最後幾天時我們非常興奮，船員們也特別賣力，因為大家都希望早點回家看看老婆孩子。

他們四個人比我們更加賣力，連江冰也在揮汗如雨地剷貝蛤，雖然她的工作效率不高，但這種工作精神是感人的。

「江小姐，妳到島上休息休息吧，這種工作很吃力的。」我笑着對她說。[redacted]貝蛤有兩百斤重，光是殼就有十斤，要先用鐵鏟把它劃死，然後再用快刀把聯着兩片殼的江瑤柱割下來，殺死一隻貝蛤只能割到五六斤江瑤柱，這工作是吃力而辛苦的，何況頭上的太陽又像火樣地燒，曬得身上像針樣地刺痛，我們男人都有點吃不消，她一個女人就可想而知了。

「不，我希望你們早點滿儀，我們也好早點離開。」她[redacted]笑着[redacted]回答。

「妳習慣[redacted]島上的生活嗎？」[redacted]她。

「夠了！[redacted]吃海參、貝蛤、鳥蛋、龜蛋，再過下去[redacted]都要變成野人了。」

[redacted]在我們未來之前，他們就靠海參、貝蛤肉、鳥蛋、龜蛋維持生活，沒有火，沒有調味的作料，這種原始生活文明人是受不了的。

「妳眞願意同我們到臺灣去嗎？」我故意試探她。

「不管怎樣，總比在這荒島上好。」她無可奈何地一笑。

「妳先生對臺灣好像沒有什麼興趣？」我記得當我向他們說出「我們是從臺灣來

的」這句話時，王大空爲之一怔，同時機警地掃了我們一眼。他的個子高大，有一對鷹眼，一張馬臉，他在他們當中是一個頗有權威的領袖，雖然他只對我們說他是一個船長，但他和我這個船長的權威在性質上好像有點不同。我還是請他們和我們一道去台灣

「[redacted]臺灣是一個生地方。」她[redacted]有些遲[redacted]疑。

「沒有關係，臺灣有很多內地人。」我安慰她說。

「聽說[redacted]本地人和你們鬧得很不愉快？」她[redacted]。

「你是說二二八事變吧？」我[redacted]

「不，那是過去的事了。」她笑着搖搖頭。

「現在卻處得很好。」我[redacted]說。

王大空發現江冰和我單獨談話，立刻向她[redacted]掃了一眼，江冰馬上閉口[redacted]。他距離我們有十多公尺遠，他的魁梧的身體，結實的肌肉，即使費力氣也是一把好手，可是他的眼光不像一個粗人，卻像一個領袖。

「王船長，謝謝你這麼賣力。」我大聲地向他搭訕[redacted]。

「[redacted]，林船長，」他伸直腰來向我一笑：「以後我們還要叨擾你。」

「沒有什麼，」我搖搖頭說：「這是我們應該盡的義務。」

「林船長，到底那天可以滿儎呀？」他邊說邊向我走來。

「像這兩天的成績，後天就可以滿儎了。」我笑着回答他。這兩天我們採了五六千斤的海蔘和江瑤柱，照這樣的成績來看，後天就可以滿儎了。

「那後天就可以開船了。」他走近我的身邊高興地一笑，他和我站在一起幾乎高我一個頭。

「假如你希望早點到臺灣，我們就後天開好了。」[redacted]

他在我肩上用力一拍，然後又和江冰會心地一笑。

三

在我們離開這小島的頭一天夜晚，王大空他們邀我們在島上舉行了一個月光會，我們除了留下兩個人看船之外，其餘的都到島上他們住的地方來了。

他們的屋子是自己搭蓋的，用椰子葉作頂，用破船的木板作牆壁，用椰子樹幹作柱子。這間簡陋的房屋只有一人多高，兩坪大小，他們男女四人就擠在這裏面，中間沒有一點遮攔。

我們在他們屋前一小塊空地上[redacted]坐着每人手裏捧着一個剖開的椰子，一把加了鹽的熟江瑤柱，我們邊吃邊談，[redacted]。我們爲這次豐收而高興，他們也爲卽將離開這荒島而狂歡。

當我們興盡告辭的時候，王大空卻一把抓住我的手臂說：

「林船長，請你留在我們這兒住一夜。」

他這個提議使我有點驚訝，我望了望他就直截了當地說：

「王船長，你是不是不信任我？」

他臉上迅速地掠過一道狡黠的笑，連忙否認：

「不是這個意思，不是這個意思。」

「那又是什麼意思？」我追問一句。

「這是我們在島上的最後一夜，我希望你也能和我們共同享受一下這荒島的夜生活，這是一個難得的紀念。」

我考慮了一下之後爽快地答應了，我向船員們揮揮手叫他們囘船去。我之所以這樣決定有兩個用意：一是證明我的誠實不欺，表示我決心帶他們離開這座荒島；二是觀察他們究竟有什麼企圖？我好事先作個準備，以免臨時措手不及。

我的船員們散去之後，王大空笑着拍拍我的肩膀說：

「你是一個爽快人。」

「我也愛作爽快事，」我把他的手拿下來望着他說：「現在你相信我嗎？」

「這話必須等我上船之後再說。」他向我[redacted]一笑。

「王先生，我覺得我們不是同行。」我對他的笑沒有好感，我覺得我們打漁的人沒有他這麼狡黠。

「你懷疑嗎？」他向我[redacted]笑，皮動肉不動。

「但願你沒有說謊。」[redacted]我也希望[redacted]沒有碰上麻煩。

「好、那我們睡[redacted]吧。」

說着他領先走進屋子，我也只好跟着他進去。

屋子裏沒有床鋪，地上鋪蓋着厚厚的椰子葉，椰子葉上鋪着兩塊破帆布，此外什麼都沒有。他和江冰睡在裏面，他的伙伴張開、李用中睡在外面，我看看那又髒又破的帆布眞不想睡下去。王大空看見我不想睡就笑着對我說：

「林船長，今夜請你委屈一下，明天就好了。」

「王船長，謝謝你今夜的款待。」我[redacted]說。

「別謝，從明天起我就要痲煩你了。」他說着就倒下去睡了，右手隨即放在江冰的胸上。我不願看他們這副形相，只好躺下去面朝着外面睡了。

但是我怎樣也不能入睡，我心[redacted]煩亂[redacted]，[redacted]王大空[redacted]的陰陽怪氣，我越想越不相信他們是漁民，但是我又不願意食言，不帶他們到臺灣去。我們自己十個人本來就睡得很擠，明天還要騰出空位子來讓他們睡，當初我答應他們時我的船員[redacted]就有點不樂意，總算我[redacted]說服了他們。[redacted]

鳥上的[redacted]嘎嘎地叫個不停，這更加使我難以入睡，也許是月亮太好的關係使牠們忘記了晝夜？不但牠們的叫聲吵人，那一陣陣的鳥糞臭氣更是難聞，我實在忍受不了，我坐了起來。

忽然我發現板壁的角落裏掛了幾枝手槍，月光正射在手槍上面，我心裏不免一驚，我眞不知道我遇着什麼鬼了？我慢慢地爬起來，向門外走去，我想到外面去呼吸一點新鮮空氣，清理一下自己的頭腦，可是我的腳剛踏出門，王大空就警告我：

「林船長，那裏去？」

我眞奇怪這傢伙的警覺性怎麼這樣高？我想他決不是一個簡單的人，因此更增加了我的煩惱。我爲了表示自己的鎭靜，我輕輕地說：

「小便。」

「我陪你。」他連忙爬了起來，走到我的身邊，我只好硬着頭皮向前走了幾步，在一棵椰子樹下面小解起來。

他也在一棵椰子樹下面小解，我望着他那高大的身體，想起他一對鷹樣的眼睛，和那幾枝掛着的手槍，我倒抽了一口冷氣。

四

第二天天一亮我就起身，王大空發覺我起身他也連忙起身，而且把大家叫醒。

「起來，上船，上船！」他大聲地說。

他們起身之後就把槍揷在腰上，每人一枝。

「你們帶槍幹什麼？」我把這句悶了一整夜的話講了出來，我眞恨我疏忽，以前怎麼沒有發現他們有槍？

「對付海盜。」王大空望着我冷冷地說。

「我們打漁的人不作興帶槍的。」我說。

「你們是台灣的漁民，我們是海南島的漁民。」他向我[redacted]一笑。又是皮動肉不動。

我沒有話說，也許我眞是少見多怪？

臨走的時候王大空吩咐大家放火把小屋燒了。我怎樣阻止也不行，我[redacted]問他：

「你爲什麼要這樣做？」

「因爲我高興[redacted]做。」他直截了當地說。

「假如以後再有漁民遇難，不是也可以利用一下嗎？」

「再也不會有我們這樣倒楣的漁民，」他說：「我也不願意我們的房屋被別人利用。」

「作一個紀念也是好的。」

「我不願意留下這樣壞的紀念。」

我望望他的馬臉沒有再說什麼，我奇怪他怎麼會有這種奇怪的思想？我望望江冰，這女人雖然很美，卻有點神秘，她向我一笑，這種笑我也有點猜不透。張開、李用中對於這被焚燒的房屋也毫無惋惜之情，他們的心腸怎麼這樣硬？

我的船員們看見島上起火，連忙趕了上來，我[redacted]對他們說：

「[redacted]，他們燒自己的房子，我們上船去！」

我和船員們逕自走了，王大空他們看見我們走了也連忙跟了上來。船員們看見他們每人腰上都插了一枝槍，臉色不免沉重起來，賴阿土輕輕地問我：

「這是怎麼回事？」

我沒有回答，我只向[redacted]大家做了一個眼色，要他們小心。

我們上船之後我站在船頭上[redacted]宣佈：

「[redacted]：我[redacted]的船是開臺灣的，如果你們願意去臺灣，我不拒絕你們上船；如果你們不願意去臺灣那就請便。」

「我早就對你說了我願意去臺灣的。」王大空說着就跳上[redacted]船，江冰和張開李用中他們也迅速地爬了上來。

「既然你們上了我的船，我還有一句話要講。[redacted]這[redacted]條船上只有一個船長，[redacted]，希望大家都聽我的。」

說完之後我就命令開船，柴油機馬上蓬蓬蓬地響了起來。

五

我們船頭的方向是北北東，正朝着臺灣前進。

雖然開了船，我心裏還是[redacted]，到現在我還不明白王大空他們眞正的身份。我最初答應帶他們到臺灣去完全是一片同情心，同情他們在荒島遇難，同情他們漁民的身份，因爲我們也是漁民。我不知道我們將來的命運怎樣？每一個在海上求生的漁民誰都不敢說自己一輩子能平安無事，只要一出海就有危險。這次我們自己沒有遇難，卻意外地碰見了遇難的他們，我怎麽能不援助呢？後來我雖然發現了他們的可疑之處，但我又不願意食言。[redacted]，醫生對於殺人犯也要施救，處理殺人犯是法官的事，不是醫生的事，我就是本着這種態度答應帶他們去臺灣的。我也知道臺灣入境的困難，但這件事我會交給政府處理，我不會讓他們偷上岸的。

對於他們那幾枝槍我自然懷有戒心，但他們只有四個人，而且有一個是女人，我們卻有十個人，又都是年青力壯的，何況我們還有十柄鐵鏟，十柄利刄，和兩柄大斧頭，他們要想亂動也不大容易。但爲了安全起見，我還是試着要他們把槍繳出來。

「王先生，」船離開小島有四五浬時我開口對王大空說，我不再叫他王船長，那會影響我的地位和身份。

「[redacted]」他望了我一眼說：「什麼事？」

「爲了船上的安全，我想請你們把槍交給我保管。」

「[redacted]」他[redacted]笑了起來：「就是爲了船上的安全我們才帶槍的。」

「在我的船上用不着帶槍。」我[redacted]說。

「你不怕海盜？」他笑着問我，[redacted]。

「我的船從來沒有遇過海盜。」我大聲地說。

「假如遇到了呢？」他[redacted]說。

「我們自有辦法[redacted]。」我[redacted]望了他一眼。

「林船長，」他向我冷笑：「我勸你不要太自信。」

「王先生，」我[redacted]對他說：「你的態度應該友好一點。」

「[redacted]」他[redacted]笑了起來：「當然，當然，我還忘記了向你道謝呢？」

「謝謝林船長。」江冰[redacted]向我作了一個媚笑，我雖然不太習慣她這種笑法，但她這一笑似乎並無惡意，而且笑得實在很美，兩個酒渦圓圓的像兩個漩渦，因此我的心情也就輕鬆了一些。

「[redacted]不[redacted]謝，我只[redacted]要這[redacted]船平安地回到臺灣。」我說。

他們[redacted]沒有作聲，我也不好[redacted]逼他們把槍交給我。[redacted]

第一天平安地過去了，我們的船大約走了兩百海浬。

六

第二天早晨海上起了濃霧，什麼也看不見，簡直有點像盲目航行，只有柴油機發出蓬蓬蓬的響聲。潮濕的霧把我們身上浸得透濕，我們大家都沒有作聲。忽然王大突在後艙大聲[redacted]問我：

「林船長，現在朝什麼方向航行？」

「臺灣。」我說。

「我想請你改變航向。」他[redacted]地說。

「什麼！」[redacted]，我大聲[redacted]問他，[redacted]

「請你改變航向。」他冷靜地再說一遍。

「你不是要去臺灣嗎？」我[redacted]反問他。

「誰去那個[redacted]鬼地方？」他狠狠地望了我一眼。

「你不去我可要去。」我[redacted]說。

「那請你先送我到榆林。」他以命令的口吻說。

「我沒有去過，我不知道那是什麼地方？」我故意裝糊塗。因爲我們這次出海以前還看見報紙上登載[redacted]廣東漁民大批逃到香港的消息，我還會自投羅網嗎？

「這次你可以去了，那地方在海南島。」他向我獰笑。

「不成！我們不去海南島，我們要回臺灣！」我的船員[redacted]大聲吼叫起來。

「這次要請你們委屈一下，不去也得去！」王大空迅速地掏出手槍指着船員[redacted]說。張開也迅速掏出手槍頂住賴阿土的腰，逼着他改變航向。

林阿火和其他幾個年輕氣盛的船員想向張開撲去，我看王大空他們四個人統統掏出了手槍，槍口指着我們的人，我連忙大聲地喝住：

「不准動！」

林阿火他們馬上呆楞楞地站在那裏，王大空的臉上露出了一絲勝利的微笑。

「王先生，你不應該這樣對付我們。」我向王大空[redacted]抗議。

「哼哼！」他在鼻孔裏哼了兩聲：「這已經很客氣了。」

他隨卽把嘴巴向李用中一歪：

「把鐵鏟斧頭統統抛下海去！」

李用中一手持槍，一手把艙面的十把鐵鏟和一柄斧頭統統抛到海裏去。林阿火他們憤怒得眼睛裏冒火，如果不是我及時用眼色制止，他們是會撲上去打鬬的。

我看見李用中把艙面的鏟子斧頭抛下海去，我心裏也非常難過，王大空這傢伙手段眞辣，他想先解除我們的武裝。幸好李用中只抛掉艙面的十把鐵鏟和一柄斧頭，前面魚艙裏十把鋒利的短刀和一柄大斧他們沒有想到，這樣我才稍稍放心，我們還有反攻的武器。

賴阿土在張開手槍的脅迫下把船頭掉過來了，航向從北北東向北北西作了九十幾度的轉變，船向海南島前進，浪花在船頭飛濺，柴油機蓬蓬蓬的響。

「王船長，現在你滿意了吧？」我向他[redacted]笑[redacted]說。

「你很識時務，」他先向我陰險地一笑，然後又向大家大聲宣佈：「現在我是船長，大家都要聽我的命令，聽話的到榆林有賞，不聽話的請他去見海龍王！」

我的船員們氣得臉上靑一陣白一陣，他們[redacted]掃了我一眼，我想他們一定怪我惹出這場麻煩，怪我懦弱無能。我也感到一種難堪的恥辱，但我們知道去海南島最快也[redacted]天[redacted]，我還有時間，我要想辦法扭轉我們[redacted]的命運。[redacted]

我們船上沒有電訊設備，我們無法求援，他們也無法[redacted]

「王船長，到海南島你可以邀功了。」我[redacted]說。

「這眞叫做失之東隅收之桑榆，最少也不會受上級的處分。」他[redacted]笑了起來。

「[redacted]，請你記住我們是臺灣的漁民。」我說。

「[redacted]我可不管這些。」他冷笑了一聲。隨卽命令賴阿土以全速向榆林開。

於是柴油機急促地蓬蓬起來，有點像嗆咳。

[redacted]

七

下大雨了，這是一場熱帶的暴風雨。

船在海上顚簸着，傾斜着，浪花和雨點打在船上，打在我們的身上，我們本來有十件雨衣，現在被王大空他們佔用了四件，不够分配，我只好不穿，船員們看着不過意，都要讓給我穿，我無論如何不肯穿，我只接受了林阿火的一半，因爲他是我的堂兄弟，他把雨衣撐起一半來遮住我的身體。

我們在前艙和甲板上，王大空、李用中、江冰他們在後艙，張開一個人在駕駛室監視賴阿土。因爲雨大，我們輕輕地談話他們聽不見，但我爲了愼重起見，改用日語交談，王大空他們懂英語、閩南語和廣東話，就是不懂日語，這給我們一個很大的方便，雖然他們禁止我們說日語，但現在他們聽不見了。

我們昨天夜晚就悄悄地把前艙裏的短刀取了出來藏在身上，等待機會攻擊，想不到今天就遇着了暴風雨，看樣子他們幾個人有點暈船，江冰暈得更厲害，她已經吐了，只有王大空還能勉强支撐着，張開靠着駕駛臺頭向兩邊擺，有點站立不住。

時間一分一秒地過去，除了王大空之外他們三個人統統吐了。我看看時機已到，我輕輕地吩咐船員們準備動手。我腰間揣着一柄短刀，屁股下面坐着一柄大斧，一個大浪打過船身之後，我就迅速地抽出短刀，用力向王大空擲去。於是大家喊叫着分別向他們四個人撲上去，我舉起大斧直奔王大空，這傢伙身上雖然中了我一刀，但還能迅速地掏出槍來向我射擊，這時一個大浪把我摔倒了，一粒子彈剛好從我頭上飛過去，不幸卻射中了林阿火的肩膀，但王大空也被我們另一個船員的飛刀擲中了手腕，把手槍打落了。

我連忙趕上去給他一斧頭，因爲浪頭冲擊的關係，沒有砍中他的腦袋，卻砍進了他的左肩，他哎喲一聲倒了下去。

因爲船小人多，這場打鬬很快地結束了。張開，李用中被我的船員們用短刀刺死了，王大空被我砍掉了半個肩膀，左臂一幌一幌地擺動着，只剩一絲氣，這三個傢伙都先後拋下海去餵魚了。

江冰沒有死，她小腹上插着一柄短刀，不知道是誰插進去的？

船員們都要把她拋下海去，她哭着哀求我饒她一條性命，要死也讓她死在船上，不要死在海裏。我同情她是一個女人，也爲了想留下一個人證，我極力勸船員們息怒，把她帶回臺灣去，費了很多口舌才算救住她。

我們的人只有林阿火肩膀上中了一槍，幸好他是我的堂兄弟，沒有生命危險。假如不是那個大浪一顚，我的腦袋早就開花了。

艙面清理乾淨之後，我就大聲地對賴阿土說：

「[illegible]，直開高雄。」

但是到現在我還不明白，王大空他們這班人究竟是幹什麼的？因爲江冰在半途死了，死前她沒有留下一句口供，她只說過一句囈語：「我要到菲律賓去！」

高山曲

他們偎依地坐在一株千年紅檜底下，紅檜的枝葉像一柄綠色的大傘，向湛藍的天空撑開，覆蓋着隆起的山披，覆蓋着灑青的巨石，覆蓋着他們相互偎依的身體。

雖然是盛夏天氣，可是高山的氣温很低，天亮以前更有一股寒意，他們裹在他的黑呢大衣裏，還抵不住寒氣的侵襲，她不禁震顫了一下，自然地靠緊着他。

黎明前的空氣，有如蒸餾過的水，吸進鼻孔有一種特別清新的感覺，每一個毛細孔都覺得非常舒暢，她呼出來的氣息洋溢着一種蘭蕙般的芬芳。

銀河飄着白色的披肩，在蒼穹搭着一座鑲有無數鑽石的長橋，牛郎織女正悄悄地渡過那座鑽石的橋輕輕一吻，星羣向他們熠熠地閃着調侃的眼睛，輕薄的小星偶一不愼便從鑽石橋上一個觔斗摔了下來，拖着一條細長的閃着靑光的尾巴，又驟然殞滅。

「那顆小星跌得好慘！」她在他的耳邊輕輕地說。

「誰叫他那麼頑皮？」他笑着回答。

「我看見他踹着織女的長裙。」

「那該敲他的小腦袋。」

「他的腦袋比蝌蚪還小，敲不得。」

他輕輕地一笑，也附在她的耳邊說：

「我們講的都是瘋話。」

她在他的臉上蜻蜓點水似地一吻，便把頭斜靠在他的肩上，默數天上的星星。

小星星漸漸暗淡，鑽石橋也漸漸隱沒，紅檜尖頂像如林的塔頂伸向黑暗的高空。

「幾點了？天快亮了吧？」她輕輕地問，深怕驚落天上的殘星。

他把手電一捻，腕錶正指着五點十分。他們從招待所爬上來快一個鐘頭了。

「快了，等會就可以看到日出的奇景。」他說。

「你怎樣把它畫下來？」她問。

「妳幫我捕捉它。」

「我不行。」她搖搖頭。

「妳畫了半年，有很好的基礎。」他說。

「我覺得繪畫比寫詩還難。」她說。

「這是兩回事。」

「也是一回事，王維的畫好詩也好。」

「我可趕不上他。」他說：「在國畫方面，我沒有那麼深的功力。」

「你在中山堂舉行國畫展覽時，那兩幅仕女和墨竹不是評價很高嗎？」

「那是別人捧場，因爲我是畫油畫的。」

「我就是看了你那次畫展才決定跟你學畫的。」

「可惜我沒教妳什麼。」

「我已經學得太多。」她覺得這半年來跟他學畫，學到的不僅是畫，還有很多別的東西，他雖以畫名，可是也能寫很好的詩，包括新詩和舊詩，但他從不承認自己是詩人，除了畫國畫時間或配上一[redacted]詩外，新詩則從不發表。她還是在他的畫室偶爾翻閱一本活頁筆記簿時發現他寫詩的，這使她意外的驚喜，因爲她是先愛詩而後愛畫的，從他那裏同時學到了這兩樣東西，而受他感染最深的則是他那特有的[redacted]凝重而又飄逸的氣質，和一種隱[redacted]的抑鬱，慢慢地她才知道是怎麼一回事？但自己已經投了進去。

「[redacted]也許只學到苦惱？」他[redacted]地說。

「現在我很快樂。」她[redacted]說。

黎明前[redacted]有一陣黑暗，他們前方的那片原始森林一片漆黑，天上的星星轉眼間就消失了，只剩下三兩顆大的在邈遠的蒼穹一閃一閃，彷彿美人偶爾睜開睡眼。

而此刻的露水卻特別重，重得使千年紅檜的枝葉都承受不住，終於從葉尖滑落下來，落到他們的頭髮上，如玉屑銀珠。

他無意間觸着她的秀髮，又摸摸自己的頭頂，自言自語地說：

「奇怪，山上的露水眞重？」

她摸摸自己的頭髮，又摸摸他的頭髮，嗯了一聲。

忽然，一股水蒸氣飄了過來，觸鼻有一種潮濕的感覺，蒼穹不見了，最後的幾顆星也不見了，周圍是灰濛濛的一片，他們連彼此的面貌都分不清，他們知道起了霧。

過了一會，突然現出一塊山頭，山頭之上有一片靑天，原始森林也露出了尖頂，灰色的霧像一隻大懶貓，懶洋洋軟綿綿地蜷臥在山谷間。

他霍地跳起，支好畫架，用鉛筆在畫布上迅速地鈎勒，她拿着調色的畫盤和畫筆靜靜地站在他背後，看着山頭，看着森林，看着霧，又看着他一筆筆地勾勒。他畫得很快，幾分鐘功夫就構圖完畢。

「~~你~~請把畫盤畫筆遞給我。」他回過頭來對她說。

她笑盈盈地遞給他，連顏料也一齊送上，他迅速靈巧地擠出顏料調好，又一筆一筆地塗在畫布上。

霧在山谷間飄來蕩去，一會兒像隻懶貓躬起腰背，蹲在山腰。一會兒像天真的玉女，拖着飄揚的披肩，圍繞着尖尖的樹頂。他聚精會神捕捉剎那間的形態，剎那間的存在，使它凝固下來。

當他完成這幅畫時，顯得非常愉快，她蹲下來雙手扶着他的兩肩，伸過頭去，仔細地欣賞一番，然後歪過來在他臉上輕輕地一吻，~~他覺得這種吻勝過任何大批評家的讚語。~~

「可惜沒有畫到日出奇景。」她在他身旁坐下，雙手抱膝，望着那遠離海面的旭日出神。

「明天我們再起一個大早，~~他伸手摟着她說~~「希望沒有霧。」

「我們這麼早起來，林場的人不會說我們發神經？」

「不會的，黃主任是我二十年的老朋友，他知道我的個性，我早幾天就寫信告訴過他是來畫畫的。」

「但你沒有告訴他要起得這麼早。」

「他們平常也起得很早，不過今天我們起得更早。」他說。[redacted]「妳也應該畫點什麼，不能白來一趟。」

「我是陪你來的，看着你畫我就很滿足了。」她望着他說[redacted]：

「也許我會寫出一兩首詩來？」

「那也好。」他笑着點頭。

霧漸漸薄了，散了，招待所的木屋完全裸露出來，屋頂上的瓦彷彿經過一場細雨，完全濕了。

紅檜的葉子顯得蒼翠欲滴，她身旁一株小灌木的橢圓葉子上，露珠閃着鑽石般的光，她隨手拉到眼前瞧瞧，又放到鼻尖聞聞，然後把那葉子摘下，放到他的鼻尖上說：

「你聞聞看，有一股清香。」

他聞了一會，然後感慨地說：

「我眞想離開臺北那種鬼地方，住到這裏來。」

「可能嗎？」她望着他期待地問。

「[redacted]我總希望有一個能夠容納我們的世界。」停了一會，他抬起頭來望着她夢囈似地說：「一個詩與畫的世界。[redacted]」

她像[redacted]把頭靠在他的肩上，喃喃地說：

「而且只有你和我。」

[redacted]他們默默地偎依，靜看海上的旭日，天邊的流雲，山頭的薄霧，諦聽千年紅檜上的鳥叫，大自然脈搏的顫動，和他們自己的心跳。

空氣中流動着茉莉花般的陣陣清香。[redacted]

[redacted]

忽然，林場的工友老張爬了上來，站在二三十公尺遠的地方大聲叫喊：

「陳先生，陳太太，主任請你們下去吃早飯。」

她聽見老張喊她陳太太，望着他[redacted]一笑，他輕輕地擁抱她[redacted]，[redacted]霍地站起來，收拾畫架，她幫助他收拾畫筆顏料，放進一個小帆布袋裏。

老張看見他們收拾畫具下來，便猿猴般地蹦跳下去，他們携手一步一步地走向林場招待所，[redacted]那個精緻的木屋。

林場主任黃魯芹看見他們進來，便笑[redacted]：

「想不到你們起得比我還早？」

「[illegible]你先看看我這幅畫？」他把手中的那幅畫遞給黃魯芹看。

黃魯芹看了以後非常歡喜，又傳給別的同事看，然後回過頭來對他說：

「[illegible]你到底[illegible]是個畫家，我在這裏住了十年，天天起早，也幾乎是天天看見樹，可就沒有發現有什麼美？經你這一畫，我更覺得我是一個俗人了。」

「你是林場主任，你眼睛裏面只有靑杉，紅檜，一看見它們你就能計算出有多少立方木材？我可沒有這個本領。」陳白雲放下畫架說。

大家聽了一笑，黃魯芹也解嘲地說：

「這就叫隔行如隔山。」

黃魯芹說過之後又轉向劉曼倩說：

「怎麼妳沒有畫？」

他既不便稱她陳太太，叫小姐又似乎把她和陳白雲的距離拉遠，他對於這兩位雅客非常喜愛。陳白雲是老朋友[illegible]說，劉曼倩雖是初次見面，但他們兩人的關係陳白雲在信裏已先解釋明白，所以他也一見如故，何況她天生麗質，又有一種高雅脫俗的氣派，他覺得她和陳白雲[illegible]是最理想的一對，雖然彼此的年齡並不相當，但詩人與畫家的氣質完全一樣，所以他索性不加客套，這樣稱呼反而親切一些。

「他比我畫得好，我看着他畫就够了。」她笑着回答。

「魯芹，我上山的第一幅畫就送給你們，這是我的秀才人情。」陳白雲對黃魯芹說。

「榮幸，榮幸！」黃魯芹笑着說：「我代表大家謝了。」

「魯芹，你何必來這個俗套，」陳白雲指着黃魯芹一笑：「你再說謝，我連早飯也不吃了。」

黃魯芹笑着把他們兩人拉着入座。

早餐是稀飯，饅頭，炒雞蛋，花生米，簡單素雅，但黃魯芹卻抱歉地對他們兩人說：

「市遠無兼味，地僻客來稀，我在這裏住了十年，簡直變成了野人了，你們卻是一對高人，一對稀客，本來我應該爲你多備點菜，但我們平常不下山，一定要等到禮拜六；所以這兩天就慢待一點；我想你們也不會見怪。」黃魯芹說。

「我們不是上山來吃魚吃肉的，你不要會錯了意。」陳白雲夾了一粒花生米說。

「我知道，我知道，」黃魯芹連忙說：「剛才我忘記告訴你們，今天晚上有一隻清燉雞，是我家裏養的。」

「那你太客氣了。」劉曼倩笑着說。

「你也別客套，再客套我就把牠從鍋裏拉出來放生了。」黃魯芹[redacted]，逗得大家一笑。

早餐後，黃魯芹安排他們到三一四林班去參觀寫生，那裏海拔更高，完全是一片原始森林，最近兩年才開始砍伐。

本來黃魯芹要親自陪着他們去，但爲他們[redacted]婉謝，黃魯芹便吩咐工友老張替他們拿着畫具，陪他們來回。

他們先從招待所下面乘坐小火車，循着一條深陷的山谷蜿蜒而行，山谷裏面盡是粗可盈抱的紅檜，谷底不時傳來叮叮的伐木聲，從上面看下去砍樹的林工顯得非常矮小，有點像蜉蝣撼大樹，也有點像月中吳剛伐桂的情形。

坐完一段小火車之後，又坐搬運木材的吊車。這種吊車，懸在山谷上空，利用索道上下，傾斜幾乎有四十五度，他們坐的這座吊車也是這樣，不過離谷底有七八百公尺，上[redacted]

陳白雲對這種吊車很有興趣，連忙打開畫夾，用鉛筆把它速寫下來，然後才扶着劉曼倩上車。

車廂的構造倒很堅實，就是不像火車汽車那麽乾淨，容量也小，一次只能搭乘六七個人。

車子移動之後，劉曼倩有點駭怕，自然地靠緊陳白雲，他一手抓住欄杆，一手攬着她的腰身，車子愈向上移動，愈令人膽顫心驚，她又是第一次坐這種吊車，所以不敢向下而多看一眼。直到吊車在山上停下來，她才吐口氣，好奇地向萬丈深谷望了一眼。

坐過吊車之後，又坐了一段小火車，才到三一四林班。這裏堆積了很多剝光了皮的木材，一段一段地鋸得非常整齊。

他們先到林工的家庭去參觀了一下，婦人小孩都用驚奇的眼光看着他們，他替孩子們畫了幾幅速寫像，便從老張手裏接過畫具，和她一道攀上一塊大石，在一棵大紅檜旁邊坐下，這棵紅檜比招待所後面的那棵還大，他們用雙手合抱了一下，仍然相差一尺多。

他把畫架放好之後，沒有立卽開始畫，把上身往後一仰，靠在樹幹上，眼睛望着藍天白雲，望着如戟的手臂似的原始森林，聽着叮叮的伐木聲，他覺得一時無從下筆，他不能在一張畫布上同時表現音樂，畫和詩，使它們三位一體，而此刻這三者卻是同時存在的。

山風陣陣吹來，有點寒意，她從手提袋裏取出自己的毛衣和他的夾克，他接過來，先爲她披上毛衣，然後自己穿上夾克。

叮叮的伐木聲，和樹木倒下時工人的吆喝聲，不時從山谷傳來，此起彼應，他匆匆地起了一幅畫稿，便把畫具收拾起來，交給老張，老張正在一個林工家裏和一位十七八歲的少女談笑。

他們在林區携手漫步，有林工伐木的地方他們都想走去看看，這麽一大片林區除了伐木的工人低着頭揮舞着巨斧，或是兩個人拉着一把大鋸之外，根本沒有什麽人到這種地方來，更沒有一個人像他們這樣閒散。

他們在原始森林中無拘無束，山這邊晒不到太陽，十幾丈高的紅檜撐着一柄柄綠色的大傘，把他們覆蓋在傘的下面。除了躲在樹上的鳥兒可以窺見他們的身影，偸聽他們的談話之外，這裏確實像另外一個世界。

「老張人很冒失，他早晨叫妳陳太太妳不介意吧？」他說。

「我爲什麽介意？」她仰起頭來看他一眼，然後幽幽地說：「我倒眞希望有那一天呢！」

「也許會有那麽一天？」他感慨地說：「也許永不可能。」

「希望上帝有一個理想的安排。」她[redacted]地說。

「不要再提上帝，我實在有點恨祂！」他[redacted]地說。

「不要恨祂，每夜我都跪在耶和華面前為我們祈禱。」她[redacted]地說。

「我不知道祈禱有什麼用處？」他[redacted]地搖頭。

「我希望我的誠心能感動主，賜[redacted]你[redacted]幸福。[redacted]我知道你很痛苦，畫並不能填補你內心的空虛。」

「畫只能使我暫時忘記自己，當我一放下畫筆，我就像大海中的一葉孤舟。[redacted]說[redacted]只有此刻才是例外。」

「不管上帝怎樣安排？在精神上我們永遠在一起。[redacted]我相信上帝既賜給你一枝彩筆，便[redacted]賜給你一張好紙。」

「我[redacted]上帝[redacted]不懂得愛情，不然祂就是妒嫉。」他憤懣地說。

「你不要錯怪上帝，」她向他一笑：「我們能夠接近也許是上帝的意旨？」

他臉上的陰霾倏然散開，但很快地又合圍起來，沉重地說：

「也許祂[redacted]，故意作弄我？」

她[redacted]噗哧一笑，望着他說：

「你怎麽這樣不相信上帝？」

「因爲祂從來沒有照顧我。」他[illegible]地回答。

她知道他心裏的痛苦很深，便不再和他談到上帝，只在心裏默默祈禱。

忽然一對紅嘴綠翼，極其漂亮的鳥兒從他們面前翩翩而過，在前面二三十公尺的一株紅檜上停了下來，吱吱喳喳地唱着歌，不時用牠們的小紅嘴互相梳理羽毛，樣子十分恩愛，他突然停步不前，兩眼注視牠們。

「你怎麽停下來？」她回過頭來輕輕地問他。

「我怕驚動牠們。」他低聲地回答，隨卽拉着她在一塊石頭上坐了下來：「妳看牠們多自由自在？」

「牠們無憂無慮，」她說：「如果我們不去驚擾牠們，牠們就用不着逃避。」

「牠們才是天之驕子，比人幸福。」他說。

這時兩隻鳥兒又吱吱喳喳地唱歌，振振兩翼，在枝上輕盈地跳躍。

「牠們眞是一對神仙伴侶！」她羨慕地說。

谷底下一株大樹倒下的聲音，終於把牠們驚走，牠們比翼穿過檜木林，向更高的山頭飛去。

他悵然若有所失地站了起來，她拉着他的臂膀跟着站起。

「不知道牠們飛到什麼地方去了？」他望望那兩隻鳥兒原先站立的空空的樹枝，悵惘然地說。

「這是牠們的世界，牠們也許會飛回來？」她說。

「那我們走吧，讓牠們早點回來。」他拉拉她說。

他們還沒有走動幾步，就聽見工友老張在檜木林外面大聲叫喊：

「陳先生，陳太太，小火車快開了，我們回去囉！」

她含情脈脈地望了他一眼，兩人便匆匆地走出檜木林。

「老張，該回去了嗎？」見了老張他首先反問。

「該回去了，這是最後一班小火車。」老張說。

於是他們跟着老張踏上小火車，林工的光着屁股的孩子們，向他們搖搖手，因爲他送了他們幾張速寫像。

「陳先生，陳太太，山上有什麼好玩？」老張咧着嘴笑問他們，但不等他們回答，自己又接着說下去：「我實在就膩了，天天都想下山[illegible]。」

「山下太嘈雜，山上多清靜？你爲什麼有淸福不享，要下山去受罪？」他說。

「山下是花花世界，山上盡是些大木頭，連一個[redacted]都看[redacted]到，有什麼意思？」老張搖搖頭說。

他們聽了也不禁失笑，但沒有心情和他[redacted]續談下去。老張也不便再和他們搭訕反而和廿位山地姑娘親熱地談笑起來。

回到招待所後，他們便各回各的房間，洗臉休息。老張替他泡了一壺濃茶，[redacted]和他搭訕起來。

「陳先生，[redacted]這是一個雙人房間，從前山下上來的客人，如果是夫妻兩個，都住這個房間，你和陳太太怎麼分開來住？」

「老張，我和別人不同，我晚上要畫畫，怕妨礙她的睡眠。」他支吾地說。

老張望望房裏的畫架，和那些畫布，顏料，也有點莫測高深，走了幾步又回過頭來對他說：

「陳先生，陳太太一個人住也許會駭怕？昨天晚上我睡得很晏，還聽見她在房裏[redacted]禱告。」

「老張，她信教，睡覺以前一定要祈禱。」

老張望了他一眼，又咧嘴一笑說：

「陳先生，我什麽教也不信，我眞不懂，禱告有什麽用？」

「老張，這是教徒的習慣，[illegible]，但願她的禱告上帝能够聽見。」

老張茫然[redacted]笑，搖搖頭走了。

老張走後，他把那幅吊車的畫稿拿起看看，然後放在臨窗的案頭，靠在床上休息。他兩眼望着天花板出神，他想到她禱告的苦心和虔誠，上帝也許會有一點感應，冥冥中作一個合理的安排。他[redacted]先前在檜木林中看見的那對紅嘴綠翅的鳥兒該多麽幸福？牠們用嘴互相梳理羽毛，同時振振翅膀唱唱歌，這種愛情生活是多麽和諧？他眞想把牠們畫下來，牠們雖然受驚飛走了，但他可以使牠們重現在自己的畫中，掛在自己的畫室裏。

他正在凝神構思時，她換了一身天藍色旗袍，天使般輕盈地走了進來。

「[redacted]怎麽你在睡覺？」她站在床前輕盈淺笑問他。

「不，」他連忙坐了起來：「我在想一幅畫。」

「什麽畫？」她問，隨即在床前的籐椅上坐了下來。

「我想畫那兩隻鳥。」他說。

「我沒有想到畫，我倒寫了一首詩。」她笑着說。

「什麼詩？」他也笑[redacted]問。

「也是關於那兩隻鳥兒的。」她吟吟[redacted]一笑，隨即把手上的一個紙捲兒遞給他。

動物學上也許查不出你們的姓名
[redacted]然你們也別想和先知們一道進入耶路撒冷
但高山是你們自己的世界
你們可以自由自在地遨遊於綠色的檜木林

你們聽不懂人類的詞彙
自然也認不出六法[redacted]條文
你們毋須神父和[redacted]證婚
你們的婚姻[redacted]於純眞的愛情
我讀過創世紀和所有的福音
小紅嘴啊！但我最愛聽的還是你們的和鳴

他看完以後握住她的手，望着她很久沒有作聲，過後深深地吐口氣說：

「那我就用不着畫了」。

「你爲什麽不畫？」她輕輕地問。

「因爲我想畫的妳已經寫出來了。」他向她微微一笑。

這時黃魯芹哇啦哇啦地從外面走進招待所來，他們連忙走出去迎接，黃魯芹穿着一身工裝，一看見他們就熱情地握手，笑[redacted]問：

「今天畫了多少？」

「我只寫了幾幅速寫。」陳白雲說。

「妳呢？」黃魯芹又轉向曼倩。

她笑而不答，陳白雲代她說：

「她只寫了一首小詩。」

「[redacted]，都比我好，」黃魯芹[redacted]笑了起來：「我只搬了幾根又粗又笨的木頭。」

他們兩人都被他說得笑了起來。

他們原來只計劃在山上住一個禮拜，由於主人好客，再加上他們也實在喜愛這個地方，所以住了一個多月。在這一個多月裏面，他們天天起早，天天要出去走一趟，他們暫時忘記一切煩惱，忘記庸俗的世界，完全過着自我的靈性生活，這期間他畫了十幾幅得意的作品，有兩幅畫他認爲可以流傳下去，其中一幅就是畫着那兩隻小鳥的。

直到學校快要開學，系主任寫信來，催他早點回去，他才收拾畫具，向老朋友黃魯芹告別。他們這一個多月的相聚，老朋友的情感又深一層，他還想留他們兩人多住幾天，陳白雲以學校的功課要緊，不便久留，答應他明年再來。

臨走的那天，黃魯芹和林場的同事殷勤地把他們送上小火車，還派老張沿途照顧，老張高興得很。

「歡迎你們兩位明年夏天再來，我一定掃榻以待。」黃魯芹望着他們兩人說。

「明年你還會在這裏當林場主任嗎？」陳白雲笑[redacted]問黃魯芹。

「放心，我在這裏幹了十年，像檜木一樣，生了根，想走也走不成，」黃魯芹[redacted]地說一說一笑：「不過，明年你們再來，我只準備一個房間招待。」

大家輕鬆地笑笑，他們兩人也會心地笑了。老張卻大聲大氣地說：

「[redacted]一個房間多好？免得我兩邊跑。」

老張的話一出口，大家都哄笑起來。

大家看着他們兩人坐着小火車走了之後，都悵然若有所失，林技士很喜歡陳白雲的畫，也喜歡他的爲人，更羡慕他的艷福，黃魯芹卻嘆氣說：

「你只知其一，不知其二。」

「難道這裏面還有甚麽文章？」林技士問。

「多着呢！」黃魯芹又嘆口氣：「像老陳這樣的畫家，本來就應該有劉曼倩這樣的神仙眷屬，可是事實上卻大謬不然！」

「怎樣？」林技士睜大眼睛望着黃魯芹。

「原來他有一個太太，」黃魯芹緩口氣說：「可是這位太 太常常把他的畫布當尿布，把他的宣紙替孩子們擦屁股，他幾乎氣得吐血！他畫了一幅得意的畫，她可從來不知道稱讚一句，如果他賣了一幅畫，她卻會伸手向他要錢。老陳又是一個性情耿介的人，不大輕易賣畫，可是這位太太只要沒有錢用，就會拿着他的畫帶到菜場去賣個三五十塊錢，你說老陳傷心不傷心？」

林技士瞪着眼楞了半天，不能作聲，黃魯芹又接着說下去：

「因此，四年之前，老陳才痛下決心，租了一間畫室，題名爲『白雲畫室』，課餘教授一些學生，彌補彌補，大約半年前，這位劉小姐走進了他的白雲畫室。——」

「我們應該替他祝福。」林技士說。

「老弟，」黃魯芹拍拍林技士的肩說：「月老慣會亂點鴛鴦譜，上帝會不會再作弄老陳？那我就不知道了！」

黃魯芹說完之後，望着招待所後面的那棵千年紅檜，望着紅檜後面的那座飄着悠悠白雲的高山，不禁深深地嘆了一口氣。

古寺心聲

一

當黃龍寺的小和尚了然挑着我的舖蓋，書箱，走進谷口的時候，突然傳來噹——噹——噹——的鐘聲。空山寂寂，這鐘聲聽來特別淒淸，在山谷中繚繞，久久不散。

「這就是蕭寺的鐘聲，」了然小和尚說，隨卽用手一指：「你看，底下就是蕭寺。」

我順着了然手指的方向，向下望去，果然有一座用灰色巨石砌成的廟宇，躺在深谷裏面，廟不大，卻相當高，而且有一個用灰色巨石砌成的小小圍牆。圍牆上和廟頂上堆滿了皚皚的白雪，如果不是了然指給我看，我不會發現那座廟，因爲驟然從上面望下去，盡是一片白雪，谷底的雪最少有三尺深。

了然和尙把擔子放在雪地上，休息一會。我們一口氣走了五六里路，我空手拄着拐杖，走在一尺多深的雪裏都有點吃力，他挑着擔子自然更吃力了，他額上已經冒出汗珠，把灰色的帽子取下時，光頭上就冒出一股熱氣。雖然我的東西不重，但他畢竟只有十七歲，體力還未充實。

「梁先生，你爲甚麼要來[redacted]讀書？」了然奇怪地問我。

我不願意回答他的問題，在慧然老和尚面前我都沒有透露我的心事，在他面前我自然更不願洩漏我心底的秘密，我反而笑着問他：

「你爲甚麼要當和尚？」

「我的命不好，」他向我[redacted]笑：「算命[redacted]先生說我生成的和尚命，不出家父母兄弟都會死。」

「算命的胡說，你也相信？」

「不相信又怎樣？」他向我茫然一笑。

我望望周圍，空山寂寂，白茫茫的一片。

「其實你要讀書，黃龍寺也比這裏好。」他看我沒有接腔，又[redacted]說。

「我愛靜，」我重覆我向慧然老和尚提出的理由：「你們黃龍寺的和尚多，早晚又要唸經。」

「[redacted]，如果不是和尚多，我也不敢進黃龍寺，冬天靜得怕人。」了然說。

「你還未脫凡心。」我向他一笑。

「我眞奇怪，」他也向我一笑：「梁先生，你是在家人，爲甚麼要到廟裏住？而且又住到[redacted]裏來？」

他望望谷底的蕭寺，吞吞吐吐，欲言又止。

「這個廟很靜，沒有人打擾，有甚麼不好？」我說。

「梁先生，我不能不告訴你，」他望了我一眼，又壓低聲音說：「但你不能說是我說的。」

「你儘管說吧，我不會傳出去。」我說。

「這廟裏不乾淨。」他指指谷底的蕭寺，聲音壓得特別低。

「究竟是怎麼回事？」我不滿意他那樣吞吞吐吐，大聲[redacted]他。

「廟裏出妖精。」他輕輕地說，生怕別人聽見，其實這山裏除了我們兩人之外，全是皚皚的白雪。

「你別胡扯，那有甚麼妖精？」我不相信。

「眞的，我親眼見過。」他一臉正經地說。

「見你的大頭鬼！」我罵了他一句。

「嘿！才不是大頭鬼，」他並沒有生氣，反而向我一笑：「是穿紅短襖的妖精。」

小和尚這一說，我心裏也七上八下，但隨後一想，悟空和尚一個人住在裏面那麽多年，平安無事，我又何必怕？因此我又故意責備他說：

「悟空和尚在裏面住了那麽多年沒有事，你卻大驚小怪！」

「嘿，悟空的道行高，」他的手在大腿上一拍：「我小和尚怎麽比得他上？你是在家人，恐怕也不能辟邪？」

「我不信邪！」我說。

「你眞怪！」他指着我一笑：「有福不會享，要跑到這深山古廟裏掛單？而且是在這冷死人的冬天！」

「我看你不像個和尚，將來難成正果。」我也指着他說。

「要不是算命的說我是和尚命，我死也不肯上山，」他望着我說：「外面的花花世界多好玩？」

看着他粗壯的身體，我想起水滸裏的魯智深，這傢伙將來即使不還俗，也一定是個花和尚，不會像他師父慧然那樣淸心寡慾的。

「別再胡扯了，我們走吧。」我說。

就是他把灰帽子覆在光頭上，腰一彎，挑起擔子就走。

到處是一兩尺深的雪，看不見路，也看不見任何腳跡，要不是了然走在前面，我眞不知道如何下腳？

了然一步一個深深的腳印，他草鞋的後跟甩起一團團的雪，我怕失足掉下深谷，便照着他的腳印踩下去。

下坡很不好走，了然像兔子下嶺一樣往下直竄，我也只好跟着他跑，雪淹到了膝蓋。潔白如銀的雪地，被我們踩得亂七八糟。

走到蕭寺的圍牆門口，了然用力叩了幾下鐵環。過了一會，鐵門呀然一聲拉開，站在我們面前的是位四十來歲、清秀瀟洒、出塵脫俗、中等以上身材的和尚，他一身灰色的圓領和尚衣服，頭上戴着一件灰色的觀音兜。了然搶着代我說明來意，我隨卽遞上慧然老和尚的親筆信，信裏對我的事說得懇切而清楚，悟空和尚沒有看信就笑容可掬地對我說：

「請進，請進，外面很冷。」

了然搶先把擔子挑了進去，悟空等我進來之後隨手把門閂上，我看到廟門上有塊橫的石條，上面刻了兩個魏碑體的「蕭寺」，字跡已經有點模糊。圍牆裏面左右兩邊各有一個像坟一樣的高高的雪堆，我不知道那是坟還是積雪？

蕭寺有兩層，下面三間未供佛像，也無人住。了然把我的東西挑到樓上，悟空和我一道上樓，他要了然把我的東西放進西邊廂房，這個房間有一張簡單的床舖，一張條桌，一把竹椅，簡單清潔。

中間的龕裏供了一座不到一尺高的觀音大士的金像，一點也不堂皇，不像棲賢寺、歸宗寺裏的那些丈二金剛。

悟空住在東邊的廂房，房裏陳設也非常簡單，卻有一張大書桌，桌上放了很多佛教經典，多半是線裝的，另外還有一些文學書籍，而其中竟有一本蘇曼殊全集。我一看了那些書對悟空和尚就更有好感。

他招呼我在書桌旁邊坐下之後，他自己便坐在床沿，抽出慧然的介紹信看了一遍，然後向我一笑說：

「梁先生肯到我這個破廟裏來讀書，我感到非常榮幸，只怕梁先生吃不慣我的粗茶淡飯，耐不住深山的寂寞？」

「悟空法師，這點你倒用不着躭心，只怕我擾亂了你的淸靜？我是一個六根未淨的俗人。」

「好說，好說，難得你有這樣的雅興。」他愉快地一笑：「慧然法師不會給我介紹一個俗人。」

「我叨了慧然法師很多光，他在信裏對我過獎。」我說。慧然法師給了我許多照顧。他寫給悟空的信我也[redacted]看過[redacted]，他寫的許多話我自己看了都會臉紅。

「不，」悟空搖頭一笑：「這是我的緣份。」

我向他說了一些感謝的話，他把信往懷裏一塞，緩緩地站了起來，笑着走向我：

「梁先生，不必客氣。緣，一切都是緣。不過這裏的確太靜，我眞怕你住不慣？」

「你能住得慣，我想我也住得慣。」我也站起來，表示我[redacted]禮貌。

他聽了淡然一笑，望望我說：

「梁先生，這有點不同，我是出家人，萬[redacted]灰（四大皆空），所以我能在這裏十年如一日；你還年輕，七情六慾未淨，久了你就會耐不住的。」

「我[redacted]是萬念俱灰，」我連忙接着說：「我只想讀點愛讀的書，此外甚麼也不想。」

他望着我一笑，[redacted]十分同情地說：

「梁先生，我希望你眞能安靜地讀書，沒有甚麼苦惱。」

「能和你住在一塊，縱然有天大的苦惱，我[redacted]也會忘掉。」我說。

「梁先生快人快語，但願佛法無邊，慈航普渡。」他雙手合十地說。

我不想多談自己的事，正好了然走了過來，他告訴我說他已經替我把床鋪鋪好了，我對他說聲謝謝連忙走了過去，悟空也跟着過去，顯然他很關心我。

我很感謝了然，在黃龍寺作客時也是他照顧我，今天他把我送到蕭寺，又替我鋪好床鋪，省掉我不少麻煩。

悟空留他吃晚飯，他不肯，他把麻繩往扁擔頭上一挽，往肩膀上一放，就蹦蹦跳跳地跑下樓，我悄悄地塞給他一塊袁大頭，他向我咧嘴一笑，然後又輕輕地向我說：

「我在你枕頭底下放了一把銅尺。」

「那幹甚麼？」我奇怪地問。

「嘿！」他又向我咧嘴一笑：「鬼見鐵，一灘血，鬼見銅，一灘膿；你晚上要是看見那個穿紅短襖的[illegible]女鬼，你就用銅尺打她。」

我雖然不信邪，但看了然一臉的憨直，心裏不免七上八下。

我把圍牆的大門打開，送了然出去。他沿着來時的雪路，像猿猴一般迅速地爬了上去，迅速地消失在谷口了。

我感到有點悵惘，把門關上，慢慢地爬上樓來，走進自己的房間。我身上雖然沒有穿上袈裟，頭上雖然沒有受戒，但我卻有和尚一般的心情，我已經完全脫離了紅塵，脫離了花花世界了。

晚上睡覺以前，悟空又來到我的房裏，和我談了一會，臨走時他笑着對我說：

「晚上如果有甚麽響動，不要害怕，深山古寺就是這個樣子的。」

他走後不久，我就聽見他打鐘，噹——噹——噹地打了三下。午夜空山，這聲音聽來實在淒清得很，我幾乎淚隨聲下。

二

這夜我睡得很遲，了然講的妖精故事使我有點恐懼，本來我愛夜讀聊齋，以遣岑寂，但這夜我不敢再讀了。

上床去睡時，我特別把桌上的油燈挑亮一點，又摸摸枕頭底下的銅尺，然後才安心睡覺。

當我正在作一個傷心欲絕的夢時，突然被「噹——噹——噹」的鐘聲驚醒，睜眼一看，桌上油燈熄了，外面很亮，我不知道是白天還是夜晚？因爲在這種雪天，白天和夜晚幾乎沒有多大的分別，外面總是亮晶晶的。

鐘聲靜止之後，我就聽見悟空的腳步聲音，他向我的房間一步步走近，隨即把那厚厚的黑布棉門簾輕輕一掀，人就跨了進來，他雙掌合十地向我一笑：

「對不起，鐘聲把你吵醒了吧？」

我點點頭，勉强地一笑。

「每天早晨起來，我一定要打鐘，十年來如一日，希望你不要介意。」他走到我的床前說。

我連忙坐起，我知道廟裏的習慣，黃龍寺也是一大清早就打鐘，而且和尚們天未亮就跪在蒲團上唸經做早課。比這裏吵得多，我只是昨夜睡得太遲，淸早被鐘聲吵醒，所以心裏有點不樂意。但這只能怪我，不能怪悟空，我不能破壞他的生活秩序，因此我對他說：

「昨夜我睡晏了一點，本來我應該早點起來，我知道廟裏的規矩，明天我就會習慣。」

他望了我一眼，欣慰地一笑，然後踱到我的桌前，看看那本攤開的詞選，又突然轉過身來向我一笑：

「你歡喜陸游的釵頭鳳？」

我點點頭。他大概是看到我在那首詞旁邊加了很多紅圈圈。

隨後他又拿起書來獨自唸了起來：

紅酥手，黃縢酒，滿城春色宮牆柳。東風惡，歡情薄，一懷愁緒，幾年離索，
錯錯錯！
春如舊，人空瘦，淚痕紅浥鮫綃透。桃花落，閒池閣，山盟雖在，錦書難托，
莫莫莫！

他唸的聲音淸亮而帶情感，但隨即故作太上忘情的神態向我一笑說：

「我還是歡喜辛稼軒的『醜奴兒』。」

說着他又隨口朗吟起來：

少年不識愁滋味，愛上層樓，愛上層樓，爲賦新詞强說愁。
而今識盡愁滋味，欲說還休，欲說還休，卻道天涼好箇秋。

我眞想不到他是一個這麼富有文學修養和情趣的人？我從床上一躍而起，握住他的手說：

「悟空法師，以後我要向你多多請教了。」

「阿彌陀佛，快穿衣服吧。」他把我輕輕一推：「天氣很冷，不要受了涼，我現在化在佛經上的時間比化在文學上的時間多多了。」

「不管怎樣，只要你有空我還是要向你請教的。」我邊穿衣服邊說。

隨後我們就讀起這兩首詞，他的年齡比我大，感情的歷練也比我深，見解自然比我高明。

「這兩首詞是一種心情，兩個境界，陸放翁的『釵頭鳳』，代表執着，辛稼軒的『醜奴兒』卻代表超脫。」悟空笑着向我一指。「我看你還在執着。」

我不承認，也不否認，我是執着已不可能，超脫更辦不到。我卻趁機對「醜奴兒」發表意見：

「對醜奴兒這首詞我不完全同意你的看法，辛稼軒是力求超脫而並未能超脫，其實他心裏可能更苦？」

我望着悟空的臉，在雪光反映之下，他的臉色慘白。他沒有馬上答覆我的話，停了一會才向我一笑。

「我看你是宜於搞文學的，我只能研究佛經了。」

我對於剛才的失言有點後悔，馬上向他表示歉意，他反而安慰我說：

「文學是要至情至性的人搞的，我一個出家人，不宜再涉及這些東西。」

「你爲甚麽要出家？」我冒失地問：「我相信你是最適宜於搞文學的。」

「不錯，以前我是愛好文學的，」過了很久他才說：「但是由於情感上的煩惱，我終於出了家。」

「你出家多少年了？」我問。

「十年。」他說。

「十年都在這裏？」

他點點頭。

我又仔細望望他，我覺得這眞是一種了不起的苦行。

「梁先生，一太清早我們不應該談這些問題，」他突然向我一笑：「你快點準備吃稀飯吧？」

說完他就飄然而退。

不久他就替我提了一壺熱水進來，我一再說不敢當，他卻坦然一笑：「你初來不習慣，過兩天你再自己動手好了。」

他的親切熱忱，使我大爲感動，在這個冰雪層封的古寺中，我一點也不感覺得冷了。

洗完臉之後，我把水從窗口潑下去，潑到右面那個高高的雪堆，熱水將雪融化，露出一點泥土，我問悟空：

「這堆東西是甚麼？」

「是師公的坟。」悟空說。

「那邊呢？」我又指指左邊那個大雪堆。

「師父的坟。」他說。

「他們圓寂了多久？」

「師公我沒有見過，」悟空說：「師父在我來到之後的第二年就圓寂了，他一生就是收我這麼一個徒弟。」

「那他一定是個有道高僧？」

「比一般和尚自然要高明。」他點點頭說：「起先他並不肯收我。」

「為甚麼？」我有點奇怪，任何和尚能夠收到他這種弟子應該是一種光榮。

「他說我六根未淨。」悟空一笑。「不能忘情。」

我聽了也一笑，像他這樣富於才情的人，要做到太上忘情的地步，那的確是件難事，蘇曼殊[redacted]就是一個例子。可是他又嚴肅地對我說：

「[illegible]我在這個廟裏一住就是十年，這眞是師父想不到的。」

「這眞是一種了不起的修行。」我也讚美他。

他卻雙手一合，唸了一聲「阿彌陀佛」。

吃稀飯時，我又和他隨便談到了然向我提起的穿紅短襖妖精的怪事，他不承認也不否認，只是淡淡地說：

「一切幻象都由心生，我看了然凡心太重，也許是我佛故意考驗他的。」

本來我還想問問他看見過那種幻象沒有？但我又怕影響他的自尊，所以忍住未問。

飯後，天上又飄起雪花，我們站在窗口看了一會。他說有一年冬天因爲大雪，他有三個多月沒有出門，要不是黃龍寺接濟他，他幾乎餓死。隨後他又向我一笑：

「今年的糧食準備得最充足，又有你和我一塊過冬，應該是我這十年間最愉快的一個冬天了。」

本來我還有點躭心會增加他的痲煩，但是幾天下來之後，我覺得他的精神反而一天愉快一天，所有廚房的雜事都由他做，他完全不讓我動手。我們除了吃飯睡覺之外，就是看書、談天，他以研讀佛經代替唸經。我看不懂佛經，也毫無興趣，我只看我自己愛看的書，但那些書不但不能減輕我的痛苦，反而增加了我更多的感觸，我雖然人在深山古廟，與世隔絕，可是我的心靈卻沒有片刻平靜，我的情感時刻在衝突矛盾；我無法達到古井不波的那種境界，我眞不知道悟空是怎樣渡過這一串漫長的歲月？

晚飯後照例是我們聊天的時間，不是他到我房裏來，就是我上他房間去。這是我們一天最愉快的一段時光。

一天晚飯後我對他說要補寫三天日記，晚上談天的節目也許要停止一次，說完之後我就回到自己房裏寫日記，他也回到他的房裏。

我記日記不是記山中瑣事，完全是紀錄自己情感的跳動，認眞地說寫日記對我是一種痛苦的煎熬，但我又不能不寫，一停下來情感就無寄託，寫起來又非常痛苦，對於別的事我都提得起放得下，惟獨對於情感的負擔我眞是拖拖拉拉，表面上比誰都平靜，內心裏卻激動不已。

當我寫完日記時，心裏好像輕鬆一點，雖然時間不早，我還是輕輕地走向悟空的房間，想和他聊聊天。然而當我輕輕地撩開他的灰布門簾時，卻發現他捧着蘇曼殊全集在哭，一種無聲的哭，兩眼淚下如雨。

我被這種情形驚呆了，我正準備悄悄地退出，可是他已經發現了我，他不但不以爲怪，反而把手一招要我進去。

「究竟是怎麽一回事？」我走到他身邊輕輕地問。

他先嘆了一口氣，然後十分誠懇地對我說：

「現在我坦白告訴你，十年來我始終沒有衝破情網，一看蘇曼殊的詩文，我就會哭。」

「曼殊是一個最富才情的人，任何人看見他的作品都會流淚的。」我說。

「可是一個太有才情的人，決不宜於過古佛靑燈的生活，這種情感上的折磨，是很難忍受的。」他說。

「你也可以像曼殊和尙一樣，四海雲遊，過他那種無端狂笑無端哭的至情至性的生活，不必在這個深山古廟自苦。」我說。

「可是我對師父許下了誓願，決不離開蕭寺。」

「你爲甚麽要許這個願？」

「不然他不收我。」

「那你可以另外找個寺廟。」

「當時我傷心之餘，特別看中了這個地方。」他含着淚說：「我當着師父的面，把她的信和照片統統燒掉，我以爲這樣就一了百了，想不到她始終活在我的心裏，怎樣也無法去掉！」

他這一說我心裏也格外難過，我不知道我是否流淚？但他卻對我說：

「所以那天早晨我看到你在陸游的釵頭鳳旁邊打了那麼多紅圈，我就瞭解你的心情，因爲我是過來人。」

他用手擦擦眼淚，然後又接着說：

「你批評辛稼軒的『醜奴兒』很對，我就是想超脫而未能超脫。」

「你的故事可不可以告訴我？」

「說起來很平凡，」他又擦擦眼淚：「我愛她，她也愛我，但是世俗像一堵高牆，擋在我們中間，她衝不過來，我也衝不過去，結果她不得不坐上花轎，我也只好來到這深山古寺。但是十年來我的心並沒有死！」

他又流下了眼淚，我也一陣欷歔。

我怕他問起我的故事，幸好他沒有問。他擦擦眼淚向我一笑說：

「沒有甚麼好談了，快去睡吧，天濛濛亮我又要打鐘了！」

我正準備離開，他卻又從抽屜裏拿出一本日記遞給我。他這樣推心置腹，使我又喜又驚，我謹愼地問：

「我可以看嗎？」

他笑着點點頭。

於是我迅速地返回自己的房間，把油燈移到床頭，靠在床上偎着被子翻閱他的日記。

這一夜我通宵未睡，我長夜傾聽一個孤獨的痛苦的心靈的低訴，我不像了然一樣把悟空看成一個有道高僧，我把他當作一個最親切的朋友，一個至情至性的人，我看見他在感情的漩渦裏掙扎，痛苦，悲傷，絕望，我的眼淚也一夜未乾。

他不是每天寫日記，他沒有我寫得勤，但他每一個字每一句話都下筆千斤。下面的幾段給我的印象最深。

我咬着牙讓師父用大香在頭頂上燒了九個洞，本來他只肯燒六個，但我爲了表示棄絕紅塵的決心，請求師父多燒三個，師父燒完時我也痛暈了！

師父圓寂一個月了，我感到特別寂寞和空虛。她又在我心中復活了！原先我以爲披上袈裟一了百了，誰知空山寂寂，長夜漫漫，她的形像更加活躍鮮明！我佛慈悲，請助我脫離苦海！

讀曼殊全集，淚潸潸下，這是第三次哭了！人非木石，孰能忘情？惜我無曼殊才華，既不能將胸中塊壘，化爲血淚詩文；誓約如山，又不忍遺棄師墳蕭寺。苦！

大雪封山，菜盡糧絕，我已臥床數日，幸得了然送米送菜，得以不死，苦海無邊，不知何日眞能解脫。

慧然介紹梁先生來寺讀書，稍解岑寂。梁先生之來，恰似悟空當年，所幸他塵緣未盡，無意空門，否則一蹈悟空覆轍，傷心人將更傷心也。

我剛讀完了他的日記，就聽見噹——噹——噹——的鐘聲，此刻聽來，音韻更加悠遠而淒清。

三

時間的腳步雖然像牆壁上的蝸牛，爬得很慢，但我在蕭寺居然渡過了一個漫長的冬天，白色的冬天。

廬山的冬天雖然很寂寞，很長，可是春天卻也非常優美，冰雪一融化，樹木都偷偷地換上了綠色的新裝，那份嫩綠也幾乎是別的地方看不到的，特別富有一種生命的覺醒的意味。整個冬天很少看到的鳥類，這時卻特別活潑地在枝頭跳來跳去，輕歌漫舞，甚至落在蕭寺的圍牆上，卿卿我我，恩恩愛愛。我不忍看，悟空更不敢看，他緊握着黑色的唸珠，輕輕地唸着「阿彌陀佛」。

整個的冬天我們的生活非常清苦，只有醃菜腐乳下飯，悟空和我的嘴唇都潰爛了，起了許多黃的膿疱。

山上的竹筍很多，而且又粗又嫩，我禁不起春天的誘惑，也很想吃點新鮮的竹筍，因此總是拖着悟空漫山亂跑，遇着在路邊爆出的竹筍，我就用腳一踢，撿了起來，一個竹筍就有一兩斤，够我和悟空吃一頓。悟空看我踢斷竹筍，他也會唸一聲「阿彌陀佛」。

春天，竹筍成了我們主要的菜；其次是蕨薇，伯夷叔齊在首陽山就是靠此維生。蕨薇的味道也不算壞，吃久了醃菜腐乳，它也成了無上的佳肴。

悟空經常和我在山上跑跑，他的心情好像也好些，我不懂佛學，無法和他談經說佛，因此他只好和我談談詩詞。他記的詩詞比我多，我除了愛聽樹上的鳥音之外，就愛聽他的輕誦低吟了。

一過端午，廬山又冠蓋雲集了。可是紳士淑女們的腳步也只止於黃龍寺，蕭寺還是和冬天一樣的寂寞。

一天，慧然替我轉來一份急電，是了然送來的，電報是叔父打的，說父親病危，要我立刻回家。

了然不知道電報的內容，我把電報悄悄地拿給悟空看，悟空看過之後便說：

「你應該回去了。」

「我走了你不是更寂寞嗎？」我說。

「你不應該爲我留在深山古廟，你應該回去盡孝。」悟空說。

於是我請了然替我捆好行李，我自己把書箱檢好。

臨行時悟空一定要送我到枯嶺，我不肯，他又要送我到黃龍寺，我仍然不答應，最後只讓他送到上山的路口，我就逼着他回去，他還是堅持要繼續送，我只好這樣說：

「除非你和我一道下山，否則不必送了。」

他聽了一楞，馬上停住腳步，廢然一嘆：

「我應該死在蕭寺，不能下山。」

我看他那凄然欲絕的樣子，心裏非常難過，便安慰他說：

「冬天以前，我會再上山來。」

「不！」他用力搖頭：「你不應該再上山來。我們雖然是一樣的心情，但我希望是兩種結果。」

於是我只好伸出手來和他告別，但他卻不和我握手，雙掌當胸一合，眼淚卻像他頸上的唸珠一樣一顆顆滑落。我連忙轉身，了然挑着行李已經走了很遠，我回頭向悟空揮揮手，跑步趕上了然。

「梁先生，你眞怪！」了然聽我的腳步趕了上來，馬上回過頭來向我一笑：「廬山是夏天最舒服，冬天最苦。去年別人都下山了，你卻上山過冬；現在別人上山歇伏，你又趕着下去。我眞不懂！」

「了然，你不懂最好。」我向他苦笑。

他也望着我茫然一笑，隨後又突然問我：

「你看見穿紅短襖的妖精沒有？」

我搖搖頭。在山上這麼多日子，只有一天晚上我像被甚麼東西從腳上爬上來，壓在我的胸口，使我動彈不得，呼吸困難，喊也喊不出來，非常痛苦，直到天亮，才如釋千斤重擔，但已一身汗濕。至於屋頂上，樓下的奇異響聲，卻時常聽見，起初眞有點害怕，慢慢地也就習慣了。但這些情形我不想講給了然聽。

了然看我搖頭，起先有點奇怪。過後又十分欽敬地說：

「梁先生，悟空是道行高，所以穿紅短襖的妖精不敢在他面前現身；我看你也是陽氣足，所以她也不敢出來。」

「我看你是心裏想女人，妖精才會出現。」我開玩笑地說。

了然臉一紅，馬上回過頭去。然後又十分慚愧地對我說：

「梁先生，不瞞你說，我沒有悟空那樣的道行，他在蕭寺一住十年，從來不想女人，我辦不到，所以我才會看見妖精。」

「你應該好好地修行。」我鼓勵他。

「梁先生，我坦白告訴你，如果我過了二十歲，不家破人亡，我就下山去。」

「爲甚麼？」

「算命的說，我滿了二十歲如果不家破人亡，就算過了關，當過了和尚還可以成家哩！」

「誰肯嫁你？」我聽了他的話，再看看他頭上的疤，不禁一笑。

「我表妹還在等我，她說一直要等我過了二十歲。」了然天眞地說。

這時忽然傳來噹——噹——噹——的鐘聲，這是悟空打的，聲音特別悠遠而淒清，彷彿悟空自己的心聲。了然聽了既慚愧而又欽敬地說：

「唉！我不行，悟空才會成正果。」

「阿彌陀佛！」我輕輕地嘆口氣。

誘惑

一

王太太和王先生睡到半夜三更突然吵了起來，隔壁的江先生和江太太在酣睡中被他們吵醒，心裏多少有點不愉快，但江先生是個生性詼諧的人，卽使遇着天大的事，仍然不失其幽默，他聽見王先生和王太太吵吵鬧鬧，就笑着對太太說：

「半夜三更吵什麼？只要王太太將就一點，天大的事不也就了啦？」

江太太在江先生的大腿上擰了一把，笑着罵他：

「人家吵架，你還窮開心！」

「太太，就是因爲太窮，不開心就吵架了。」江先生嘻皮笑臉的說。

「眞是貧賤夫妻百事哀，他們要是環境好一點，也不會半夜三更都在吵。」江太太說。

「孩子已經生了三四個，年紀也一大把，還吵什麼？」江先生說。

「這也難怪人家王太太，王先生那麽要死不活的，油鹽柴米百事不管，白天睡覺，晚上又不安份，你說怎麼不煩？」江太太同情地說。

「王太太也實在想不開，船到橋頭自然直，一夜夫妻百日恩，人又活不到幾百歲，還吵個什麼勁？」

「你說得倒輕鬆痛快，如果天天愁油鹽柴米，那日子也不好過。」江太太說着又翻一個身。

「現在他們不愁油鹽柴米了。」江先生也跟着翻一個身。

「可是買菜要錢，孩子上學要錢，水電要錢，坐公共汽車要錢，那一樣不要錢？光是那幾粒米就活得下去嗎？」江太太流水似地說。

「好了，好了，我的好太太，你怎麼也向我訴起苦來？」江先生見風轉舵。

「我不向你訴苦還向誰訴？」江太太白了他一眼。

「好了，別訴苦了，我們還是苦中作樂吧？」江先生說着在江太太臉上吻了一下。

江太太用食指在江先生臉上戳了一記，嬌嗔地：

「如果你也和王先生一樣，我不和你離婚才怪！」

「喲！我的好太太，妳千萬別和我離婚，妳要和我離婚我就會哭啦。」江先生一把摟住了江太太。

「好不害臊！」江太太笑着罵他。

「這種窮日子我實在過厭了，拿錢來！讓我走！」隔壁王太太大聲地吼叫。

「怎麼？他們認了眞啦。」江先生也嚴肅起來，不再嘻笑。

「可不是？」江太太接着說：「王太太最近的神情就老大不愉快。」

王太太又叫了起來，王先生卻有一句沒一句地回答，沒有一點勁，完全不像一個男人。

「妳去勸勸王太太，叫她不要吵好了。」江先生對太太說。

「他們半夜三更吵架，我怎麼好去勸？」江太太有點遲疑。

「老鄰居有什麼關係？」江先生說：「如果妳不去勸一勸，王太太不會落蓬的。」

「你也該去勸勸王先生，要他振作一點，一個男子漢，老是躲在房裏睡覺，也不成話。」江太太說。

「明天我再勸老王，你先去勸勸王太太，叫她忍耐忍耐，天大的事，明天再說罷。」江先生在推江太太了。

江太太無可奈何地爬了起來，穿好衣服，打開後門，再打開籬笆門，走到王太太的後院，王太太的竹籬笆早就垮了，王先生不修整，王太太也不問事，所以江太太很容易走了進去，她走到王太太的後門口，把門叫開，是王太太自己開的。

江太太安慰了王太太一番，然後又貶了王先生幾句，王太太的火氣才漸漸平息下來。

「一個男子漢大丈夫，家裏的事一概不過問，外面的人情世故也一概不管，班也不上，成天躺在床上睡覺，飯弄熟了就吃，還香煙不離手，弄了五毛錢都要去買太白酒喝，江太太，妳說這成什麼話？」王太太向江太太數落着，其實這些話她們私下不知道說過多少次？這次不過是故意當着江太太的面說給丈夫聽罷了。

「我說王先生這就是你的不是了！女人天大的本領痾尿也過不了籬笆，你們男子漢應該處處上前，撐起這個家才是，你怎麼好成天縮在屋裏，讓太太乾着急？」江太太替王太太幫腔。

王先生低着頭不作聲，他的頭髮又長又亂，眼睛瞇着沒有一點神，他靠着床頭一口一口地吸着新樂園，吸得倒挺起勁，手指完全薰黃了，被面上也被煙灰燒了許多小窟窿，身上的汗衫穿成黑色，看起來實在窩囊。

江太太看見王先生沒有作聲，王太太也不便在她面前大叫，她就退了出來，王太太送她來到後院，一路還不斷地訴說：

「我眞的希望他早點死，他死了我還有人同情，這樣不死不活才叫坑人！」

「王太太，妳也應該好好地勸勸他，要他振作起來。」江太太又勸王太太。

「他是生成的牛皮糖，扶也扶不起來，再勸也沒有用。」王太太說。

「想不到王先生會是這樣的人？」江太太也嘆了一口氣。

「當初我眞是瞎了眼睛！」王太太自怨自艾地說。

「半夜三更你們怎麼突然吵了起來？」江太太奇怪地問。

「他白天睡足了，晚上不安份，見了就討厭，我才不理他那個死人！」王太太憎惡地說。

江太太抿着嘴一笑，匆匆地走了回去。

二

王太太今年三十六歲，結婚十年，她之所以遲到二十六歲才和王先生結婚，完全是鄭重選擇的後果，以前也有人追求過她，她總覺得不大理想，最後遇着了王先生，想不到兩人一拍卽合，其實王先生一點也不英俊，一直窩窩囊囊，穿衣服也穿不像樣，但是他歡喜講話，講起話來又是輕聲細語，未言先笑，她很欣賞他這一套；另外最欣賞的是他的專門技術，他是在上海一間著名大學裏學工程的，不愁沒有職業，因此認識不到三個月，她就嫁了他，對於他的一些缺點她都能曲諒，「他是學工程的，技術人員就是這個樣子。」她當時這樣想。

可是結婚以後，兩人漸漸不相投，老王和她母親處不好，因爲老王個性孤僻又不通人情世故，所以她母親說他是神經病，彼此情感很惡劣。分居以後，王太太對老王也漸感不耐，她在厨房弄一盤菜出來他就吃一盤，一點也不剩留，尤其是好菜，因此王太太把菜弄完，最後來吃飯時，也只能吃到末了那一道菜，卽使是末了一道菜，老王仍然大把大把地往嘴裏乂，他吃飽了，王太太卻常常吃白飯。

另外他又歡喜躺在床上抽煙，結婚的新棉被燒得盡是窟窿，早晨又賴在床上不起來，別人上班了，他還在擁被高臥。至於和長官同事之間的人緣，那更差勁，在任何一個單位，都是鬧得不愉快才走。所以這些年來，在事業上他毫無發展，在生活上更無法改善；最近半年來簡直弄得不能上班，因爲長官同事對他都很冷淡，在辦公室裏坐不住，但他是老人，上面才沒硬性把他革職，希望他自動離開，可是他卻賴着不走，沒有一星半點大丈夫的氣概。

起初，王太太還在外面做事，後來孩子多了，她就不再做事，現在雖然想找事，另尋出路，可是一下子又找不着，兩人都挺在家裏，越看越不是那回事，往往整天也不交談一句。

王太太年輕時長得倒很不錯，誰都認爲比老王强，現在發福了，面目依舊，腰卻和水桶一般粗，走起路來像鴨子似的搖搖擺擺，孩子一拖，又不打扮，看起來也不免有點擸塌相。家裏也弄得很髒。

自從那天晚上和老王吵架以後，她更不願在家裏躭，不是抱着小女兒在江太太家裏閑坐，就是出去打牌，因爲打牌的關係，使她的心情更加亂了。

她的牌搭子當中，那三個都是離過婚再結婚的太太，年齡都和她差不多，可是現在的生活都很舒服，比第一次結婚時强得多，既不愁吃，又不愁喝，無事時打打小牌消遣，非常愜意。先生還對她們百依百順，就是年齡大了一點，但是她們對這一點並不介意。

「妳爲什麽不離婚？還和他過那種窮日子？」坐在她對面的張太太說：「這樣一輩

子也別想出頭。」

「我要不是把心一橫，和那個不爭氣的死鬼離婚，現在還不是和妳一樣？」坐在她上手的徐太太接着說。

「妳看黃太太現在多好？兩口子無牽無掛，吃了飯看看電影，打打小牌。」張太太指着坐在王太太下手的黃太太說。黃太太是個大胖子，頭很小，像個圓錐體，一直粗下來，屁股卻比王太太的還大，年齡也比王太太大兩歲，以前生了四個孩子，大的有十七八歲，但她前年還是離了婚，嫁了現在的黃先生，兩人還像小兩口子一般親熱。

「我對小女兒還放不下心，她今年才兩歲。」王太太說。

「有什麼放不下心？屁股一拍不就走了。」張太太輕鬆地說。

「現在離婚是家常便飯，合則留，不合則去，有什麼了不得？」徐太太接着說。

「現在單身漢多的是，離了婚揀有錢的嫁，保妳下半輩子過得舒舒服服。」黃太太碰了一張紅中說。

「第一次我瞎了眼，第二次又怕碰不到如意的。」王太太審愼地說。

「妳現在又不是十七八歲的黃花閨女，什麼如意不如意？」張太太馬上接腔：「我告訴妳：錢第一，人第二，其他是假的。

「張太太的話很對，像我們這樣的年齡，就是圖一點享受，餓着肚皮抱着小白臉那又有什麼意思？」徐太太也發揮她的妙論。

「我們都是過來人，老頭子不一定比年青人差勁，有錢什麼都行。」黃太太說。

張太太和徐太太會心地一笑，同時催促黃太太打牌。

「我們這種年齡最尷尬，眞的是不上不下。」王太太有點躊躇地說。

「卽使四十歲的嫁不到，五十歲的可決無問題，妳放一百二十個心。」張太太說。

「年紀大的多半有兒有女。」王太太說。

「那倒不一定。」徐太太搖了搖頭：「有很多是大陸來的老光棍。」

張太太和黃太太都微微一笑。

「卽使在臺灣沒有，在大陸可說不定？」王太太說。

「哎！現在誰還管大陸的事情？」張太太懶洋洋地。

「這也不能不考慮。」王太太小心地打出了一張一萬。

「只要妳有決心離婚，一切包在我身上好了！」張太太向王太太拍拍胸脯。

「人家還是有情有義的，妳何必拆散人家美滿的婚姻？」黃太太故意用激將法。

「是她先談起的，又不是我把差事硬往自己身上拉？我完全是一番好意，希望她抓住下半輩子，免得受這種窮罪。」張太太委屈地說。

「妳別說溜了嘴，我們還不是窮過來的？」徐太太機伶得很，怕王太太難堪，馬上打個圓場。

「說眞的，王太太，」黃太太接着說：「妳如果準備窩窩囊囊苦一輩子，就別三心二意；如果想翻一個身，過幾天好日子，那還是趁早，我們女人一過了四十，就變成了老太婆，抬不起價啦。」

黃太太的話比張太太徐太太的都有份量，她說得好像稀鬆平常，可是句句打進了王太太的心坎，王太太望了她兩眼，嘆了一口氣。她想自己雖然沒有張太太漂亮，徐太太窈窕，可是比黃太太總比得上，黃太太現在過着神仙般的生活，她先生簡直把她當作寶貝，不但不讓她幹活，吃過晚飯後還手牽手地散步，羨煞多少結髮夫妻？她爲什麼沒有這種福氣？想着想着，她竟打錯了一張牌，拆掉了一付雙龍抱柱，心裏懊惱得不得了。

這場牌直到晚上十二點多鐘才散，王太太輸了一個禮拜的菜錢，心裏很不愉快，回來又和老王吵了一架。江太太這次沒有起來勸解。

三

「人家黃太太多愜意？無憂無慮，無牽無掛。」王太太對江太太說。

「她現在愜意，將來老了，那就難說。」江太太含蓄地說。

「有錢萬事足，老了還怕沒有人服侍？」王太太滿不在乎地。

「昨天晚上妳怎麼又和王先生吵嘴？」江太太問她。

「看見他那副死相我就生氣。」王太太氣鼓鼓地說。

「他今天上班沒有？」江太太問。

「還不是在家裏挺屍！」王太太咒了一句。

「老是這樣下去也不是辦法？」江太太躭心地說。

「他就是這樣沒有出息！」王太太憤憤地：「既同人家搞得不好，又不乾脆辭職，躺在家裏拖死狗，有什麼意思？」

「他是技術人員，應該到處都受歡迎？」江太太說。

「他只會吹牛，前幾年就說人家請他去石門水庫，去到現在還在家裏挺屍！」王太太又抱怨起來。

「現在找工作也眞不容易。」江太太[redacted]地說。

「那就好好地安份守己，不要老是和別人鬧彆扭，拖着老婆兒女受罪。」[redacted]王太太說。怨[redacted]調。

「我也要我先生勸過他，可是他就是打不起精神來。」江太太笑[redacted]說。

「你江先生白天忙着上班，晚上還要出去兼課，有那一個男人像我那個該死的[redacted]樣子？」

「他不是也兼過課嗎？」

「說起來都氣人！」王太太重重地嘆了一口氣：「他兼了三天課，有一次遲到，還有一次忘記了去，人家還不請他走路？」

江太太聽了一笑，隨後又說：

「眞是，他這人怎麽這樣馬虎？」

「他眞是扶不起的劉阿斗，我也死了這條心，我們還是各走各的路。」王太太堅決地說。

「也不必想得這麼絕，也許還有別的法子？」江太太勸她。

她們兩人還沒有說出什麼法子來，張太太家裏的下女就來找王太太打牌，王太太高興地隨着下女一道去了。

來到張太太家裏，牌桌已經擺好，黃太太也來了，只有徐太太沒有來，卻來了一個男客，看上去還不到五十歲，張太太介紹給她，說是什麼朱經理。

他們四個人打了起來，朱經理坐在王太太的上手，王太太今天的手風很順，第一牌就和了一個滿貫，以後朱經理又放了不少張牌給她，有很多都是三七張子，頭四圈下來，王太太就贏了兩百多塊。

第二個四圈開始，張太太和黃太太換了一個座位，她和朱經理不動，她的手風仍然很順，上張得快，吃得也多，朱經理一直都沒有扣牌，最奇怪的是他還包了她一個雙龍抱柱，本來是一個絕張，沒有希望，想不到他居然打了下來。

這天她一個人大贏，張太太和黃太太也贏了一點，朱經理一個人輸，輸了一千多，毫無吝色。

王太太贏了錢自然高興，這次半夜回來不但沒有吵架，反而興奮得睡不着覺，一是贏了老王一個多月的薪水，二是她對朱經理的印象頗爲深刻。

朱經理看來不到五十歲，身體很好，滿面紅光，手頭濶綽，頗有紳士氣派，比起老王那要死不活的樣子不知道要强多少倍？今天張太太約他來打牌不知道是什麼意思？她是興奮得睡不着覺，老王是白天睡足了晚上也睡不着覺，他們兩人都是醒着的，但沒有講一句話，老王躺在床上抽煙，咳咳卡卡，四十來歲的人，聽來卻像六七十歲的老頭子。

老王不敢禁止太太打牌，他每月幾百塊錢的薪水就是全部交給她也不够開支，何況還要除下他的香煙錢？但是他把那點錢交給太太之後就一概不過問，够也罷，不够也罷，好像他沒有一點責任。王太太輸了錢自然不讓他知道，贏了錢也一個不給他，今天她贏了這筆錢，自然可以輕鬆一下，又可以添購雙把鞋襪。

第二個禮拜天，張太太又打發下女來找她打牌，她自然去了，而且又有朱經理，她又贏了錢。

朱經理走後，張太太把她拉到房裏悄悄地問她：

「妳看朱經理怎樣？」

「人倒不壞。」王太太說。

「妳猜他有多大年紀？」張太太笑着問她。

「這倒猜不出來？」王太太故意搖搖頭說。

「他今年才四十七，」張太太一笑說：「身體好得很。」

「兩次打牌都是他輸我贏，不好意思？」王太太笑着說。

「這點錢在他眞是九牛一毛，」張太太淡淡地一笑，然後又故意壓低聲音對着王太太的耳朵說：「他有的是房產地皮，吃不了，用不盡，他還在乎這幾個錢？」

張太太說完以後又哈哈一笑，過了一會又問王太太：

「妳先生最近怎樣？」

「還不是那樣要死不活！」王太太微慍地說。

「我說呀，這種男人眞沒有出息，還不如乾脆離了痛快，免得跟着他活受罪。」張太太拖聲拖氣地說。

「想來想去，還不是幾個孩子拖累了我？」王太太嘆了口氣。

「孩子給他好了，妳還怕不能再生？」張太太爽快地說。

「孩子總是我身上落下來的肉，心裏總有點不忍？」王太太皺着眉頭。

「我和徐太太還不是有孩子？」張太太搶着說：「人家黃太太生了四個呢，她還不是丟下了！妳看她現在多好？」

王太太沒有作聲，她們三個人的事，她是親眼目擊的，個個都比以前好，一點不假。

張太太看王太太不作聲，又神彩飛揚地說：

「朱經理對妳的印象很好。」

「妳怎麼知道？」王太太馬上問她。

「他任何事都不瞞我，」張太太賣弄地說：「尤其是婚姻的事，他老早就拜托我了。」

「他還沒有結婚？」王太太緊接着問。

「他太太死了，打了好幾年的光棍。」張太太微微的嘆口氣。

「孩子呢？」王太太又問。

「就是沒有孩子。」張太太把兩手一攤。

「我不相信。」王太太故意搖搖頭。

「我還騙妳？」張太太向她一笑，做出十分親熱的樣子：「妳不信妳自己調查好了！」

「該死！我怎麼好去調查？」王太太笑着罵張太太。

「我覺得你們倒是很好的一對呢！」張太太格格地笑了起來，笑得渾身微微顫抖。

四

張太太陪着王太太和朱經理一道看電影，喝咖啡，上館子，一切開支都由朱經理掏腰包，朱經理用錢非常豪爽大方，她和老王結婚十年，老王也沒有化過這麼多錢。一天他們三人吃過晚飯之後，朱經理又帶她們去逛百貨公司，委託行，朱經理買了一件上好的大衣，一隻漂亮的皮包送給王太太，另外還給張太太一份禮物，又叫了一部計程車送她們回家，她們兩人心裏都很高興。

「我說朱經理對妳不壞吧？」回來時張太太在王太太面前邀功地說。

「要他化這麼多錢，我心裏實在過意不去。」王太太說。

「他有錢，這算不了什麼，」張太太淡淡地一笑：「男人就是這樣奇怪，如果他看中了妳，心都肯掏出來，如果他看不中妳，一個子兒也別想他化。」

「他知不知道我的情形？」王太太有點躭心地問，因爲她不是黃花閨女，而且還有丈夫。

「我跟他講過了，他不在乎，」張太太在王太太耳邊說：「現在的男人不像從前，不管什麼閨女不閨女，這對我們女人是一個很大的方便。」

王太太的臉微微一紅，張太太卻滿不在乎。

「在臺灣，我們女人變成了天之驕子，瞎子跛子都有人要。」張太太得意地說。

「未必吧？」王太太保守地說。

「未必？」張太太把眼睛一翻：「內地的光棍有多少？老的少的大把把抓，最尷尬的還是四十多歲的中年光棍，高不成，低不就，老太婆他不要，黃花閨女不嫁他，所以我們這些二路貨還非常俏。」

張太太說得王太太也微微一笑，張太太看了很得意，又接着說下去：

「現在時代不同，我們女人也水漲船高，從前男人要我們女人三從四德，現在我們女人要他們作烏龜，他們也只得睜一隻眼，閉一隻眼，如果他們不高興，老娘可以拍拍屁股走路，仍然有人伸着雙手歡迎。」

王太太從來沒有聽見張太太講過這種話，因此睜大眼睛望着她。

「妳望着我幹什麼？」張太太也望着王太太說：「男人就是這麼一回事，我們爲什麼不趁機抬高身價，享受享受？所以妳陪着妳那位寶貝丈夫吃苦，實在划不來。」

王太太不作聲，她在體會張太太的話，她和老王結婚十年，老王就沒有替她買過一件大衣，以前住在南部，他總推說氣候暖用不着，還來北部又三四年了，他更提都不提，現在只是成天睡覺死活不管，想想心裏就有氣，這種人為什麽還要和他守在一起？

「妳看這件事我究竟應該怎麽辦？」王太太抬起頭來請教張太太。

「明天我再和朱經理商量商量。」張太太說。

五

王太太和朱經理滿面春風地從旅社裏走了出來，就跳上[redacted]計程車，駛回家來。

她不在自己家門口下車，在一個黑暗的巷口悄悄地下來，然後走了回去。

一走回家就看見小女兒在哭，眼淚鼻涕糊了一臉，老王不管，拉長着臉悶在床頭抽煙，看見太太神彩飛揚地回來，心裏就氣。

「妳究竟到那裏去了？老是半夜三更跑回來？」老王鼓着氣問太太。

「你管不着！」王太太冷冷地回答。

「我怎麼管不着？」老王微微地坐了起來，瞪着眼睛問：「我也要做人，我也要面子。」

「你還要面子？還要做人？你那裏有點人氣？」王太太望着丈夫冷笑。

兩人你一句我一句又吵了起來，越吵越兇，王太太大聲地警告丈夫說：

「識相點！你少管我的閒事，看不順眼就拉到，我們各走各的路。」

「妳往那裏走？」老王問她。

「你管不着！」王太太大聲地回答：「我愛往那裏走就往那裏走。」

隔壁的江太太聽見他們越吵越兇，連忙趕了過來勸架，她勸勸王太太，又勸勸老王，老王很快地就偃旗息鼓了，王太太卻向江太太訴說：

「江太太，這個家我實在躭不住了，他有本事另外討一個，我要走我的路。」

「王太太，老夫老妻，何必說這些氣話？」江太太笑笑。

「江太太，這不是氣話，我已經想透了。」王太太說。

「妳走了這些孩子怎麼辦？」江太太笑着問她。

「我做老媽子已經做了十年，他再去請個老媽子好了！」王太太氣鼓鼓地說。

「我還不是和妳一樣做老媽子？我還打算做下去呢。」江太太風趣地說。

「我怎麼能比妳？妳江先生日也做，夜也做，他一心顧家，妳窮也窮得快活，我有誰照顧？我有什麼指望？」王太太傷心地落下淚來。

「算了，算了，孩子大了就可以享福了。」江太太說。

「哼！那還早得很，我還是走我的路。」王太太把心一橫說。

江太太不便再勸，搭訕着退了出來。

這天夜晚王太太睡得很晏，第二天起得也很晏，起來以後她要大女兒去江太太家借份日報看，她最喜歡看社會新聞，可是看到今天的社會新聞她卻呆住了。因爲朱經理先後盜用公款三四十萬，已於昨天深夜被捕偵辦。

她急急忙忙跑到張太太家裏，一看見張太太就抓住她焦慮地問：

「怎麼辦？」

「妳急什麼？又沒有妳的事，反正妳不落空，一件大衣就抵兩三千呢？」

王太太怔怔地望着張太太，簡直哭笑不得。

隱情

一

吳梅英一踏上巴士，就發現他坐在中間。客人並不太多，還有不少空位子，一種奇怪的感情卻使她擠在他的旁邊坐下。客人漸上漸多，他被迫一再退讓，他們兩人眞的有點擠了。

她的心在微微地跳，她有一種隱藏的興奮和喜悅，她一直希望和他接近，今天總算如願以償了。她眞希望還有一個客人在他旁邊擠一下，或是在自己旁邊擠一下，這樣他們就更接近了。

他們是熟人，不知道見過多少次面，同過多少次車，可是從來沒有講過一句話。她每次見到他，心裏就有點跳，全身都不自在，這眞有點奇怪，她幾次想和他講話，叫他一聲「王先生」，可是他是那麼沉默，使她不敢輕於啓齒。她曾不少次在路上碰見他，借機會看他一眼，他也偶然看她一眼，他的眼光是那麼柔和，十分可親，可就是不講話！

他們同住在一條巷子裏面，自她搬進那條巷子以來，已經三四年了。

她第一次見到他，就覺得他和別的男人不同，特別富有一種吸引人的力量，不是那種粗獷的男性魅力，也不是那種小白臉型，更不是那類騷男人的邪勁，而是一種溫文、智慧、成熟、健康，綜合起來的一種特殊風度。自然他也十分端正，相當英俊，比自己的丈夫最少要強一倍。

半年前她找到工作之後，他們幾乎每天都在公共汽車上相遇，他們雖然不同在一個機關作事，但上下班時間相同，路線相同，彷彿約好了似的，都趕上那十五分鐘一班的車子。但他從來沒有講一句話！

她自信她長得並不難看，他也不討厭她，但他爲什麼不和自己講話呢？是不知道她的姓名嗎？她有什麼辦法告訴他呢？這是多麼難於啓齒的事呀！

車子駛過鐵道，重重地一頓，他們的手臂自然磨擦了一下，她有一種觸電的感覺，她側過頭偷偷地看了她一眼，他兩眼望着前面，她眞希望他回看一眼。可是當他轉過頭來向她這邊探望時，她又不敢正眼看他，也借故向窗外望望，彷彿窗外出了什麼車禍。

車子駛出街口，轉入大馬路時，一輛紅色的計程車像頭野馬，横衝過來，巴士司機猛一刹車，他向她身上猛衝一下，隨後她又向他身上猛衝過來，有些站着的人已經跌倒，她故意罵聲計程車司機「該死」！又偷覷他一眼，他只淡然一笑，像沒有發生過什麼事一樣。

「眞瘟！」她心裏有點生氣，低頭玩弄提包，又忍不住看看他放在大腿上的手，她覺得他的手很淸秀，不像一般男人的手那麼粗糙。

「這一定是畫畫的手，寫文章的手？」她心裏這樣想，又瞄了他一眼，他嘴角仍然掛着一絲微笑，臉上是那麼平靜柔和。

他們靠得很緊，然而他不像別的男人故意把身體壓過來。擠公共汽車她常常遭遇那種情形，卽使自己退縮，對方還是得寸進尺。但是他不是那樣，他毫無故意壓過來的意思，甚至小心地保持距離。她眞希望他像別的男人一樣，壓迫過來，她決不退縮。但是他的身子坐得那麼正直，一點不歪歪倒倒。

「眞有點古板！」她心裏這樣想，又不禁好笑。看樣子他不是一個僵頭僵腦的人，怎麼又這樣拘謹？

車到站時，他們同時起立，他讓她走在前面。她覺得車子開得太快，要是在平交道上遇着了火車，多等一下多好？

下車以後，她裝着掉了一件什麼東西似的故意回頭望了一眼，恰好和他的眼光相遇，他微笑地望着她，彷彿在欣賞什麼？不像別的男人那麼貪看，看得她心裏有點害怕，彷彿一口要把她吞下。不過她倒寧願他那樣看她，但他竟適可而止，卻餘味無窮。

她走在他的前面，把穿着洋裝的身體保持筆直，高跟鞋有韻律地踏在水泥地上，清脆、響亮。她知道他在後面看她，故意走得不徐不急，使自己的姿勢儘量從容、優雅。

他住在巷子中間，她住在巷底。她走到自己門口朝這邊一望，他已經進屋，她感到有點莫明其妙的悵惘、空虛。

她一進門，四歲的大女兒就抱着她的腿，她低着頭吻女兒一下，又把女兒輕輕推開：

「乖，走開一點，不要弄髒了媽媽的衣服。」

女兒眞的走開。

她把提包放在桌上，走向衣櫥，在大鏡子面前端詳了自己一陣，正面，側面，反面，看了又看，再走幾步，然後對着鏡子自思自想：

「我老了嗎？我今年才二十七呀！……」

她下意識地用手按按小腹，捏捏腰，她感到有點迷惘。其實她的腰還是很細。

當她發現自己唇紅齒白，臉色仍然十分白嫩，沒有一絲皺紋，而且帶點蘋果色，她又得意地一笑，她頭腦裏跳躍着許多美麗的幻像，其中有一個是特別吸引她的中年男人的身影。

二

她換好家常便服。藍襯衣，寬腰緊身黑運動短褲，腰顯得很細，不像是曾經生育過的，在家時她就歡喜這身打扮，輕巧，方便，舒適。高跟鞋自然也脫掉了，換上翠綠色的塑膠拖鞋。她的頭髮本來是梳成赫本型的，這樣綜合起來，還像一位少女。

下女已經將飯菜擺在桌上，四歲的女兒和兩歲的兒子早就坐在桌邊，等她吃飯。一張小方桌，四人剛好各據一方。男主人是個遠洋商船的海員，出去半年了，這時可能正航行在大西洋上。

他們的伙食是蓬萊米飯，四菜一湯，菜的份量不多，都是小盤子，而且總不超過一樣葷菜，不是魚就是素肉炒什麼的。這並非表示她捨不得化錢，而是怕吃多了脂肪發胖。她的腰身之所以還很窈窕，一方面是天生的好身材，一方面是注意飲食的結果。

她吃了兩碗飯就不再吃，她決不讓自己吃得太飽，她寧可晚上睡覺時再吃點麵食。

飯後她休息了一會再替兩個孩子洗澡，替他們穿得乾乾淨淨，再自己洗澡。浴後一身素淨，連口紅也洗掉了，她不再打扮，只在身上擦點痱子粉，洒幾滴香水。

她習慣地把籐椅搬到院子裏乘涼，在桌上的檯燈照射下看看晚報。看晚報像喝杯咖啡、洗次淋浴一般輕鬆。

下女阿雪忙完家事，洗過澡後，也在院子裏陪她坐坐，談談張家的鷄飛過了牆，李家的貓偷了魚，王家的狗咬了人，這些鷄毛蒜皮的瑣事。阿雪和她處得很好，因爲她家人口簡單，事少，她上班之後阿雪就是一家之主。再則她脾氣好，寬厚，兩人年齡又差不多，談得來。

兩個孩子很聽話，大的靠在阿雪身上，小的躺在她的懷裏，他們的小嘴也夾在中間唧唧哇哇。小的要她數天上的星星，大的要她講故事。她便把星星和故事連在一起，她指着銀河兩邊的牛郎織女星，對他們說：

「蓓蓓，小弟，我教你們認識兩顆星，喏，西邊的那顆是牛郎，東邊的那顆是織女，他們一年才能相會一次。」

「他們爲什麼不天天見面？」女兒大些，她常常會問些奇怪的問題。

「他們隔了一條天河。」她說。

「那他們一年怎麼又能會一次？」她跑到母親身邊來問。

「因爲七七那天，喜鵲駕了一座橋。」她低着頭告訴女兒。

「媽，現在那上面有沒有橋？」蓓蓓指指天河問。

「沒有，」她搖搖頭：「橋折掉了。」

「誰要折掉那座橋？」

「王母娘娘。」

「王母娘娘是誰？」

「王母娘娘就是王母娘娘。」她知道這個答覆不能使女兒滿意，她自己也忍不住笑了。

「王母娘娘好壞！」蓓蓓翹起小嘴。

「蓓蓓，妳還不懂這些事，不要亂講。」她摸摸女兒的頭。

「媽，爸爸什麼時候囘來？」蓓蓓忽然轉變了話題。

「大概還要半年？」她捉摸地說。

「怎麼要那樣久？」蓓蓓提高了聲音，好像有點不耐。

「爸爸飄洋過海，路遠得很。」

「爸爸現在在什麼地方？」

「媽也不知道？」她苦笑地搖搖頭。

「奇怪，先生怎麼一個多月沒有信來？」阿雪揷進一句。

「這次他從倫敦到紐約，要走好久。」他從馬賽發出的那封信就提到了這次的航程，那封信以後就沒有再接到他的信。

「媽，爸爸下次回來會不會帶飛機、火車給我玩？」

「會。」她點點頭。

「媽，會不會帶糖果給我吃？」

「會。」她吻吻他的小臉。

兒子高興得拍拍手，無腔無調地唱了起來，唱了一會兒就像一個稀軟的麵粉糰子似地睡着了。

她把他抱進房，放在小床上，掛好蚊帳，讓他安靜地睡眠。

阿雪也帶着蓓蓓去睡，蓓蓓和阿雪同睡快一年了。

她輕輕地關上房門，把檯燈移到床頭邊，把兩隻枕頭疊在一塊，躺下去隨手取了一本武俠小說。她床頭擺了很多武俠小說，和廉價的「文藝小說」堆了一尺多高；這些書取代了她丈夫那個位置。

她每天睡覺前一定要躺在床上看一兩個鐘頭，看得迷迷糊糊自然入睡，不然上床後準睡不着覺。

今天晚上她看了兩本武俠還是毫無睡意，她伸手拉開抽屜，取出丈夫從馬賽發出的那封信看了一遍，又生氣而失望地往抽屜一塞，喃喃自語：

「眞是會少離多，守活寡！」

那天天見面的王先生的影子又在她面前出現，她覺得他的面型比丈夫的要熟悉得多，他在她面前一點點擴大，擴大……她突然雙身一伸，向他擁抱卻什麼也沒有抱着。她一翻身，把臉埋在枕上，兩手抓着枕角。

三

她起得很早，丈夫離家後幾乎每天如此。

吃過早點以後她才化粧，不過她不愛畫眉毛，也不搽脂粉，只塗塗玫瑰色的唇膏。

頭髮短隨便梳梳就好了。

換好了黃襯衫，灰裙子，白高跟鞋，提着白皮包，嫋嫋地走了出來。

上下班的時候公共汽車特別擁擠，她一走出巷口，就看見停車站擠滿了人，他也在那裏排隊。

她一望見他，心就卜卜跳，想起昨天晚上那個幻像和自己的舉動，她覺得臉有點發熱。

他無意中一回頭，他們的眼光不期而遇，她不自覺地把頭一低，不知道什麼緣故，她想看他又有點怕，這和以前的情形有點不同，她以爲他知道了她的秘密。

走上安全島，他排好隊，她和他之間隔着三個人，她一反常態，裝作神聖不可侵犯的樣子，好像根本沒有他這麼個人似的。

車子一到，大家都搶着上車，雖然排了隊，人一多，事到臨頭也就顧不了秩序，一個人亂，大家就跟着亂擠。

他沒有擠，而且退後一步，讓她上去，她一上車，車掌就把門用力一關，把他關在門外，他只好等下一班車。

車子開動，她迅速地回過頭來望他一眼，他一點也不生氣，若無其事地安靜地站在那裏。

「如果他不讓我，應該是我站在那裏。」她這樣想。

「他的心腸很好，修養也眞到家。」她兩眼直盯着他。她想，車子開遠了，他不會發現自己兩隻眼睛的。

上班時她有點心神不定，她一直想着昨天晚上的幻像和剛才的事。梁主任交來一封信給她，她看了一遍，沒有什麼生字，立刻把打字機拉開，的的答答地打起來，打完以後又匆匆看過一遍再送給梁主任，回到自己的位子。沒有多久，梁主任又把她找去，將信擲還她，望望她說。

「吳小姐，妳打錯了好幾個字，妳好像有什麼心事？」

她的臉微微一紅，一聲不響地拿回來重打。好在字數不多，幾分鐘就打完了，她仔細核對了兩遍，連一個C字字母不大清楚她都用原子筆塡寫出來，然後再送給梁主任。過了很久梁主任沒有再找她，她這才鬆了一口氣，但再也不敢胡思亂想了。

中午下班時她沒有碰見他，她兩眼在車上搜索了幾遍，都不見他的踪影，她有點失望。奇怪，一次不見他，她就好像失落了什麼似的。

下午上班又沒有看見他，她想他大概沒有回家？故意多等一班車，仍然不見他的踪影。

四點多鐘，下了一陣大雨。好久沒有下雨大家非常高興，夏日的炎威殺去不少，這陣雨只間歇了一二十分鐘，又繼續下了起來，一直下個不停。

下班前她託工友買了一件尼龍雨衣，臨時用用。匆匆趕到巴士站時，剛好有一輛巴士開到，她立刻跳了上去，車上客人很少，她在沒有人坐的一邊坐下，隨後又有一個客人跳了上來，她一看，不是別人，正是他。

他在離她兩三尺遠的坐墊上坐下，用手巾擦擦頭上的雨水，笑笑，不再作聲。

「眞迂，爲什麼不坐近一點？」她心裏這樣想。那次她後上車，不是在他身邊坐下嗎？

她望望他想和他講話，又不知道如何啓齒？而他像個金人，三緘其口。

兩人都有點窘，但誰也沒有勇氣打破僵局。

到站時她先下車，一輛三輛車就停在安全島邊兒生意，雨很大，她毫不考慮地跳上去，又回過頭來望望他，意思是要他一道坐，他微笑了一下，沒有動。三輪車伕兩腳一蹬，踏着車子飛快地跑了。

「唉！眞迂！」她拉下雨布，遮住自己的脚，輕輕一嘆。

四

葛樂禮颱風過境，臺北下了更大的雨。前一天她就沒有上班。躲在房子裏避風避雨。恰巧阿雪請假回桃園家裏，她更不能出去。

雨天無事，她就安心地看到那些什麼「春滿杏林」，「情餤」之類的「文藝小說」，看得她飄飄盪盪，不時臉紅起來。

「唉，該死！盡寫這些鬼事！」她把「情餤」往抽屜底下一塞，生怕阿雪發現，阿雪也是歡喜看書的。這種書可不能被阿雪看到。

隨後她又拿起一本薄薄的武俠「雌雄劍」，這篇武俠一套有二三十本，她已經看了十幾本，她準備在這個颱風天裏一氣看完。這種書打得緊張，看得也快，用不着思想，也不必管他張三死了又活，李四活了又死，反正頂夠刺激。

「情餤」使她心神盪漾，武俠使她忘記了颱風。外面噓噓的風，唰唰的雨，她一點也不覺得，她完全沉浸在風雷十二劍，男主角的少林三十六掌，女主角的崆峒二十四指絕招，和平哥哥，雪妹妹的輕呼低喚中，她門口就是掉下一顆氫彈，她也不會知道。

兒子女兒吵着要吃飯，她就隨手在餅乾筒裏摸出幾塊餅乾遞給他們，餅乾筒就擺在她身邊的沙發墊上，她也是一面看書一面細嚼慢嚥地吃着餅乾，她一點也不覺得餓。突然，她聽見院子的矮門剝剝幾聲，她回頭一望，看見一個熟悉的面孔露在門上面，雨從他的尼龍雨帽上滴溜下來。她心裏一喜，不禁清脆曼妙地笑着問了一句。

「王先生，有什麼事嗎？」

「楊太太，巷子裏已經進了水，妳怎麼一點也沒有注意？」他一手扶在門上說。

「我們這裏從來沒有進水呀？」她笑着回答。

「妳看，妳院子裏已經上水。」他用手指指院中。

她低頭一看，眞的，院子裏統統進水了，足有三四寸深。

「哎喲糟糕！」她這才緊張起來，望着王先生說：「王先生怎麼辦？」

「我們這裏都是日式房子，沒有樓，我看妳得避一避？」

「我們這裏也會漲大水嗎？」她將信將疑地問。

「很可能，」他點點頭。「我剛才聽了廣播，有些地方已經有四五尺深的水，今天早晨石門水庫又放了水，雨又大，水漲得快，我看我們這裏也免不了，左右鄰舍已經有好幾家走了。」

「王先生，這麼風風雨雨，走到那裏去呀？」她搓着手，沒有主張。

「去大旅館樓上避避，免得擔驚受險。」他提醒她。

「哦，王先生，你進來坐坐吧？門是套上的，你從上面用手指一拉，就可以進來，外面的雨很大。」

「謝謝妳，不必客氣，妳主意打定沒有？」風聲嘘嘘而過，他大聲地說。

「大風大雨，外面又上了水，王先生，我怎麼走呀？」她皺着眉，望着他，似愁似笑。

「如果妳決心走，我就到巷子外面去叫計程車。」

「那怎麼敢當呀？這麼大風大雨的！」她望着他說。

「現在不必客套了，妳趕快收拾東西吧。」他笑着消失不見了。

她兩眼直楞楞地望着大門上面，上面空空的。銀色的雨，像密集的箭，斜射下來；風嘘嘘地掠過，大門晃了幾晃。

「這會是眞的嗎？這該不是做夢吧？」她雙手撫着胸口，兩眼望着灰黯的天空喃喃自語。

「他怎麼會找上門來呢？他怎麼不迂了？」

她這樣左思右想，竟忘了去收拾東西，直到計程車開到門口，她才如夢初醒。她又看見他站在門口，而且拉開鐵的門搭子，涉水走了進來。

他走進房間，看她一樣東西也沒有收拾，詫異地問：

「怎麼？妳不打算帶東西？別人箱箱籠籠都帶走了。」

「好，你請坐一下，我這就收檢。」她笑着指指沙發。

「別客氣，外面的水漲得很快。」他望着她，又指指兩個孩子：「這是妳的小寶寶？」

她點點頭。他又叮囑她：

「妳快點收拾東西，我先把小寶寶抱上車去。」

她看着他抱走蓓蓓，然後在衣櫥頂上拿下一口大皮箱，拉開衣櫥，把掛着的旗袍洋裝和換洗的衣服統統塞進皮箱。

他把蓓蓓送上了車，又回來抱小弟　小弟不讓他抱，她馬上彎下腰來哄他：

「乖，小弟聽話，王伯伯疼你。」

小弟這才讓他抱走。

她把整個皮箱塞滿，他也空手回來，提起皮箱問她：

「還有什麽東西沒有？能帶的儘量帶。」

「謝謝你，這些東西已經够用了，這又不是逃難，帶那麼多幹嗎？」她向他一笑。

他也笑着提起箱子冒雨出去。

她把所有的首飾，現鈔，統統塞進了手提包，隨郎穿好膠鞋，披上雨衣。

他又走了囘來。

他幫助她把門鎖好。她囘頭望望院子，院子裏的水漲得很快，牆脚淹了尺把深，風大雨大，她望望水，望望風雨，又抬頭望望他，不敢舉步。他向她一笑說：

「好，我也抱妳過去。」

她臉一紅，雙手摟着他的頸子，讓他抱起來。她的臉緊緊地埋在他的胸口。

走近車子時，她突然抬起頭來，在他耳邊輕輕地說：

「謝謝你，我住第一飯店。」

「好，那就萬無一失。」他笑着把她塞進車子。

水愈來愈深，計程車已經等得不耐煩，她一上車司機就開動車子，她連忙伸出頭來問他：

「王先生，你怎麼辦？」

「我會照顧自己。」他淡然一笑。

她望着他站在風裏，雨裏，水裏。她有很多話壅塞在喉頭，一時講不出來。

五

她住第一飯店五樓，除非臺北市陸沉，此地決不會進水。

風在加强，雨勢更大，水漲得更快。

她站在房間裏隔着玻璃窗向外探望，圓環一帶水深數尺，警察划着船在街上救人；動物園周圍一片汪洋，大龍峒水快到屋簷；社子方面只看到屋頂。

他們住的地方，水已經平了圍牆。

她做夢也沒有想到會有這樣的大水，她住的地方也會被淹？

「要不是他，我母子三人已經作了魚蝦了！」她這樣想。她在那條巷子裏雖然住了三四年，可是大家都是各掃門前雪，不管他人瓦上霜，彼此不相往來，遇到這種事自顧不暇，誰還會想到她？那天大雨，她示意他一道坐車他都不坐，想不到在緊急關頭，他居然把自己抱了一段路？她覺得他的胸脯很寬，很熱。想到這裏她的臉也有點發熱。當時她的心跳得很快。除了自己的丈夫以外，他是第二個這樣抱過她的男人。

「看他那麼斯斯文文，想不到力氣倒眞不小。」她有五十一公斤，他卻能抱着她，在大風大雨中，在水裏走一段路而沒有摔倒，這也出乎她的意外。

「現在我是安全了，他到底怎樣呢？」她望着窗外像箭一般唰唰而過的大雨，和迅速增高的水位，她眞替他躭心起來。

「媽，王伯伯眞好，他怎麼不到這裏來？」蓓蓓站在床上望着外面的風雨，忽然這樣說。

女兒的話使她想起她自己上車時，在他耳邊說的那句話，她眞的希望他來。這是一個藏在心裏的希望，她沒有對女兒表示。

她在這個觀光飯店的五樓，身體雖然非常安全，可是心裏卻動盪不安。飯店裏擠滿了人，有的是旅客，有的是像她一樣臨時來躲颱風水災的，但是多半成雙成對，幾乎每個女人都有男人陪伴照顧，而她卻帶着兩個孩子，連阿雪也不在身邊，她覺得無依無助，她需要有個男人。沒有男人的女人是缺少安全感的，尤其是在有事的時候。

颱風中心正從基隆海外通過，[redacted]臺北的風雨更大，水也看着上漲，她有點心煩意亂，更關心他的安全，她住的地方也是一片汪洋了。

「我告訴了他我住第一飯店，他怎麼不來呢？」她注意向這家飯店駛來的每一輛計程車，裏面都沒有他，他的樣子她是記得很熟的，無論是正面、側面，她都有把握認出來。

可是，上午他沒有來，下午也沒有來。她表面平靜，心裏卻在焦急地期待。

晚上，這家飯店照樣有派對，隔壁房間有位紳士過來邀請她，她婉謝了，她怕他晚上會來。

入夜以後，風小雨也斷斷續續，只是水勢未退。她又走到窗前，向外張望，她心裏在想：

「現在風雨小多了，也許他會來？」

她把兩個孩子安置在對面的床上睡好，他們經過一天的緊張興奮，[redacted]一上床就睡着了。

她向服務生要了幾份舊的影劇雜誌和畫報，倚在枕上翻閱，翻完一本，又走到窗前望望，淹水的地方漆黑一片，沒有淹水的地方的燈火也是明明滅滅，不像平日那麼輝煌。她看看手錶，已經十點多了。

房外偶有男人的腳步聲響起，她便禁不住走到房門口拉開房門，探出頭去望望，但每次都使她失望。而每次經過衣橱面前，她又禁不住在鏡子前面站站，掠掠頭髮，甚至塗塗口紅，修飾一番。

她覺得她還年輕，很有風韻，男同事中就有兩位常常向她大獻殷勤。但她不感興趣，總是裝糊塗，愛理不理，若即若離。她不知道王道人怎麼一點也不會利用機會？十二點了，他還沒有來，她完全絕望，往床上一躺，心裏艾怨地說：

「唉！眞迂！我怎麼能明明白白說出來？」

六

水退以後，她囘家一看，屋裏盡是汚泥。她簡直束手無策，他又幫她僱人淸理。一天下午下班的時候，他們又在巴士站碰頭，她約他去吃晚飯，他囘答她：

「不必客氣。」

「你幫了我很多忙，便飯，小意思。」她笑着說，聲音很甜，很脆。

等車的人多，他不便峻拒，只好答應。

她笑着招來一輛計程車，直駛馬來亞餐廳，吃了一頓豐盛的晚餐。

飯後她又請他看電影，他誠懇地對她說：

「不必再破費了。」

「一頓便飯，一場電影，怎麼能表示我對你的謝意？」她望着他[redacted]說。

他一再婉謝，她輕輕地白他一眼：

「那你請我看一場好不好？」

他[redacted]無法再推辭，不得不請她去看一場九點鐘的電影。

他們是連號，她靠得他很緊，而且輕輕絮語，聲音甜而媚，臉色像個初戀的少女，他非木石，一顆心也不免有點[redacted]。忐忑。

這以後她顯得非常興奮愉快，他卻有點苦惱。因爲她是有夫之婦，他是有婦之夫。

她的丈夫看到臺北水災的消息，特地請假坐飛機趕了回來。

一天晚飯後，他剛走出門口，準備去看個朋友，突然發現她緊緊地挽着丈夫的手臂，走在前面，她無意中一回頭，他們的眼光馬上碰在一塊，她臉一紅，頭一底，隨着丈夫踉踉蹌蹌地出了巷口。

「唉，女人！」他輕輕地自言自語。像失去了什麼，又像放下了一個包袱。

[redacted]。

美珠

十一點三十分了，狼仔還沒有囘來，也沒有打發人來叫她，她心裏暗自高興，以爲今天晚上可以安安穩穩地睡一大覺，昨天晚上幾乎整夜未曾合眼，那位絡腮鬍鬚的客人簡直像一頭野獸，纏了她一夜，壓迫得她喘不過氣來，她從酒家淪落到現在這種地步，在風塵中打滾了十年，也從來沒有遇過那樣的客人。今天雖然睡了一整天，可是直到現在，她仍然懨懨欲睡。

當她躺在榻榻米上，迷迷糊糊地進入個可怕的夢境時，狼仔腳步咚咚地走了囘來，用力把紙門一推，大聲地朝着她說：

「美珠，快點起來，阿紅來了電話。」

她被狼仔的聲音突然驚醒，將她從噩夢中拉囘慘酷的現實，她睜眼一看，狼仔滿臉通紅，連眼睛也充滿了紅絲，她知道他又喝酒了。

「已經十二點五分了，快點穿衣服。」狼仔望望手錶，把淺口皮鞋一脫，大步跨了進來。

她連忙把花裙子往身上一套，馬上遮住了她那幾乎完全暴露的胴體，卻顯出迷人的曲線，比完全裸露更加迷人。

狼仔本來已經看慣了她，甚至看得有點生厭了，所以他並不天天回來，紅露酒家多的是女人，他以保鏢的身份，隨時可以佔便宜，有的酒女爲了討好他，還自動奉獻，所以他無形中便把美珠冷落了，只有接到旅館的電話時才回來通知她，或是打發人來通知她。

今天也許是因爲酒精在身體裏作怪，他的眼睛有點迷糊，他看美珠穿了那身花裙子，彷彿還和五六年前她轉到紅露酒家時一樣迷人，他舉手把她一拉，重新把她穿上了身的裙子脫了下來，低沉沉地對她說：

「等會再去。」

「不行，已經十二點多了，阿紅會着急，誰叫你不早點回來？」她掙扎着說。

「放心，阿紅是隻老狐狸，她會應付客人的，遲幾分鐘去沒有關係。」他把她一抱，兩人同時跌倒在榻榻米上。

她不再掙扎，隨他擺佈，她有太多的經驗，知道任何掙扎都是徒然的，說不定還會挨上兩拳，尤其是在他喝了酒的時候。

他得到獸性的滿足之後，馬上把她一推，揮揮手說：

「快去！快去！」

美珠匆匆地爬起來，又匆匆地穿上裙子，然後走在鏡子前面照照，幸好鳥巢式的頭髮沒有弄亂，脂粉也沒有褪，只是口紅糢糊了，越過了嘴唇的稜線。她連忙用手絹把越界的口紅擦掉，又重新在嘴唇上塗了一遍，然後拿起黑提包，匆匆地走出來。

她身後響起狼仔春雷般的鼾聲。

她趕到百樂大旅社女服務生的房間時，半老徐娘的阿紅馬上向她嘀咕：

「美珠，我十一點就打電話給狼仔，妳怎麼現在才來？客人催了好幾次了。」

「狼仔喝了酒，他是剛剛告訴我的。」她扯了一半謊說，然後又關心地問阿紅：

「今天這個客人怎樣？」

「很好，很好，」阿紅向她一笑，然後又在她耳邊輕輕地說：「比昨天的那個客人斯文多了。」

「要是像昨天的那個客人，我就不去了？」她畏怯地說。

「美珠，我不騙妳，這個客人眞很斯文。」阿紅說，隨後又望了美珠一眼，責怪地問：「妳怎麼不穿漂亮一點？這個客人說了要挑漂亮的，我眞怕他打[illegible]回票，等會妳要在他面前做作一下。」

美珠沒作聲，她的兩腿發硬，她心裏倒很希望打回票，她情願回去挨狼仔幾拳，免得一夜蹂躪。

「走吧！」阿紅又望了她一眼，然後輕輕地對她說，便領先向十五號房間走去。

阿紅悄悄地把房門推開，走了進去，堆着笑臉向躺在床上的客人說：

「先生，小姐來了，你看看怎麼樣？」

那位客人馬上坐了起來，向美珠打量了一眼，然後對阿紅說：

「妳請她出去一下。」

阿紅知道不妙，馬上向美珠把眼睛一瞟，美珠把身子輕輕一扭，曼妙地退了出去。

阿紅隨手把門帶上，向客人一笑說：

「先生，你不要看走了眼，這位小姐卡[redacted]水，今年才十九歲，脾氣又好，你要不要？」

「年紀太大了，妳最好另外叫一個。」客人說。

「今天禮拜六，小姐生意卡好啦！」阿紅拖長着聲音說：「先生，你不要錯過了機會，再也叫不到她這樣年輕漂亮的小姐了。」

客人考慮了一下，終於點點頭。

阿紅得意地一笑，隨即把門拉開，向站在門外的美珠招招手，美珠又輕盈地飄了進來。

美珠進來之後，又故意在房間裏走了幾步，她的身材好，又會跳舞，那幾步路完全是輕盈的舞步，客人笑着點點頭，阿紅也笑着走了出來，反手把門帶上。

美珠卻留在客人房裏。

阿紅走後，美珠偷偷地瞟了客人一眼，看樣子很和善，年齡也未超過四十歲，舉止並不粗俗。他靜靜地看看美珠，，不像昨天那個客人那麼餓虎撲羊地把她攫進懷裏。

她對他雖無好感，可是也不畏懼。

第二天清早起來，她對這位客人的印象改變了不少，原先她把他當作一般的好色之徒，化錢作樂，毫不尊重她們操這種賤業的女人。可是這位客人不同，他尊重她，使她感到一點女人的尊嚴，這是她墮落風塵之後從來沒有的感覺。

「我眞想娶妳。」客人又重複昨夜的話。

她淡然一笑，沒有把它當囘事，因爲她曾經聽過別的客人講過很多次，但是第二天，晚上卻換了另一個女人。

「眞的，我不是講假話。」客人看她那麼淡然一笑，又認眞地對她說。

「王先生，你別開玩笑，你怎麼會娶我這樣的女人？」她自嘲地說。

「奇怪，妳怎麼不相信我的話？」客人笑着抓抓頭。

「王先生，不能相信嘛！那有這樣的事？」

「只要妳答應，我一定娶妳。」客人握着她的手說。

「我辦不到，你也辦不到啦！」她向客人一笑，然後很禮貌地對他說：「我要走了，請你付錢吧？」

客人只好照數付錢，另外還多付了二十塊三輪車錢，又笑着對她說：

「今天晚上請你再來。」

「謝謝你，你還是另外叫一個吧。」她接過錢之後笑着走了出來。

她走到阿紅的房間，給了阿紅二十五塊錢的介紹費，阿紅笑着收了，又悄悄地問她：

「這個客人怎樣？」

「卡好啦！」美珠向阿紅一笑，隨即拿着鋁質的洗臉盆，到洗臉間去草草地洗了一個臉。

她回來時狼仔還躺在榻榻米上，她把紙門推開，狼仔翻身坐了起來，向她把手一伸，她照往例從皮包裏掏出錢來遞給他。

他一數只有五十塊，便把臉一板說：

「還有二十五塊呢？」

「留着買菜。」美珠說。

「這半個月妳有三天沒有給我。」狼仔不大高興地說。

「也該用完了？兩百來塊錢，能用多久？」美珠向他解釋。

狼仔把錢往短褲口袋裏一塞，便跳了起來，兩臂用力一伸，兩手一握，骨節格格地響了起來。

他洗臉漱口之後，便把頭伸出窗口，向巷口的豆漿攤子把手一招，再伸出兩個指頭，不久就送來了兩盌豆漿，兩份燒餅油條。

狼仔吃過早點之後不久便出去了。因爲最近酒家的生意不好，幾個差點的酒女很少有機會當番，她們不得不另謀出路，狼仔和旅館很熟，他每天都要出去聯絡應酬，那些酒女都是他手中的貨色，他爲她們謀生路，也爲自己開闢財路。

美珠吃過早點之後，便把紙門一關，躺在榻榻米上睡覺，她總是覺得睡眠不足。可是一睡下之後，她反而睡意全消，她反覆地想着那位姓王的客人的話。她向來把客人的話當作耳邊風，毫不考慮，她覺得客人們都有一張油嘴，而她自己的感情早已麻木，根本無動於衷。不過姓王的客人有點不同，他不但斯文，態度也很誠懇，她早就想擺脫狼仔，但是一直沒有遇着一個可靠而又有金錢和勢力的人，所以愈陷愈深。不知道姓王的客人是不是具備這些條件？如果沒有這些條件，那就是妄想了。因爲狼仔的弟兄多，而且都是狠人，狼仔還想在她身上多賺點錢，她一個月要給他兩三千，他是決不肯輕易放手的。

她想來想去，覺得自己很難跳出狼仔的手掌心，她嘆口氣，自言自語地說道：

「命，一切都是命！」

於是她的思想突然停頓，人也像鬆了勁的彈簧，一翻身便睡着了。

當她被狼仔手下小冤仔叫醒時，已是下午一點三十五分。小冤仔站在房門口對她說：

「狼仔要妳到金城旅館去，客人在等。」

「我還沒有吃飯。」美珠說。

「妳有錢嗎？我去給妳買幾個麵包來。」小冤仔才十七歲，年紀輕，還有點良心。

於是美珠摸出五塊錢交給小兔仔，小兔仔迅速地跑了出去。

美珠連忙漱口，不知道是睡眠不足，還是身體不舒服？她覺得嘴裏膩膩的，怪難過。

漱完之後她又用濕毛巾在臉上擦擦，隨即敷上一層脂粉，塗上了口紅。

她的動作快，小兔仔的動作也快，她剛化粧完畢，小兔仔就買了三個麵包回來。

「妳快點吃，我先走。」小兔仔把麵包和剩餘的錢都給她，然後跳上破腳踏車一溜煙地走了。

她匆匆忙忙地吃完兩個麵包，用温開水冲了下去，然後花枝招展地走了出來。

金城旅社不遠，她從巷子裏抄着近路過去，再從旅社的後門溜了進去。

她走到二樓女服務生的房間，桂花笑着對她說：

「這是一筆好財喜，我替妳安排了五塊美金。」

「什麽人？」美珠躭心地問。

「剛上岸的黑炭頭。」桂花說。

美珠聽了兩眉一皺，輕輕地說了一聲：

「卡艱苦啦！」

但她還是跟着桂花走進了四十五號房間。

一小時後，她像一具艷屍樣搖搖幌幌地走了回來，一進房她就和衣躺在榻榻米上，兩行淸淚也落在榻榻米上。

她沒有剩餘的精力爲自己感傷，很快地就沉沉入睡了。睡到八點多鐘，她才醒來，肚子很餓，今天一天都沒有吃過一頓正飯，她想好好地吃一頓。

她拖着木拖板走到附近的菜市場，買了一條半斤重的鯧魚，另外還買了些魚丸、竹筍、黃葡萄。

她剛把飯弄好，狼仔就騎着新脚踏車回來，他本來吃過了晚飯，一看見美珠弄了幾樣菜，又騎車子去揣了一瓶酒回來。

於是他兩脚一盤，坐在榻榻米上，等美珠把菜端在黑漆矮桌上，放在自己面前，他這才提起酒瓶用牙一咬，把酒瓶的蓋子咬開，把酒倒在玻璃杯裏，大口地喝了起來。

在酒酣耳熱時，他突然對美珠說：

「今天晚上我有筆生意，需要美金交易，桂花說妳下午賺了五塊美金，拿給我湊湊數。」

「桂花的介紹費我還沒有給。」美珠說。

「我已經給了。」狼仔說。

美珠望着他沒有作聲，她的眼睛有點濕潤，隨即把筷一放，從皮包裏摸出五塊美金，遞給狼仔，狼仔接過來就往褲子口袋一塞，若無其事地繼續喝酒。

一瓶酒喝完了，菜也吃得精光，但是他毫無酒意，這種淸酒三瓶也醉他不倒。他站起來打了一個酒嗝，就走出房間，一面穿鞋一面對美珠說：

「阿紅有電話給我，十二點你一定要趕到百樂去。」

狼仔一走出門她就朝着他的背影狠狠地瞪了一眼，然後又眼睛一紅，滾出兩顆眼淚。

她盌筷也懶得洗，又躺在榻榻米上去睡，剛一睡下，一位過去在紅露酒家的姐妹麗虹突然來了。麗虹也是一個過氣的酒女，但她比美珠好一點，沒有落進狼仔的圈套，在她將要褪色時就急流勇退，給一位商人贖去作外室。

她們兩人有好久沒有見面，美珠一看見她便眼圈一紅，不知道是感傷還是高興？麗虹看見室內的情形便問美珠：

「妳怎麼盌筷也不洗，就去睡覺？」

美珠沒有作聲，麗虹察言觀色，心裏已經明白幾分，便笑着說：

「怎麼妳還在跑旅館？」

「不跑又有什麼辦法？」美珠向她苦笑。

「狼仔還是那樣逼妳？」

「他只是伸手向我要錢，還顧我的死活？」

「妳也不想想辦法離開他？」

「妳以爲他那麼好惹？」

「我看妳自己也太懦弱，」麗虹責怪地說：「如果我也像妳，現在還不是萬人壓？」

美珠大大地一震，兩眼直直地望着麗虹。是的，麗虹現在不是比自己好？雖然是被姓劉的「金屋藏嬌」，但她只要應付一個男人，而自己卻不管生張熟魏，不管是怎麼討厭的男人，照樣要送上門去。尤其是前天晚上的那個絡腮鬍鬚，和今天下午的這個黑炭頭，一想起心裏就要作嘔，頭就有點發暈。因此她終於咬咬牙說：

「麗虹，那我就試試吧，惟願媽祖多多保佑。」

「美珠，妳今年已經二十六了，再遲妳就找不到好男人了，狼仔那時也會把妳賣掉，所以妳還是趁早。」麗虹說。

美珠點點頭，於是兩人又商量了一陣，再談些別的事情，不知不覺到了十二點，美珠突然警覺地對麗虹說：

「麗虹，對不起，我要趕到百樂去，那裏有客人等。」

麗虹同情地望了她一眼，隨卽站了起來，和她一道離開。麗虹坐着三輪車囘她的金屋，美珠卻坐着三輪趕往百樂旅社。

阿紅的房間裏已經有三個比她年輕的女人在那裏，等待阿紅派遣，阿紅正在考慮那一個適合那一號房間的客人？她一看見美珠進來，就把嘴巴向十五號房間一呶：

「王先生指定要妳，老主顧，妳自己進去。」

她心裏一喜，但未表示出來，反而不相信地反問阿紅：

「他沒有要妳叫年輕的小姐？」

「他只要妳，不要別人，」阿紅向她一笑：「要不是妳眞有幾手，就是那個姓王的客人太怪！快去快去！再不去他要得相思病了！」

美珠一笑，拎着皮包閃進了十五號房間。

姓王的客人看見她進來像歡迎情人一樣地歡迎她，又和她說了很多要娶她的話。但她是風塵中打滾的女人，她還不敢輕信，只是唯唯否否地和他窮聊。

以後一連三天，姓王的客人天天叫她去，態度始終沒有改變，她覺得這個男人靠得住，便坦白地對他說：

「你要娶我可以，不知道你有沒有錢？」

「我有兩三萬塊錢的退役金，妳要多少？」姓王的客人說。

「不是我要，」她搖搖頭：「是別人要。」

「到底要多少？」姓王的急着問。

「我也不知道，」她又搖搖頭：「不過他把我當作搖錢樹，還可以搖幾年，他肯不肯放手我也不敢說。」

「你問問他看？」他說。「明天晚上給我回信。」

第二天，美珠眞的鼓起勇氣向狼仔提出這個問題，狼仔冷眼看着她，當時並不回答，過後猙獰地一笑：

「妳想飛掉？做夢！妳告訴那姓王的：叫他安份一點，不要打歪主意，如果他有本領把妳帶走，我一個錢也不要！」

「狼仔，我已經替你賺了不少錢，你既不娶我，又不放我走，我老了怎麼辦？」

「別急，」他向美珠冷笑：「還有幾年日子，老了再走不遲。」

美珠雙手蒙面哭泣起來，邊哭邊說：

「狼仔，你好狼心！」

狼仔突然把她的雙手分開，在她臉上左右開弓啪啪地摑了兩下，冷冷地說：

「對妳已經夠好了，如果妳想飛，我會把妳的翅膀剪掉！」

美珠怔怔地望着他，不敢再講，也不敢哭泣。

晚上她把經過的情形告訴姓王的客人，姓王的客人非常氣憤，他忽然變得勇敢起來，大聲對她說：

「要是我沒有下來，我會拿機槍掃他，把他打成肉醬。如果妳決心離開他，跟我走！我一個錢也不給他！」

「狼仔厲害，他什麼都幹得出來。」美珠說。

「我這條命也是檢來的，要死早就死過十次八次了。」他說。

美珠實在沒有想到，這個舉止斯文的人，居然有這樣的膽量和豪氣？她不禁看了他兩眼，她卻冷靜地問她：

「我不在乎狼仔，只看妳有沒有決心跟我走？」

美珠遲疑了一下，她知道狼仔的厲害，一想起狼仔，她就不寒而慄，被蛇咬過的人看見草繩也怕，何況她還緊緊地握在狼仔的手裏？當姓王的客人再追問她時，她才回答：

「我的身份證扣在他手裏。」

「要回來。」他說。

「我不敢要。」她膽怯地搖搖頭。

「那妳用別的辦法。」

「你眞的決心娶我？」她忽然這樣問了一句。

他堅決地點點頭。

「你不後悔？」

他搖搖頭，隨後又補充一句：

「只要妳能跟我吃苦。」

「我能吃苦，」她點點頭說：「我是養女，我吃過很多苦。」

「妳想辦法把身份證弄回來，我等妳離開。」他說。

就這樣，他們決定了終身大事。

第三天，美珠把身份證偷了回來，趁晚上到百樂旅社陪客時，和姓王的客人一道搭十一點的快車離開臺北。

他們在中部一個小鎮上住了下來。

美珠走後，狼仔放了很多眼線尋找，終於發現了他們的行踪。

一個狂風暴雨的颱風之夜，美珠住的木板鐵皮小屋，正搖搖欲墜，狼仔卻帶了兩個手下來，一腳把那個拚湊起來的木板門踢開。在昏暗的燈光下，美珠一發現狼仔就像待宰的豬一樣驚叫起來，狼仔踢了她一腳，隨即把鏹水往她臉上一潑，又一腳把她踢倒。他的兩個手下卻和姓王的打鬪起來，突然姓王的一聲哀號倒了下去，他身上已經中了好幾刀。

電燈熄了，風聲呼呼，雨聲唰唰，木板小屋搖搖欲墜，狼仔和他的手下卻揚長而去。

美珠痛得在泥水地上滾來滾去，尖聲怪叫，姓王的卻奄奄一息。

第三天報紙上刋出了這個兇殺新聞，說美珠雖無生命危險，但已面目全非，姓王的仍昏迷不醒，即便痊癒勢必殘廢，據警方推測，這件兇殺案不是謀財，而是情殺。

~~新苗~~ 少年郎

一

「查票的來了！」林敏用手肘碰碰章珂，在他耳邊輕輕地說。

章珂看見車長和服務生從那邊門口走了進來，心裏有點着慌，臉孔紅一陣白一陣，他膽怯地問林敏：

「怎麼辦？」

「不要慌。」林敏沉着地說，同時對他使了一個眼色。

章珂像吃了一顆定心丸一樣，心裏安定了許多，他知道林敏有辦法，主意多，他是班上的龍頭，老師都得讓他三分。

林敏看見車長正低着頭在人堆裏剪票時，輕輕地拉拉章珂的衣袖，然後大模大樣地站了起來，向厠所走去。

厠所離他們的座位很近，他一轉身就拐進了厠所，章珂也跟在他後面拐了進去。

章珂進來之後，林敏就迅速地把門搭子扣上了。

「他來敲門怎麼辦？」

「不要急，我有辦法對付。」林敏老練地說，同時從上衣口袋裏抽出一枝新樂園，擦根火柴猛力一吸，噴出一口濃煙，然後把火柴往牛仔褲口袋裏一塞，把煙刁在嘴角上。

章珂看見林敏這種神氣，心裏不能不佩服，他只比自己大兩歲，可是長得像一個大人，身體結實得像一條小野牛，打起架來又兇又猛，眞是當者披靡，高年級的同學常常被他打得像耗子一樣亂鑽，他們初二孝班就因爲有他而揚眉吐氣。

「你怎麼不抽煙？」林敏噴出一口煙之後，笑着問章珂。

「我抽不來，一抽就嗆。」章珂說。

「你只會讀死書，分數考得高有個屁用？」林敏歪着頭說。

「我家裏窮，不用功讀書不好。」章珂說。

「那你爲什麼中途休學？」林敏問。

「媽媽說我的身體不好，要我停一個學期。」

「今天出走你媽媽知不知道？」

「我留下了一張字條。」

「你爸爸媽媽爲什麼老是吵架？」林敏瞇着一隻眼睛問。

「還不是爲了錢？」章珂憤慨地說：「如果不是他們天天吵架，我怎麼同你出走？」

「同我出走有什麼不好？」林敏[illegible]問他，然後又拍拍自己的胸脯說：「我包你有飯吃，有錢賺，還有小妞兒玩。」

章珂瞪着眼睛望着林敏，他有點不大理解，林敏才十七歲，怎麼會有這麼大的本領？而且還玩女人？

「你瞪着我幹嗎？」他把香煙從嘴角上取了下來，冷笑地說：「你以爲我說假話？」

他隨卽從牛仔褲口袋裏取出了幾封信，和一疊女人的照片。

那幾封信是臺北的朋友寄給他的，他指着一封封的信對章珂說：

「喏，這是張大哥的，他是中山北路和保安街的保鏢；這是李大哥的，他是四海幫的龍頭；這是劉大哥的，他是天龍幫的首領。他們在臺北都兜得開，我們吃飯還有什麼問題？尤其是張大哥，最講義氣，他早就想收我作徒弟，這次我決定找他，也要他幫幫你的忙。」

他把信放進口袋之後，又把照片一張張地指給章珂看，這裏面有年輕的女學生，有妖冶的女人，還有裸體的外國女人。

「你這些照片從那裏弄來的？」章珂紅着臉問。

「有些是她們自己送的，有些是我買的。」他一邊說一邊又指着一個二十多歲的妖冶的女人照片說：「你看她怎樣？」

「很漂亮。」章珂紅着臉說。

「她和我有一手。」他笑着把照片放在嘴上吻了一下，隨卽塞進褲子的口袋，然後蠱惑地說：「只要你和我在一起，包你過得落花流水，不像在學校裏受那種洋罪。也不像在家裏受那股寃氣，大人怎樣，我們也可以怎樣，也許我們比大人還神氣，最少不像你爸爸那種窮酸相。」

章珂聽林敏說得那麼神氣，不禁神往，但林敏最後說到他父親，卻有點傷害他的自尊心，因此反問他：

「那你爲什麼不買票？要躲在厠所裏？」

「傻瓜！」林敏馬上白了章珂一眼：「我們的錢要用在刀口上，爲什麼要作寃大頭？」

「別人都買票，我們爲什麼不買票？」章珂說，他自己雖然只有十塊錢，不够買票，但林敏身上有兩三百塊，爲什麼也不買票？

「如果我們也和別人一樣？那有什麼意思？」林敏瞪了章珂一眼，隨手把煙屁股捽在便池裏，嗞的一聲熄滅了。

這時厠所的門篤篤地敲了兩下，林敏馬上坐在便池上，同時以手向章珂示意，叫章珂不要作聲。

「查票，查票！快出來。」服務生用食指敲着門說。

「對不起，我在解手，請你等一下。」林敏坐在便池上說，同時向章珂做鬼臉。車長走了，服務生眞的等在門口。過了一會他又敲門：

「快點出來！」

「你怎麼這樣急？我在拉痢。」林敏大聲大氣地囘答，同時向章珂呲牙咧嘴一笑。章珂卻一臉緊張，身體頂在門上，生怕服務生衝了進來。

服務生等得不耐煩，終於走了。

過了一會，林敏把門打開，小心地探出頭來左右望了一眼，看看查票的一個也不在，於是大搖大擺地走了出來，換了一個車廂和一個僻靜的座位。

章珂覺得肚子餓了，他想買便當，林敏不主張買便當，卻叫了兩客排骨飯，並且慷慨地付了錢。

章珂有一盤飯就覺得很飽了，林敏卻嫌不夠，因此他又買了兩個麵包，很快地吃掉了，吃飽之後又買了兩瓶汽水，兩人分着喝了，章珂是用紙管慢慢啜飲，林敏卻嫌紙管喝得不够痛快，他把紙管甩到窗外，把瓶口對準嘴裏直倒下去，咕嚕咕嚕地喝着，喝完了又隨手把汽水瓶甩到窗外，瓶子摔在石頭上嗆郎一聲跌得粉碎了，他得意地笑着，又把兩隻粗壯的胳膊用力一伸，骨節馬上發出格格的響聲。

「你這兩隻手有多大的力氣？」章珂羨慕地問他。

「一隻手可以提一百多斤，」林敏自負地回答，他是雙槓、舉重的好手、又正練着柔道和拳擊，所以渾身是勁。「喬路易一拳有兩百五十磅重，我一拳也該有兩百磅重，將來說不定還超過喬路易。」

他把拳頭緊緊地一握，又發出格格的響聲。

「你家裏有錢，我要是你一定好好地讀書。」章珂羨慕地說。

「做一個書呆子有個屁用？像我們的楊老師，我眞一拳可以把他打成肉醬。」林敏把石拳一揮，作出一個擊拳的姿勢。

章珂連忙把身子讓開，生怕他打到自己的身上來。

「像你這樣兩手軟巴巴的，就是讀到了博士還不是個廢物？」林敏捏着章珂的手臂說，章珂痛得幾乎叫了起來。

林敏放下章珂的手，章珂輕輕地揉揉，一面揉一面說：

「我眞想讀到博士，可惜家裏太窮，父親母親又吵吵鬧鬧，使我無法再讀，因此我才出走，打算自己賺錢自己讀書。」

「讀書我可不敢保險，賺錢沒有問題。」林敏說。

「我想做個[redacted]，看有沒有辦法？」章珂急切地問。

「等見了張大哥之後再看，我想他總有辦法，他是赤手空拳打來的天下。」林敏說。

「我可不會打架？」章珂惶惑地說。

「你的拳頭沒有別人的大，打架自然用不着你，也許可以派派別的差事。」林敏說。

「我想最好還是送報，不然擦擦皮鞋也行。」章珂[redacted]說，他實在不願意幹違法冒險的事，他怕警察。

「你眞沒有出息，送報擦皮鞋能賺幾個錢？」林敏白了章珂一眼：「而且要看別人的臉色。」

「我只有這個能力。」章珂[redacted]回答。

「我說了書呆子沒有用，你不要死啃書本，」林敏隨手把章珂手裏的英文課本搶了下來：「你還有許多事情要做。」

「我總覺得書讀得太少。」章珂並不生氣，反而笑着說。

「就是像楊老師那樣讀了一肚皮書，如果飯碗敲破了，他還有什麽辦法？」林敏望着章珂說：「他不餓飯才怪！」

他們的楊老師是教史地的，書眞讀得不少，中外歷史他講起來如數家珍，閉着眼睛都可以畫出一幅中國地圖，可是他成天鑽進書堆裏，呆裏呆氣，從學校到火車站他老是走那條大馬路，學校旁的小巷子是一條捷徑，他卻不肯走。有一次走進去了七彎八拐搞暈了頭，摸不出來，後來幸好碰到一位同學，才把他引回學校，這件事變成了衆人的笑柄。章珂也知道這件事，他也奇怪楊老師怎麽那麽笨？但他還是尊敬楊老師，因爲楊老師有一肚皮學問，因此他說：

「楊老師可以教書。」

林敏聽了笑了起來，笑過之後又說：

「作一個教書匠有什麽意思？我父親只要多打一個圈圈，就够他教一輩子，張大哥大字還認不了一籮筐，現在照樣有洋房，還有三四個姨太太，而且儘揀漂亮的女人玩，這是楊老師做夢也想不到的，他四十多了，現在還是光棍一條，你說讀書有什麽屁用？」

章珂被林敏說得兩眼直楞，他不知道這是什麽道理？他父親母親都上過大學，讀了不少書，可就是不會賺錢，連蹬三輪的都趕不上，他實在想不透！林敏的功課一蹋糊塗，每次考試都要請他作槍手，可是林敏懂得的他就不懂，林敏到處有辦法，到處吃得開，他卻直楞眼，沒有一點辦法。這次林敏被學校開除了，林敏反而高興得不得了，在家裏偸了一筆錢，邀他到臺北來打天下，聽林敏的口氣，看林敏應付查票的方法，林敏的確比自己行多了，這和讀書又有什麽關係呢？他想不透，怎樣也想不透。

火車吃卡吃卡地飛馳着，過了一站又一站，上來了一批人又下去了一批人，他們一直在交談着，章珂總是擔心以後的生活，同時還想繼續升學，他心裏還怕父母掛念，但是嘴裏不敢說出來。林敏卻沒有這些心事，他非常愉快，以後不必天天上學，不必參加考試，他一心只想打出天下，像張大哥那樣威風，那樣大吃大喝，左擁右抱，活就要活得英雄，活得光彩，像楊老師那樣吃粉筆灰，打光棍，他認爲還不如死了痛快。

他從褲子口袋裏掏出一副撲克牌，他教章珂打百分，打沙蟹，和怎樣洗牌，怎樣偷天換日，怎樣偷雞。章珂一竅不通，他卻玩得那麼嫻熟，津津有味。

「你要想在外面混，這些都要學，這是起碼的本領。」他教訓章珂說。

「我又不賭博，學它幹甚麼？」章珂天眞地說。

「你想不想吃飯？」他問章珂。

「人怎麼能不吃飯？」章珂奇怪地望着他。

「告訴你，有很多人就靠這一手吃飯。」他一本正經地說。

「我學不會。」章珂搖搖頭說。

「慢慢地你就會。」林敏又安慰章珂說：「你的功課那麼好，我不相信你學不會。」

這時巡車的[redacted]走了過來，章珂有點緊張，林敏卻無其事地玩牌，[redacted]在他身邊停了下來。問他：

「你在幹甚麼？」

「我和他打百分，」林敏指指章珂說，然後又轉問路警：「你來不來玩一下？」

路警搖搖頭，笑着走了。

「你眞有一手。」章珂不自禁地誇讚他。

「如果這些人都打發不了，那還打甚麽天下？」林敏得意地一笑。

隨後他又給章珂發了五張牌，告訴他這是10JQKA大順，這種牌最好贏錢，可以裝蒜，可以偸雞，也可以硬碰硬。

「打沙蟹要穩、等、忍、狠，如果你能夠做到這四字訣，你一定贏錢！」林敏按着牌向章珂說：「打天下也是這樣，張大哥就是這樣竄起來的。」

說完之後，林敏把牌收了起來，往褲子口袋裏一塞，因爲臺北快到了。

「我們沒有票，怎麽能出車站？」章珂輕輕地問林敏，他還是有點躭心。

「補票。」林敏爽快地說。

「既然補票，又何必躱在厠所裏？」章珂覺得很不値得，現在他忽然想起林敏並不高明。

「傻瓜！」林敏白了他一眼：「你以爲我會從高雄補起？我們不會說是從板橋上車的？」

章珂又茅塞頓開，他紅着臉笑笑，他覺得自己比林敏實在差多了，雖然他只小林敏兩歲。

二

林敏帶章珂見了張大哥。

張大哥是一個非常强壯的人，臂膀很粗，頸子看來和一條公牛的頸子那般肥厚，個子並不太高，站起來卻像半截鐵塔，彷彿雷都劈不倒。

他看起來只有三十多歲，顴骨上有一塊刀砍的傷疤，使它微微低陷下去，他的眉很濃，眼睛一小一大，瞪起來很怕人，可是和他們見面時卻很和善。

「好小子，你長得和我一般高了！」他的大手掌在林敏的肩上用力一拍，林敏把肩膀一抬，給他頂了回去。

他高興得大笑起來，大聲地說：

「去年我一看見你，就知道你是一個好小子，現在看來，果然沒有走眼！」

林敏向他介紹章珂，他用眼角瞟了章珂一眼，就拉着林敏走到一張圓桌面前說：

「來，好小子，我們比比手勁看！」

林敏毫不膽怯地在他對面坐下，於是他們兩手交义地握着，手肘頂住桌面，張大哥把頭一歪，命令章珂說：

「來，傻小子，你喊一二三！」

章珂有點畏怯，但是又自然地服從了他的命令，他雖然不高興張大哥藐視自己，但他決沒有想到反抗。

當章珂喊到三時，他們兩人像兩條公牛一樣，同時使出了全身的力量，頸子和臉都掙得通紅，牙齒咬得緊緊的，支持了十多分鐘，兩隻手還是平衡不動，忽然張大哥跳了起來，拍拍林敏的肩說：

「好小子，你已經趕上我了！憑你這股手勁，足可以對付三五個人，等會我還要試試你的柔道和拳擊。」

「我決不會使你失望。」林敏拍拍胸脯，哝牙咧嘴地笑着說。

「好！我們現在就試試。」張大哥把他們兩人帶進一個小型健身房，他把一條厚毛毯往地板上一舖，然後兩人把上衣長褲脫掉，兩人都露出一身結實的肌肉，林敏更健壯得像一條小牯牛。

「你過來！」張大哥擺好架勢，要林敏進攻。

林敏毫不遲疑地撲了上去，一下就抓住了張大哥的腰皮帶，不到五個回合；就把張大哥摔倒，咚的一聲跌在地毯上。

章珂連忙把眼睛一閉，等他再睜開眼睛時，他們兩人又擺好了架勢，張大哥對林敏說：

「這等於再給我一次機會，你先來！」

林敏又迅速地撲了上去，兩人糾纏了十幾分鐘，張大哥還是沒有辦法把林敏摔倒，林敏故意賣一個破碇，好讓張大哥把他壓在地上。張大哥站起來搖搖頭說：

「看樣子我要減掉一個姨太太了。」

「老大，你還是很行，我願意作你的徒弟。」林敏笑[redacted]說。

「不，我沒有資格作你的師父了，從今天起，我們作[redacted]結拜兄弟。」

「好！老大，多謝你抬舉。」林敏雙手一弓，把腰彎了下去。

「以你的年紀來講，你只能算是老么。」張大哥[redacted]說。

「那算是第幾？」林敏笑[redacted]問。

「十四。」張大哥說。

「他能不能湊上一個？」林敏指着章珂問張大哥。張大哥笑着搖搖頭：

「老弟，和我結拜兄弟不是那麽容易。」

章珂臉一紅，連忙把頭一低，他心裏很難過，他覺得他不配和他們在一起。

隨後張大哥又和林敏戴上皮手套，同時替章珂戴上，章珂只好木然地服從他。

三人都戴好手套之後，他要林敏站在四個沙袋中間，要章珂站在他的對面，兩人同時把沙袋從前後左右向林敏身上打，看他能不能招架？張大哥吩咐過後就快如閃電似地左一拳，右一拳，兩隻沙袋幾乎同時飛向林敏，林敏以同樣迅速的手法把兩隻沙袋反擊回去，章珂剛剛伸手去打沙袋，冷不防兩隻沙袋竟同時向他飛到，把他撞倒。

林敏馬上把章珂扶了起來，張大哥走過來向他笑笑說：

「你還抵不上我的四姨太。」

章珂的臉羞得通紅，他眞想鑽地洞。

張大哥爲了收了林敏這個得意的結拜弟弟，一高興就把他們兩人都帶上酒家。

張大哥穿得西裝筆挺，完全一副紳士派頭，他一走進酒家，老板夥計和酒女們都弓着腰笑臉相迎，比迎接達官貴人還要恭敬。

林敏很老練地跟着張大哥走進一個精緻的房間，章珂卻顯得有點手足無措，他沒有到過這種場合，更沒有看到這麼多年輕漂亮的女人，他眞的有點眼花撩亂了。

老板吩咐了三個最漂亮的酒女陪侑酒，張大哥和林敏一人摟一個，他對那個坐在自己身邊的漂亮酒女連正眼都不敢看一下。

「月紅，妳把這位小弟弟抱在懷裏坐坐，他還沒有長大，又是第一次上酒家，你要好好地服侍他。」張大哥吩咐那個酒女說。

月紅眞的把他往懷裏一摟，他羞得頭都抬不起來，那兩個酒女卻吃吃地笑了。

「老么，你以後要好好地訓練他。」張大哥笑着對林敏說。

林敏一點頭，就笑着對章珂說：

「章珂，這有甚麽害臊的？讓我打個Kiss給你看看。」

於是，他吻了懷裏的酒女一下，章珂羞得滿臉通紅。

他們吃完花酒之後，已經十二點多鐘，張大哥叫了一輛計程汽車，帶了那個最漂亮的酒女，四人一道離去。

張大哥把他們送到一家僻靜的小旅館，旅館老板和帳房一看見張大哥就笑臉相迎，非常恭敬，他要老板開了兩個房間，一間給章珂住，一間給林敏和那個酒女住，他把那個酒女送到林敏的房間笑着對林敏說：

「老公，今天我把她賞給你，以後可不能亂來，大哥愛惜你，你要愛惜自己的身
體，憑你這[redacted]身體，不愁打不出碼頭。」

三

章珂躺在床上翻來覆去老是睡不着，這是他十五年來從未有過的遭遇，新鮮、刺
激，使他眼花撩亂，頭昏腦脹。他本來不會喝酒，月紅那酒女卻像餵牛奶樣地硬灌了他
一杯，使他很不好受。

他眞想不到林敏除了會打架之外，還會玩女人喝酒，這麽一點年紀，竟有這麽厚的
臉皮，竟和張大哥一樣地豪放、神氣。酒家老板對他們是那麽卑躬屈膝，酒女對他們是
那麽狐媚巴結，要不是親眼看見，他眞不會相信。而且吃完花酒之後竟擦擦嘴巴，大搖
大擺地走了，老板酒女們還要恭恭敬敬地送到門外，連計程汽車的錢也搶着先付，兒子
對老子也沒有這麽孝敬哪！難怪林敏瞧不起楊老師，佩服張大哥，楊老師連在學校門口
那家小館子賒盌陽春麵都賒不到哩！

想起楊老師也就聯想到自己，張大哥對他的藐視，他心裏當然感到難堪，但是自己

的身體不行，不會柔道，不會拳擊，也沒有亡命的勇氣，在張大哥面前怎麽吃得開呢？張大哥不是楊老師呀，在楊老師面前他比林敏行，可是在張大哥面前就是林敏的天下了。

他覺得自己不能適應這麽複雜的環境，不是用兩隻拳頭打天下的人物，但是自己家裏太窮，弟弟又多，父親母親爲了三兩塊錢就會吵架，實在無法讀書，他在那個鴿子籠似的家裏連身子都轉不過來，因此他只好跟林敏出走了，但是他和林敏的想法不一樣，林敏要打天下，要學張大哥，他只想賣賣報，賺點錢半工半讀，他無論如何也不能和張大哥林敏他們搞在一塊，他知道自己沒有那種道行。

他不知道甚麽時候才迷迷糊糊地入睡，他睜開眼睛時林敏卻站在他的床前。

「好傢伙。又沒有玩女人，怎麽睡得這樣死？」林敏雙手叉腰地說。

「我很久沒有睡着，現在好像還沒有睡够。」章珂揉揉眼睛回答。

「想月紅是不是？」林敏嘿嘿地笑了起來：「應該吃豆腐的時候你不敢吃豆腐，回來又害相思，眞是何苦？」

「我沒有想她。」章珂搖搖頭說。

林敏嘿嘿大笑起來，又突然抓住章珂的臂膀把他拖了起來，望着他說：

「得了！別在我面前充聖人[redacted]！那樣漂亮的小妞兒你不想？鬼才信！」

「你不要拿我來比你自己。」章珂紅着臉說。

「我可不說假話，老大昨天賞給我的那個妞兒眞正够味！」林敏得意地說，另外還輕輕地向他說了許多淫穢的話，弄得章珂滿臉羞紅。

林敏看章珂那[redacted]樣子，又用巴掌在他肩上一拍：

「章珂，你這樣不成！男子漢大丈夫，你怎麼像小娘們？」

「林敏，你和張大哥那一套我學不會。」章珂站起來搖搖頭說。

「要想在外面混[redacted]你就應該學。」林敏教訓他[redacted]。

「林[redacted]我沒有你的本領好，我混不出來，我只想賣報。」章珂痛苦地回答。

「你眞的這樣沒有出息？」林敏失望地望着他。

「我不是那塊料。」章珂忠厚地說。

「好吧！」林敏嘆口氣說：「我要老大[redacted]想辦法。」

於是，他們一道去看張大哥，張大哥答應替章珂想辦法，但是他又鄭重地交代章珂一句：

「白天你可以賣報，晚上可要替林敏放哨。」

章珂不知道放哨是幹甚麽？他又請教張大哥，張大哥告訴他說：

「第一要注意警察，第二看有沒有人搗亂　一有動靜就要通風報信。」

章珂覺得有點爲難，但一看見張大哥那對眼睛，他就不敢作聲，接着張大哥就指定他們兩人的工作地區，還告訴他們一些暗語，然後他拍拍林敏的肩膀說：

「老么，你帶着他好好地幹，不久我們又可以擴充地盤，下次打出來的碼頭我就交給你負責，你好好幹！」

林敏聽了很高興，他把兩隻粗壯的臂膀一伸，馬上發出格格的響聲。

章珂望着林敏，有一種羨慕和自卑的感覺。

三天後章珂開始賣報，晚上和林敏一道出去，在酒家和綠燈戶進進出出。林敏像在自己家裏一樣隨便，看見漂亮的酒女和妓女，就和她們調笑幾句，老板和鴇兒對他都很恭敬，因爲他打的是張大哥的字號，張大哥早兩天就關照過他們。

章珂和林敏出道的第二天，在一家酒吧裏遇着了一個黑人，那個黑人已經喝了一些酒，正摟着一個吧女動手動腳，不知道那個吧女怎樣得罪了他，他突然伸出一隻黑色的手掌，打了那個吧女一個耳光，那個吧女馬上哭叫起來，林敏馬上走過去，他本想勸解勸解，但是他的洋涇濱黑人聽不懂，而且誤會了他的來意，黑人隨手抓起一隻威士忌瓶朝他腦殼直打下來，他迅速地用手一擋，把那隻酒瓶擋掉了，隨即一記右勾拳，把那黑人打倒在枱子上，但那黑人不是弱者，個子比他高大，體格也很強壯，他站起來像餓虎撲羊樣向林敏撲過來，林敏抓住黑人一隻手把他向自己身邊一引，然後又用肩膀把黑人的身體用力一甩，黑人就一個倒栽葱翻倒在地上，這下黑人跌痛了，爬起來哇哇叫地竄了出去，值勤的警察立刻趕了過來，章珂早已看到，馬上告訴林敏，林敏拖着他從後門溜出去了。

他們安全脫逃之後，章珂的心還在怦怦地跳，他怕警察追趕過來。

「林敏，我看這種事不能幹！」章珂提心吊膽地說。

「爲甚麼？」林敏奇怪地望着他說。

「很危險！」章珂的聲音有點發抖。「如果那一酒瓶打在你頭上，你的腦殼就會打成個爛西瓜！」

林敏哈哈地笑了起來，然後又十分神氣地說：

「我會那樣笨？如果那黑炭頭不跑得快，我還要摔得他暈頭轉向。」

「出了人命不是玩的。」章珂躭心地說。

「幹這一行就是玩命，死了拉倒，不死就會出頭。張大哥五年前臉上被人砍了一刀，他沒有死，你看現在他多威風？連警察都不敢惹他。」

「我們不能冒這個險。」章珂擦擦額上的汗說。

「你怕甚麽？」林敏望着他說：「又不要你打架。」

「我怕你會碰到高手，那你就會吃虧。」章珂躭心地說。

「我不是傻瓜，我懂得打沙蟹的訣竅，何況今天能打過我的人不多。」林敏得意地說：「如果那天我不故意讓張大哥，第二次我還是會很快地把他摔倒。張大哥在臺北是數一數二的好漢，張大哥以下的腳色那就更經不起我三拳兩腳了。剛才那個黑炭頭人高馬大，三兩個中國人眞不是他的對手，他還不是被我摔得兩腳朝天，哇哇怪叫？」

剛才這一幕章珂是親眼看見的，他不能不佩服林敏的身手，可是他沒有誇獎林敏，他怕林敏好勝將來會鬧出人命！因此他說：

「林敏，你家裏那麽有錢，實在犯不着玩命。」

「我父親是個守財奴，錢比命重，讓他帶到棺材裏去好了，我不想他那份遺產，我要自己打天下。」林敏回答。

章珂忽然嘆了一口氣，林敏馬上問他：

「你爲甚麽嘆氣？」

「我也說不出來爲甚麽，我只覺得這個社會有點奇怪，人也有點奇怪，你用不着玩命偏要玩命，我想讀書又沒有書讀，像打籃球一樣，我們的位置完全不對。」

林敏聽了哈哈地笑了起來，笑過之後又說：

「你總有許多奇怪的思想，我看你將來會得神經病，我和張大哥永遠不會發神經，我們的辦法是拿到了球決不放手，誰來搶就給誰一拳頭，看他是要球還是要命？」

章珂聽了不禁噗哧一笑，這時一輛紅色的巡邏警車正向他們這個方向急馳過來，林敏機警地把章珂一帶，馬上轉進一條小巷隱藏起來。

四

章珂從報社領出五十份報紙之後，不到三個鐘頭就賣掉了四十六份，剩下四份報紙他並不着急，因此，他坐到一個豆漿攤上吃燒餅油條，邊吃邊打開報紙看看，忽然社會新聞版發現他出走的新聞，還有他和父母兄弟的合家照片。他看了一驚，連忙把報紙收起來，匆匆吃完之後，就走到公園裏坐到一個僻靜的石凳上仔細閱讀，看着，看着，他忍不住流淚了。他知道父親急得生病，母親快要發瘋了，尤其是母親，表示非常後悔，她對記者說不該忽略章珂，不該對他過於淡漠，不該和他父親吵吵鬧鬧，更不應該叫他停學。

「只要他肯回家，就是討飯我們也要讓他上學。」她對記者這樣說。

他把報紙合了起來，他的眼淚汨汨地流，本來他對父親的不聞不問，母親的淡漠，和以健康不佳的原因要他停學有點不滿，可是現在他對父親整天上班，母親日夜辛勞，反而同情起來，甚至對他們的吵吵鬧鬧，也原諒了，對過去的那種火山邊緣的痛苦生活，也有點留戀了，尤其是幾個天眞的弟弟，更使他想念。

他身上的錢夠買一張火車票，他很想馬上搭車回去，可是好勝心和自尊心又不讓他那樣做，他要自己養活自己，自己完成學業。因此，他又擦乾了眼淚，叫賣了三份報紙，最後一份報紙照例不賣，要拿回去給林敏看。

林敏看到他出走的新聞之後，也有點驚異，他拿着報紙走過來問章珂：

「你看到這條新聞沒有？」

章珂點點頭。

「你想回去？」林敏試探地問。

「不！」章珂堅決地搖搖頭。

「好！有志氣！」林敏用力在他肩上一拍：「男子漢大丈夫，應該赤手空拳打天下才對。」

以後他又照常工作，白天賣報，晚上和林敏一道出去。

一天清早，他正一手抱着一疊報紙，一手拿着一份報紙，邊跑邊叫，在一個巷口和一個人撞了一下，他被那個人捉住了手臂，他抬頭一看，立刻滿臉通紅，那不是別人，是他的舅舅。

「珂兒！你怎麽一個人在臺北賣報？你爸爸媽媽都快急死了！走！馬上跟我回去！」

他舅舅不由分說，就把他往火車站拖。

「舅舅！我不要回去：我不要回去！」他邊說邊掙扎。

他舅舅的力氣很大，捉着他像捉着一隻小鷄，他怎樣也掙脫不了。

「胡說！你不回家一個人在外面打流？」他舅舅大聲訓斥他。

「舅舅，我要讀書，我要自己賺錢讀書，我不要回去！」他大聲分辯。

「舅舅負責你的學費，要讀書也該回去讀書，一個人在外面會變成小流氓！」他舅舅拖着他說。

「舅舅，你眞供給我的學費？」他抬起頭來問。

「舅舅說話算話！」他舅舅拍拍胸脯說：「還會騙你？」

「那您也要讓我寫封信？」他提出一個條件。

「寫給誰？」他舅舅問。

「同學。」他說。

「好，到車站去寫。」他舅舅點頭同意。

到車站之後，他舅舅替他買好信紙信封，又掏出鋼筆給他，他伏在服務檯上邊想邊寫：

林敏：

剛才我碰到我舅舅，他要我囘去，還答應供給我的學費讀書，我沒有理由再在外面混了。而且像我這樣的身體也混不出頭，我不够格作一個打手，讀書也許還有點辦法，或者不致於像楊老師，因爲我在臺北一個多禮拜，大街小巷都跑遍了，還沒有迷失過路。

你是一條好漢，是一個很好的打手，如果好好地讀書，自然比我更有前途，甚至比張大哥更有前途，因爲張大哥沒有讀甚麽書。

他寫到這裏，他舅舅突然臉色沉重地揷進來問：

「你這個同學是幹甚麽的？」

章珂望着舅舅直瞪眼，答不出來，過後才囁嚅地說：

「他是和我一道出來的。」

「那要他和你一道回去。」他舅舅說。

「他不肯回去。」章珂說。

「你帶我去把他抓回去。」他舅舅拖着他就走。

「舅舅，他學過柔道，學過拳擊，前幾天一個大黑人被他兩下就打倒了，你不要去。」章珂大聲說。

他舅舅的臉一紅，自然地把拖着他的手放下了，改口說：

「快寫，快寫。」

章珂遵命把信草草結束，封好信口，貼好郵票，投進郵箱。

然後他拿起沒有賣完的報紙對舅舅說：

「舅舅，讓我把這幾份報紙賣完了再走。」

「我連你都收買了，還有甚麼好賣？」他舅舅橫了他一眼，把他手上的報紙搶了過來，拖着他走向賣票的窗口，又匆匆走進月臺，因爲從基隆南下的車子已經進站了。

心聲淚影

一

「小蘭，妳的老師是誰？」看過同事陸奇中的女兒陸小蘭的「生死恨」之後，我的感慨很多，這是我來臺灣十幾年第一次看戲。

「路玉蘭。」小蘭躬躬身子囘答。眞難得她對老師的這份尊敬。

「哦，難怪，名師出高徒！」我說。

「項伯伯，你認識我老師？」

「不，」我連忙搖頭，「我只是她的戲迷而已。」

我話剛出口，老陸就瞪着兩隻牛眼望着我，在我臂上用力一捶：

「好傢伙，你藏私！我們同事這麽多年，我眞以爲你是個外行，原來你還是個戲迷！」

老陸這一拳打得很痛，但是我領了。

五年前小蘭小學畢業時，沒去參加聯考，卻考進了科班，當時他就徵求過我的意見，我說我是外行，不懂。以後每逢小蘭露演，他都邀我去看，我也沒有去。這次小蘭出科露演「生死恨」，老陸鄭重地對我說：

「老項，你如果再不去捧捧場，那眞不夠意思！好歹你都得賞個臉！不然的話你走你的陽關道，我過我的獨木橋，咱們兩免！」

這樣，我才陪老陸去看了她女兒的傑作。我眞沒有想到她會演得這麼好？和十八九年前玉蘭演的一模一樣，只是火候還不如路玉蘭。

「項伯伯，你甚麼時候看過我老師的戲？」小蘭問。

「早啦，小蘭，你還沒有出世哩！」我說。

「我說囉！我老師在臺灣沒有登過臺，你怎麼看得到她的戲？」

「你們大班小班經常公演，妳老師怎麼不露一露？」我問。

「她說沒有知音，不想登臺，她快二十年沒演了。」小蘭只有十七歲，卻像大人一樣地說話。

「她甚麼時候開始敎妳的？」

「前年，我從花衫改學青衣以後。」

「小蘭，妳能遇着她這樣的好老師，是妳福氣，也是祖師爺特別愛護妳。」

「項伯伯，敢情是！從路老師教我以後，我不再荒腔走板，還能捉摸住她的唱腔，學到五六分兒，我也不再挨打，別的老師都說我脫了胎，換了骨，完全變了個樣兒。」

「小蘭，妳老師的玩意兒妳已經學到了七八分，再過幾年妳會紅起來。」我不是胡捧，在戲臺上吃開口飯的，我落眼便知。小蘭的天分高，氣質好，嗓門兒寬亮甜潤，是上好的青衣人才，可以直追路玉蘭。

「項伯伯，你以後可要多多捧場？」小蘭兩隻會說話的眼睛，盯在我的臉上。

「小蘭，妳放心，項伯伯今天露出了馬腳，以後不敢不去。」老陸像老狐狸咬住鷄，卡着脖子不放。

「項伯伯，你要不要看看路老師？她好像寂寞得很，難得這麼一位知音。」

「小蘭，以後她登臺時我再去捧場好了，當年她的戲迷多得很，我不過是其中之一。」我不想小蘭父女知道得太多，不得不這麼說。

二

我知道路玉蘭是不會登臺的，正如這十幾年來我沒有看過別人的戲一樣。當初我們分別時，她就說了，她從此封箱；我也說了，我不再玩票。我謹守了我的誓言，甚至在收音機裏聽聽平劇的機會也不多。

但是她又怎麼會當起平劇教師來？她又是甚麼時候來臺的？我就一點也不清楚了。我心裏實在想去看看她，但我又怕勾起傷心的往事，這對於我們兩人都沒有好處。

小蘭出科的第三天，老陸請我到他家裏吃餪飯，我去得遲，到達時已先有兩個人在座，一男一女。男的灰長衫，捲起三寸寬的白袖口，瀟洒得很。以前我也愛這種打扮。女的天藍色旗袍，銀灰色短外套，我們四目相遇，彼此都微微一怔，我像個獃頭鵝，她卻有三分欣喜。小蘭跳到我的面前，搶着介紹：

「項伯伯，這位就是路老師。」

我哦了一聲，她又對路玉蘭說：

「老師，這位就是項伯伯，你的知音。」

路玉蘭伸過手來和我一握，快二十年了，她的手還是這麼温暖柔軟，我像握着一塊軟玉。

她隨即把我拉到那位穿長衫的男人面前，指着他對我說：

「這位是黃如珊先生，名琴師。」

隨後又指指我向黃如珊一笑：

「這位是項楚歌先生，當年的怡紅館主，名票。」

黃如珊馬上和我熱烈地握手，連說：「自家人，自家人。」

老陸聽見路玉蘭這一介紹，馬上用手向我一指，說道：

「哼！你這傢伙太不够朋友！原來你還是個玩兒票的？當初小蘭入科，我徵求你的意見，你屁都不放一個，後來請你看戲，你又東藏西躲，好哇！待會兒非罰你唱幾段兒不可！」

「老陸，我快二十年沒有開口，你不要逼我獻醜。待會兒還是讓小蘭多唱幾句兒，讓我過過癮。」我說。

「小蘭的事兒，用不着你來提調，今天是謝師，當着兩位恩師的面前，少不得要她卯一下，你可別想臨陣脫逃？」

我又被老陸一口咬住，不知如何是好？玉蘭卻笑着對我說：

「你既然很久不彈這個調調兒，今天機會難得，黃先生是名手，待會兒請他好好地襯托一下。」

「館主如果不嫌我毛手毛腳，一定盡力而爲。」黃如珊謙虛地說。

「黃先生忒謙了，我三生有幸。」

「嘢！臺灣葡萄，酸吶！」老陸一邊抹桌子，一面向我咧嘴一笑。

小蘭看她爸爸那副德行，不禁噗哧一下笑出聲，隨後掩着小嘴說：

「爸，你總開項伯伯的玩笑！」

「小蘭，妳項伯伯是個瘟生！我和他同事這麽些年，交情不能算淺，就不知道他是江南一票，平時我還愛在他面前哼哼唱唱，假充內行，他讓我出盡了醜，丟盡了人！爸越想越恨！」

大家都笑了起來，我也笑着說：

「你的裘派花臉的確不壞。」

「去你的！你還拿我開心？我是重傷風，鼻子不通。」老陸笑着駡我。

「陸先生，我聽小蘭說過，你的丁甲山的確不賴。」玉蘭說。

「路老師，妳別聽小蘭瞎胡扯，我只是從唱片上漂學幾句，唬得住外行可騙不了內行。」老陸也客氣起來。「我要是年輕三十歲，少不得也要向祖師爺磕個頭，向你們二位討教討教。」

「得了，隔行如隔山，」玉蘭笑着說，「我把會的玩藝兒都傳給小蘭了。」

「路老師，妳的戲可多啦！小蘭再學三年也學不完的。」

「陸先生，你放心，我決不藏私，反正我自己不唱了，小蘭出師後，我照樣會教給她。」

「謝了。」老陸雙手抱拳過頂，深深一揖。

老陸平時生活很節儉，今天確實很備了幾樣好菜，比館子裏實惠得多，他還一再說：「不成敬意。」

飯後他把桌子一拉，地一掃，拿出一把胡琴恭恭敬敬地交給黃如珊，黃如珊調了一陣絃子，說這把琴並不比他自己的差，老陸樂得合不攏嘴。

「小蘭，妳先開場！」老陸對女兒說。

小蘭走到黃如珊面前，向黃如珊恭恭敬敬地一鞠躬，黃如珊笑着問她：

「唱甚麼？」

「坐宮。」小蘭說。

我心裏一怔，一喜，我第一次登臺和玉蘭配戲就是「四郎探母」。玉蘭望了我一眼，她看得出來我內心有點激動。

小蘭的嗓子實在很好，眞當得「珠圓玉潤」這幾個字兒，她唱完之後我笑着對玉蘭說：

「有妳當年那點味兒。」

「她本錢足，只是在尖團上還要多下點兒功夫，祖師爺會賞她一盌飯吃。」

「謝謝老師的恩典。」小蘭乖巧地說。

接着老陸就逼着我唱，我不開口，他只好自己墊了一段「鎖五龍」。唱完以後雙手一抱，向我們咧嘴一笑：

「獻醜！獻醜！」

玉蘭望望我，向我鼓勵地笑着說：

「怎樣？你也來一段兒？」

「拳不離手，曲不離口，我荒疏久了，妳先來幾句，然後好好地指點我一下如何？」我說。

她點點頭，輕輕咳嗽一聲，向黃如珊清清楚楚地吐出兩個字：

「祭江！」

我們一別快二十年，我一直沒有聽她唱過，她的嗓子一如當年，味兒更醇更足，小蘭和現在的她相比，還有一大段距離。我心裏喜不自勝，她一落音我就鼓掌。

「路老師到底是名角兒，一字一腔都不同凡響。」老陸讚揚地說。

「陸先生過獎。」玉蘭謙虛地一笑。

醜媳婦總要見公婆面，最後我不得不獻醜。我唱的是「打鼓罵曹」。

「讒臣當道謀漢朝……」

我的「朝」字一落音，老陸就鬼叫起來：

「嘢！完全是言老板的味兒，看不出來！」

我不理他，繼續唱下去，唱完以後，我還不覺得怎麼吃力，我向黃如珊說：

「荒腔走板，不要見笑。」

黃如珊把胡琴一收，連忙站起來和我握手，搖了幾搖：

「兄台修養有素，言味十足，在今天學余學楊的很多，學言的可就沒有一個。」

「因爲言腔實在難學，我也不過是興之所近。」我說。

「只有言腔有書香味兒，所以「打鼓罵曹」，「臥龍弔孝」這類的戲已成絕響。」

「高見！高見！」

「可惜兄台半途而廢，不然大有成就。」他放開我的手

「本來他還想獨創新腔。」玉蘭笑着插嘴。

「項先生是讀書人，上得大路。言菊朋也是先票後下海。」黃如珊說。

「我比不上言老板，只是愛這個調調兒，現在連票也票不成了。」我說。

玉蘭聽我這樣說，輕輕嘆口氣。

「老項，你是眞人不露相，不像我半瓶兒醋，草包！我服了你！」老陸用手在我肩上一拍。

其實他哪裏知道我另有文章？

三

從老陸家裏出來，黃如珊因爲要去趕一場夜戲，單人匹馬走了。玉蘭要我陪她喝杯咖啡，我帶她到武昌街一家最淸靜高雅的咖啡室去。

「本來我不想吃陸先生的謝師飯，我聽小蘭說有你，所以我才去了。」她一坐下就這樣說。

「小蘭知道我們的事？」我問。

「不知道，我甚麽也沒有對她講。」她搖搖頭。

「她還年輕，我們不要讓她知道這件事情。」我說。

「這些年來你眞的沒有看過戲？」

我搖搖頭。

「你也不聽聽收音機？」

「沒有機會。」

「爲甚麽？」

「太太要聽時代歌曲，兒子女兒要聽西洋音樂，哪有我的份兒？」

「你太太還是老樣子？」

「長不熟的靑柿子。」

「你有幾個孩子？」

「兩個，一男一女。」

「好福氣。」她向我一笑，不知道是酸的還是苦的？

我無話可說。

「他們也不喜愛京戲？」

「他們說我是老腐敗。女孩子的聲音像破鑼，男孩子像隻公鴨子。—

她噗哧一笑，隨即抱歉地說：

「對不起，我沒有一點惡意。」

「我很瞭解。妳呢？」

「別提！」她悽然笑了。

「王先生很好？」

「過氣佬倌，一文不值。」

「妳怎麽想到教戲？」

「坐吃山空，我不教戲怎麽過日子？」她反問我。

「他那麽多錢，難道沒有帶出來？」

「羚羊掛角，帶出來的不多。」

「你們人多？」我想王百城隨便帶出來一點，生活都不會成問題，除非人多。

「承他好意，倒只帶我一個。」

「你們沒有孩子？」

「老天可憐見，讓我落個乾淨。」

我仔細看看她，眼角已經有了皺紋，我這才想到她也到了中年，不再是雙十年華的路玉蘭了！過去既未生一男半女，今後自然更不會生了。

「我老了是不是？」她伸出兩隻尖尖的手指，掠掠鬢邊的亂髮。

「彼此，近乎。」

「唉！」她輕輕嘆口氣，「少年子弟江湖老，十八年老了王寶釧。老天有意和我們過不去，毀了我也毀了你。」

「這些年來，難道妳嗓子也不吊一吊？」

「對牛彈琴，我吊給他聽？」她嘴角輕輕一撇。

「那眞可惜，不然妳也許創出新腔了。」她是一個很有天才的藝人，宗梅而不拘泥，她曾經同我說過很多次，想推陳出新，自成一家，她的確有這副本錢，也有這份才氣。

「瞎子丟了拐棍怎樣行？沒有你我還能出甚麽花樣？」她知道我愛戲如命，雖然喜歡言腔，並不以言腔爲滿足，我的嗓子比言菊朋全盛時期還好，衷氣更足，我也想創出一種更適合於我，韻味更好的新腔。同時我[redacted]多喝幾滴墨水，對於音韻有點兒心得。言菊朋如果胸無點墨，絕對唱不出那種書卷味兒來。玉蘭瞭解我，加之我們臭味相投，所以我們更莫逆於心了。

但是天不見憐，我的家庭根本反對我票戲，更反對我和她來往，他們把戲子、忘八、吹鼓手同等看待，甚至這樣對我說：

「婊子無情，戲子無義，你還想和路玉蘭結甚麽露水夫妻？」

他們根本不知道戲裏面大有學問　，也不瞭解我和玉蘭的純潔感情和一個更高的目的。

在玉蘭二十一歲那年，她母親爲了貪財，竟甘心讓王百城把玉蘭量珠聘去作二房太太。王百城根本不懂京戲，他是貪色而不重藝。當這件事情決定之後，玉蘭曾把她最心愛的一件行頭，剪得稀爛，伏在衣箱上痛哭了幾個鐘頭。我也傷心遠走臺灣——剛剛光復的臺灣，久矣不彈此調了。

我既放棄了視如生命的平劇，宛如走肉行屍，在事業上毫無成就，來臺灣時是個小課員，現在仍然原封不動，因爲我根本不是這塊料。想不到玉蘭也是這麽平凡地度過了十幾年，這是一個多大的損失？

「楚歌，你怎麽不出聲？」她看我沉默不語，抬眼望着我。

「我的姓名就有點兒悲劇意味，還有甚麽好講的？」

「你想不想票一次散散心？我陪你。」她笑着說。

「我荒腔走板，連臺步都忘了，還能上臺獻醜？」我不覺失笑。

「我每天抽空陪你排一排。」

「妳哪有許多時間？」以我現在的情形來講，排一個大戲出來，得兩三個月，像「賀后罵殿」這種簡單的戲也得個把月。

「反正我沒有甚麽事，十幾年也白白地過了。」她說。

「那我們排一個小戲好了。」

「不，應該排一齣大對兒戲，一來我們自己過過癮，」她向我一笑，酒渦兒一現，依稀可以看出當年的美麗純眞，「二來也在別人面前露兩手兒。」

「玉蘭，這可不能開玩笑，」我笑着說，「現在的我可不比從前，不要砸了妳的招牌？」

「先前我在陸先生家裏聽了你幾句，好！保險不會出錯兒。」她很有信心地說。

「在臺上可不是淸唱，身上也得有戲？」

「你放心，多練練，我會指點指點。」

「妳看排甚麽好？」

「全本四郎探母。」

「這我怎麽動得了？」我倒抽了一口冷氣。這個戲四郎的份量重，嗓子稍差的伶工也不敢動，單是一句「站立宮門叫小番」，十有九個翻不上去，何況還有「吊毛」？

「你不記得你第一次登臺就是由我配你唱這齣戲？」她特別提醒我。

我自然記得，這件事我一輩子也不會忘記，就是由於她的巧妙襯托，我才一票而紅。

一下場我們就在後臺相擁而泣，我們快樂得流淚。以後還同我合演了好幾個戲，托她的福，我贏得了一份虛名。

「你怎麽又壽頭壽腦的？」我陶醉在過去的美夢中，沒有作聲，她忽然笑着問我。

我哦了一聲，笑着囘答：

「不要冒險吧？」

「値得冒一冒，這齣戲對我們有意義。」她望着我，我又看見她十九歲時的那種眼神。

「砸了呢？」

「砸在臺上我也甘心。」

她的話激起了我二十歲時的豪情，我握着她的手一躍而起：

「行！」

四

老陸父女知道我要票「四郎探母」，非常高興。我們兩人都不是忙人，他總是拖着我去他家裏吊嗓子，他的胡琴拉得不賴，遇到小蘭在家時他便要她陪着我唱。

我長久不唱，[redacted]，衷氣也不如從前，可是老陸還歪着腦袋喝彩，或是把胡琴停下來說：

「奇！老項，你也是一條雲遮月的嗓子，越唱越亮！[redacted]」

「老陸，別瞎胡捧，我眞躭心砸下臺來！」

「嘢！」老陸把腦袋一歪，「光憑你在臺上喊幾句[redacted]就能[redacted]衆！」

「光放警報有甚麼意思？」我笑着說。

「項伯伯，你不是放警報，你有味兒，我們隊上富家老生郝元鵬，也唱不出你這種味兒。」小蘭說。

「小蘭，妳可不能跟你爸爸一樣，哄項伯伯，我砸了無所謂，可不能砸妳路老師的招牌！」我一臉正經地對小蘭說。

「不會，不會，」小蘭的頭搖得像個博浪鼓兒：「項伯伯，你放心好了。」

小蘭父女雖然這麼說，可是我一點不敢大意。玉蘭要靠此維生，我可不能坑她。

每天天一亮，我就跑到山上的苦竹林裏獨自吊嗓，竹林裏的空氣好，人很舒暢，我特別注意幾句倒板，我反覆地唱：「站立空門叫小番」那一句，我能輕鬆愜意地翻上去。此外我就注意和玉蘭對啃的快板，戲詞兒要熟，吐字要淸，才能和玉蘭對得上去，別人也才能聽得淸楚。

早晨吊了一個多鐘頭我才去上班，中午我不休息，多半是老陸陪着我吊。老陸的戲癮也眞大，和我二十年前差不多。他們希望我這一票打響，以後他也想登登臺，而且他巴望着和玉蘭，我，三人來一齣二進宮，過過癮，揚揚名。

晚上，多半是小蘭陪我到她隊上去。玉蘭每天晚上都在那裏，她教完戲就陪我排練。

玉蘭的人緣很好，上上下下的人都敬重她，所以我這麽一個外人到裏面排戲，他們也沒有閒話，而且更難得的是她邀到了當家老生郝元鵬去楊六郎。

起初郝元鵬看我的動作那麽生疏，頗有點輕視的意味，玉蘭看在眼裏，毫無慍意。

一天她悄悄地對琴師黃如珊說：

「得罪你，黃先生，我想同項先生對對詞兒，麻煩你拉兩段。」

黃如珊是熟人，又聽過我唱過，欣然答應。

玉蘭並沒有要我和她對「四郎探母」，卻要我和她唱「三娘教子」，老薛保得眞材實料，以前我們也合演過。

「你的詞兒忘記沒有？」她笑着輕輕問我。

我笑着搖搖頭，她很高興。

玉蘭是這兒的教席，她一開口大家都洗耳恭聽，去年出科的當家青衣是她的學生，還有甚麽話說？

輪到我時，她把尖尖的食指向上一挑，輕輕地對我說：

「卯上一點兒。」

本來我一向不願意窮喊亂叫，我講究的是那麽一點味兒，玉蘭要我卯上，一定有甚麼用意，因此我也使出我這點看家的本領。

果然，我唱了幾句，就有人輕輕地「喲！」了一聲，我的高腔一出，就得了一個滿堂彩。

我輕輕鬆鬆地唱完了老薛保的一段唱詞，黃如珊馬上站起來和我緊緊地握手：

「項先生，你的嗓門兒越來越亮了！」

「不要見笑，剛吊過幾天。」我說。

郝元鵬也趕過來和我握手，我謙虛地說：

「班門弄斧，見笑，見笑！」

「項先生的本錢眞足，少見，少見。難怪路老板要和你唱對兒戲。」他也謙虛起來。

「郝老板，從前我們是老搭檔，」玉蘭接着說，「只是這些年來他荒疏了，所以得重新排練，你看他四郎一人到底有沒有問題？」

「路老板，沒有問題，沒有問題。」郝元鵬拱拱手，帶着七分諂笑。

「郝老板，他身上的戲還得請你多多指教。」玉蘭順水推舟，「你是道地的京朝路子。」

郝元鵬可樂了，馬上拍拍胸脯：

「一句話，算數的。」

我自然也向他謝了一番。

果眞，此後我和玉蘭排練時，他也在旁邊指點。他是科班出身的伶工，身上自然比我邊式多了，舉手投足，都有分寸，只是他的嗓子塌了，唱起來似乎五音不全，聽來實在蹩扭。所以他在這兒是教多於唱的。

一天晚上，我練吊毛時，不愼摔傷了膀子，郝元鵬替我推拿了一番，貼了一張膏藥，當時，不覺得怎麼嚴重，第二天卻腫了起來，我不得不住進醫院。

玉蘭知道了，立刻趕到醫院來，坐在床邊陪我。

「玉蘭，恐怕這臺戲我唱不下去了。」我說。

「不要洩氣，我問了大夫，一個禮拜你就可以出院。」她安慰我。

「出院以後不知道能不能再摔吊毛？」

「萬一不行，你就馬過去算了。」她向我一笑。

「不行，我不能偷工減料。」我雖然不能刻意求工，可也不願像一般票友那麼潦草。

「你的態度很對。」她笑着拍拍我的手。

「玉蘭，說實話，我眞躭心我演不好。」四郎不但對我這個票友是重頭戲，對一般伶工也不輕鬆，郝元鵬就動不起。

「你應該拿出當年的勇氣，楚歌，你想想看，當年你是怎樣的？」她俯下身子在我耳邊輕輕地說。

她一提起當年，我就像打了一支强心針，那一次演出前的排練，我的膀子摔脫了臼，我沒有皺一下眉，一出醫院，不到兩天就上戲，在臺上，我一個空心跟斗打過去，還贏得了一片掌聲。

她看我興奮，淚眼盈盈地對我說：

「楚歌，人生沒有幾個二十年，這是我們重逢後第一次唱對兒戲，好好地唱一臺，讓我重溫一下二十年前的舊夢。……」

我握着她的手，她的眼淚淌落在我的手背上，輕輕的，暖暖的。

五

我玩票摔傷了膀子，住了一個禮拜醫院，老闆對我不大諒解。出院以後，我連忙上班，他見了我不但沒有半句慰問的話兒，反而調侃[illegible]說：

「現在是電影的世界，你還玩這個老古董？唱戲的都是一天打漁，三天晒網，你還想吃開口飯？還是安份守己，幹點正經事兒吧！」

要是二十年前，我會吐他一臉唾沫，可是現在我一聲不響，任他取笑，因爲我要吃飯。

平時從來沒有聽過我哼過的同事們，都以懷疑的眼光望着我，有人甚至開玩笑地說：

「老項，你幾時拜過祖師爺的？你算哪一派？」

「老項，你知道西皮和二簧有甚麼分別？」

「老項，你知道甚麼是尖？甚麼是團？你走兩步路給我看看？」

甚至還有些更不堪入耳的輕薄話，我都忍受了。

但是，我早晨起得更早，我爬上山頭，面對着東方大聲吊嗓，我嗓門有多大就喊多大，決不保留，那有名的警報老生古月樓也決難和我相比，因爲他只是一條刺耳的左嗓，沒有我的寬亮醇厚。

晚上我和玉崗排練時也特別認眞，一絲不苟，不到十二點決不能休，我準備捨命報知己。

玉蘭看我如此認眞賣力，非常高興，但也有點奇怪。一天晚上，我們停止排練之後，我像往日一樣沿着新生南路的大水溝邊漫步送她回家，她輕輕地問我：

「楚歌，怎麽出院以後你這樣認眞？」

「玉蘭，士爲知己者死，我一定要把這臺戲唱好，比第一次唱得更好。」我說。

「會，我相信你會。」她點點頭。

「妳看我的嗓子是不是恢復了當年的水準？」

「你年到力到，比從前更好，更有韻味。」

「身上呢？」

「也有進步，邊式多了。」

「玉蘭，果眞如此，死在臺上我也値得。」

「楚歌，你怎麽說這稱不吉利的話兒？」她像受了驚嚇似的望着我。

「玉蘭，當我是個小不點兒時就是一個戲迷，後來遇到妳，才遇到一個眞正的知音。我曾經打算下海陪妳，可是好事多磨，這些年來我差點兒憋死，這次出院以後又受了奚落……」

「誰奚落你？」

「不必多問，我們把戲唱好就是。」

「好，這次我得拿出我的看家本領，讓大家瞧瞧。」

六

這個戲我們整整排練了三個月，我爲了愼重起見，公演前夕，特別來次彩排。玉蘭請了些劇評家和內行來看，此外都是大班小班的教席和學生。

玉蘭自己還保留了一箱行頭，公主的穿戴不成問題，我從前曾經自製了幾件漂亮的行頭，來臺前夕傷心地塞進大火爐裏燒掉，所以只好借用郝元鵬的，幸好他的身材和我不相上下，勉强可以湊合。

玉蘭親自替我上粧，小心翼翼，一點也不疏忽。穿戴整齊之後，我站起來走了兩步，小蘭拍着手說：

「項伯伯的扮像眞好。」

老陸更怪叫一聲：

「喲！帥！」

玉蘭望着我一笑，連忙坐下去自己上粧，小蘭給她幫忙，她上好粧往我面前一站，笑着問我：

「你看我這個公主可配？」

她這一打扮，簡直和十九歲時一模一樣，我高興得說不出話來。

臺下的位子雖然只坐滿三分之一，但個個是行家，所以我一點也不敢馬虎。

我出臺亮相時觀衆並沒有怎麽叫好。可是等我一唸出：

「金井鎖梧桐，長嘆空隨一陣風！」

我的「風」字剛一噴出，馬上掌聲如雷，同時夾雜着：

「喲！喲！好！」的叫聲。

玉蘭一出臺亮相，就贏得一個滿堂彩。

黃先生的胡琴襯托得非常好，倒板尤其提神，當我唱出「未開言不由人淚流滿面……

……」時，我突然感慨萬端，聲淚俱下。我的聲音是節節高，掌聲叫好聲，也和我爭高，我更是兩淚如麻，汨汨不斷。

玉蘭的彩聲自然不會比我少，她自「牡丹開，芍藥放……」唱開以後，幾乎一句一彩。

這臺戲直到十一點才結束。我們一進後臺就有些人圍過來看我們，他們和我都是素昧平生，玉蘭多半熟識，她很有禮貌地向他們致謝，把他們送走。

我和玉蘭卸粧時，老陸突然笑着對我說：

「老項，你怎麽假戲眞唱，眞的在臺上淌貓尿？」

「不然我唱不好。」我淡然一笑。

「老師，妳怎麽也在臺上落起淚來了？我怎麽學不會？」小蘭請教玉蘭。

「小蘭，妳還年輕，妳到了我這種年齡說不定也會落淚了？」玉蘭黯然一笑。

後記

最近七八年來，我的時間十之八九浪費於油鹽柴米和一些俗務上面，極少時間寫作，是我創作上的歉收時期，和以前在南部一年寫一兩個長篇的情形完全不同。前年底，我停止養鷄，儘量擺脫一切無謂的事務，決心筆耕維生，並彌補以往多年創作上的損失，一年下來，總算差强人意，寫了上百萬字。爲了卽寫卽[redacted]，除了一個三十[redacted]萬字的長篇（白雪青山）之外，絕大部份是短篇小說。[redacted]年初，我大約統計一下，連以前所寫的短篇，已經超過一百萬字。保存不易，因此我才想到出版。這裏所選的十四篇，除了「南海屠鮫」和「高山曲」是早幾年的作品之外，其餘的都是最近的作品。而一九六一、一九六二兩年入選維也納納富出版社編選的「世界最佳小說選集」中的兩篇作品並不在內。

除了這本「花嫁」之外，我還選了「水仙花」等三本小說，今年內在臺灣出版。而這幾個短篇集子，不過佔我的短篇小說百分之六十左右[redacted]。

我以寫作作爲職業以來，除了堅守決不粗製濫造這一原則之外，同時還發現了一個奧妙，寫作這一行業也必須「專」，業餘玩票，不是好辦法、好現象。當然，以純文藝創作作爲謀生的方法，在這行是最笨而又最無保障的一件事，是智者所不取的。幸好，承海內外報刊編者讀者垂青，我還沒有走上絕路，倘有一線生機，而我也「樂此不疲」，決以有生之年，繼續努力。「春蠶到死絲方盡」，我不擲筆死也決不拋棄這枝禿筆。世界雖大，只有小方格子才是我的天地。

中華民國五十三年（一九六四）五月、一十八日、墨人於臺北。

墨人註：

一、[redacted]與我同輩的[redacted]作家，二十年前就停筆了。這並非全是「江郎才盡」，而是發表、出版的機會太少[redacted]的作家的文學生命也停止呼吸了[redacted]

二、這本書是香港九龍東方出版社一九六四年出版的。現在台港兩地很多出版社都不存在，但我還活著，不死不休

三、本書原名《花蝶》，今收中易名。

二〇〇七年五月二十七日於台北重校

紅塵中寄廬

墨人博士著作書目（校正版）

書目	類別	出版者	出版時間
一、自由的火焰（與《山之禮讚》合併易名《墨人新詩集》）	詩集	自印（左營）	民國三十九年（一九五〇）
二、哀祖國（與《山之禮讚》合併易名《墨人新詩集》）	詩集	大江出版社（臺北）	民國四十一年（一九五二）
三、最後的選擇	短篇小說	百成書店（高雄）	民國四十二年（一九五三）
四、閃爍的星辰	長篇小說	大業書店（高雄）	民國四十二年（一九五三）
五、黑森林	長篇小說	香港亞洲社	民國四十四年（一九五五）
六、魔障	長篇小說	暢流半月刊（臺北）	民國四十七年（一九五八）
七、孤島長虹（全集中易名爲富國島）	長篇小說	文壇社（臺北）	民國四十八年（一九五九）
八、古樹春藤	中篇小說	九龍東方社	民國五十一年（一九六二）
九、花嫁	短篇小說	九龍東方社	民國五十三年（一九六四）
一〇、水仙花	短篇小說	長城出版社（高雄）	民國五十三年（一九六四）
一一、白夢蘭	短篇小說	長城出版社（高雄）	民國五十三年（一九六四）
一二、颱風之夜	短篇小說	長城出版社（高雄）	民國五十三年（一九六四）

一三、白雪青山　長篇小說　長城出版社（高雄）　民國五十四年（一九六五）
一四、春梅小史　長篇小說　長城出版社（高雄）　民國五十四年（一九六五）
一五、洛陽花似錦　長篇小說　長城出版社（高雄）　民國五十四年（一九六五）
一六、東風無力百花殘　長篇小說　長城出版社（高雄）　民國五十四年（一九六五）
一七、合家歡　長篇小說　臺灣省新聞處（臺中）　民國五十四年（一九六五）
一八、紅樓夢的寫作技巧　文學理論　臺灣商務印書館（臺北）　民國五十五年（一九六六）
一九、塞外　短篇小說　臺灣商務印書館（臺北）　民國五十五年（一九六六）
二〇、碎心記　長篇小說　小說創作社（臺北）　民國五十六年（一九六七）
二一、靈姑　長篇小說　小說創作社（臺北）　民國五十七年（一九六八）
二二、鱗爪集　散　文　水牛出版社（臺北）　民國五十七年（一九六八）
二三、青雲路　短篇小說　臺灣商務印書館（臺北）　民國五十八年（一九六九）
二四、變性記　短篇小說　臺灣商務印書館（臺北）　民國五十八年（一九六九）
二五、龍鳳傳　長篇小說　幼獅書店（臺北）　民國五十九年（一九七〇）
二六、火樹銀花　長篇小說　立志出版社（臺北）　民國五十九年（一九七〇）
二七、浮生集　散　文　聞道出版社（臺南）　民國六十一年（一九七二）
二八、墨人詩選　詩　集　臺灣中華書局（臺北）　民國六十一年（一九七二）
二九、鳳凰谷　長篇小說　臺灣中華書局（臺北）　民國六十一年（一九七二）

三〇、墨人短篇小說選	短篇小說	臺灣中華書局（臺北）	民國六十一年（一九七二）
三一、斷腸人	短篇小說	臺灣學生書局（臺北）	民國六十一年（一九七二）
三二、詩人革命家胡漢民傳	傳記小說	近代中國社（臺北）	民國六十七年（一九七八）
三三、心猿	長篇小說	學人文化公司（臺北）	民國六十八年（一九七九）
三四、山之禮讚	詩　集	秋水詩刊（臺北）	民國六十九年（一九八〇）
三五、心在山林	散　文	中華日報社（臺北）	民國六十九年（一九八〇）
三六、墨人散文集	散　文	學人文化公司（臺中）	民國六十九年（一九八〇）
三七、山中人語	散　文	臺灣商務印書館（臺北）	民國七十二年（一九八三）
三八、花市	散　文	江山出版社（臺北）	民國七十四年（一九八五）
三九、三更燈火五更雞	散　文	江山出版社（臺北）	民國七十四年（一九八五）
四〇、墨人絕律詩集	詩　集	臺灣商務印書館（臺北）	民國七十六年（一九八七）
四一、全唐詩尋幽探微	文學理論	臺灣商務印書館（臺北）	民國七十六年（一九八七）
四二、第二春	短篇小說	采風出版社（臺北）	民國七十七年（一九八八）
四三、全唐宋詞尋幽探微	文學理論	臺灣商務印書館（臺北）	民國七十八年（一九八九）
四四、小園昨夜又東風	散　文	黎明文化公司（臺北）	民國八　十年（一九九一）
四五、紅塵（上、中、下三卷）	長篇小說	臺灣新生報社（臺北）	民國八　十年（一九九一）
四六、大陸文學之旅	散　文	文史哲出版社（臺北）	民國八十一年（一九九二）

四七、紅塵續集	長篇小說	臺灣新生報社（臺北）	民國八十二年（一九九三）
四八、墨人半世紀詩選	詩　選	文史哲出版社（臺北）	民國八十四年（一九九五）
四九、張本紅樓夢（上下兩巨冊）	修訂批註	湖南出版社（長沙）	民國八十五年（一九九六）
五〇、紅塵心語	散　文	圓明出版社（臺北）	民國八十五年（一九九六）
五一、年年作客伴寒窗	散　文	中天出版社（臺北）	民國八十六年（一九九七）
五二、全宋詩尋幽探微	文學理論	文史哲出版社（臺北）	民國八十九年（二〇〇〇）
五三、墨人詩詞詩話	詩詞・理論	詩藝文出版社（臺北）	民國八十九年（二〇〇〇）
五四、娑婆世界（定本）	長篇小說	昭明出版社（臺北）	民國八十八年（一九九九）
五五、白雪青山（定本）	長篇小說	昭明出版社（臺北）	民國八十九年（二〇〇〇）
五六、滾滾長江（定本）	長篇小說	昭明出版社（臺北）	民國八十九年（二〇〇〇）
五七、春梅小史（定本）	長篇小說	昭明出版社（臺北）	民國八十九年（二〇〇〇）
五八、紫燕（定本）	長篇小說	昭明出版社（臺北）	民國九　十年（二〇〇一）
五九、紅樓夢的寫作技巧（定本）	文學理論	昭明出版社（臺北）	民國九　十年（二〇〇一）
六〇、紅塵六卷（定本）	長篇小說	昭明出版社（臺北）	民國九　十年（二〇〇一）
六一、紅塵法文本	巴黎友豐（you fonq）書局出版		二〇〇四年初版

附　註：

▲北京中國文聯出版社　二〇〇三年出版　大陸教授羅龍炎・王雅清合著《紅塵》論專書

▲臺北市昭明出版社出版墨人一系列代表作，長篇小說《娑婆世界》、一百九十多萬字的空前大長篇《紅塵》（中法文本共出五版）暨《白雪青山》（兩岸共出六版）、《滾滾長紅》、《春梅小史》、《紫燕》，短篇小說集、文學理論《紅樓夢的寫作技巧》（兩岸共出十四版）等書。臺灣中華書局出版的《墨人自選集》共五大冊，收入長篇小說《白雪青山》、《靈姑》、《鳳凰谷》、《江水悠悠》（爲《東風無力百花殘》易名）、《短篇小說・詩選》合集。《哀祖國》及《合家歡》皆由高雄大業書店再版。臺北詩藝文出版社出版的《墨人詩詞詩話》創作理論兼備，爲「五四」以來詩人、作家所未有者。

▲臺灣商務印書館於民國七十三年七月出版先留英後留美哲學博士程石泉、宋瑞等數十人的評論專集《論墨人及其作品》上、下兩冊。

▲《白雪青山》於民國七十八年（一九八九）由臺北大地出版社第三版。

▲臺北中國詩歌藝術學會於一九九五年五月出版《十三家論文》論《墨人半世紀詩選》。

▲《紅塵》於民國七十九年（一九九〇）五月由大陸黃河文化出版社出版前五十四章（香港登記，深圳市印行）。大陸因未有書號未公開發行僅供墨人「大陸文學之旅」時與會作家座談時參考。

▲北京中國文聯出版公司於一九九二年十二月出版長篇小說《春梅小史》（易名《也無風雨也無晴》）；一九九三年四月出版《紅樓夢的寫作技巧》。

▲北京中國社會科學出版社於一九九四年出版散文集《浮生小趣》。

▲北京群眾出版社於一九九五年一月出版散文集《小園昨夜又東風》；一九九五年十月京華出版社出

版長篇小說《白雪青山》大陸版，第一版三千冊，一九九七年八月再版一萬冊。

▲長沙湖南出版社於一九九六年一月初出版墨人費時十多年精心修訂批註的《張本紅樓夢》，分上下兩大冊精裝一萬一千套。立即銷完、因未經墨人親校，難免疏失，墨人未同意再版。

Mo Jen's Works

1950 *The Flames of Freedom*（poems）《自由的火焰》

1952 *Lament for My Mother Country*（poems）《哀祖國》

1953 *Glittering Stars*（novel）《閃爍的星辰》

The Last Choice（short stories）《最後的選擇》

1955 *Black Forest*（novel）《黑森林》

The Hindrance（novel）《魔障》

The Rainbow and An Isolated Island（novel）《孤島長虹》（全集中易名爲富國島）

1963 *The spring Ivy and Old Tree*（novelette）《古樹春藤》

1964 *Narcissus*（novelette）《水仙花》

A Typhonic Night（novelette）《颱風之夜》

Ms.Pei Mong-lan（novelette）《白夢蘭》

The Joy of the Whole Family（novel）《合家歡》

Flower Marriage（novelette）《花嫁》

1965 *White Snow and Green Mountain*（novel）《白雪青山》

The Short Story of Miss Chung Mei（novel）《春梅小史》

The Powerless Spring Breeze and Faded Flowers（novel）《東風無力百花殘》（《江水悠悠》）

Flower Blossom in Loyang（novel）《洛陽花似錦》

1966 *The Writing Technique of the Dream of Red Chamber*（literature theory）《紅樓夢的寫作技巧》

Out of The Wild Frontier（novelette）《塞外》

1967 *A Heart-broken Story*（novel）《碎心記》

1968 *Miss Clever*（novel）《靈姑》

Trifle（prose）《鱗爪集》

1969 *The Road to Promotion*（novelette）《青雲路》

1970 *A Sex-change Story*（novelette）《變性記》

The Biography of the Dragon and the Phoenix（novel）《龍鳳傳》

1971 *A Brilliantly lighted Garden*（novel）《火樹銀花》

1972 *My Floating Life*（prose）《浮生記》

Selection of Mo Jen's Poems《墨人詩選》
A Heart-broken Woman（novelette）《斷腸人》
Phoenix Valley（novel）《鳳凰谷》
Mo Jen's Works（five volumes）《墨人自選集》
Selection of Mo Jen's short stores《墨人短篇小說選》
1978 *Hu Han-ming, the Poet and Revolutionist*（novel）《詩人革命家胡漢民》
1979 *The Mokey in the Heart*（i.e. The Purple Swallow renamed）《心猿》
1980 *The Hermit*（prose）《心在山林》
A Collection of Mo Jen's Prose（prose）《墨人散文集》
A Praise to Mountains（poems）《山之禮讚》
1983 *Mountaineer's Remarks*（prose）《山中人語》
1985 *My Candle Burns at Both Ends*（prose）《三更燈火五更雞》
Flower Market（prose）《花市》
1986 *A Mundane World*（novel, four volumes, over 1.9 million words）《紅塵》
1987 *Remarks on All Poems of the Tang Dynasty*（theory）《全唐詩尋幽探微》
1988 *Remarks On All Tsyr*（prose poem）*of the Tang and Sung Dynasties*（theory）《全唐宋詞尋幽探微》
1991 *The Breeze That Came From The East Last Night in My Little garden Again*（prose）《小園昨夜又東風》

1992 *Travel for Literature in Mainland China*（prose）《大陸文學之旅》

1995 *Selection of Mo Jen's Poems, 1992-1994*《墨人半世紀詩選》

1996 *I'll look upon the World*《紅塵心語》

Chang Edition of the Dream of Red Chamber《張本紅樓夢》（修訂批註）

1997 *Cherish thy guests and the Muses*《年年作伴寒窗》

1999 *Saha Shih Gai*《娑婆世界》

1999 *Remarks on All Poems of the sung Dynasties*《全宋詩尋幽探尋》

1999 *Mo Jen's Classical Poems and Prose Poems*《墨人詩詞詩話》

2004 *Poussiere Rouge*《紅塵》法文譯本

墨人博士創作年表（二〇〇五年增訂）

年度	年齡	發表出版作品及重要文學紀錄摘要
民國二十八年己卯（一九三九）	十九歲	在東南戰區《前線日報》發表〈臨川新貌〉。淪陷區著名的上海《大美晚報》隨即轉載。
民國二十九年庚辰（一九四〇）	二十歲	在《前線日報》發表〈希望〉、〈路〉等新詩作品。
民國三十年辛巳（一九四一）	二十一歲	在《前線日報》發表〈評夏伯陽〉書評等文。
民國三十一年壬午（一九四二）	二十二歲	在各大報發表〈苦難的行列〉、〈贛州禮讚〉（長詩）、〈老船夫〉、〈盲歌者〉、〈自己的輓歌〉、〈抹去那怯弱的眼淚吧〉、〈生命之歌〉、〈快割鳥〉、〈鷂鷹與雲雀〉等詩及散文多篇。
民國三十二年癸未（一九四三）	二十三歲	在各大報發表長詩〈鋤奸隊長〉、〈搜索連長〉、〈遙寄〉、〈寫在第七個七七〉、〈父親〉、〈受難的女神〉、〈城市的夜〉及〈火把〉、〈擊柝者〉、〈橋〉、〈古鐘〉、〈汽笛〉、〈山居〉、〈沙灘〉、〈夜行者〉、〈孤芳〉、〈蚊蟲〉、〈蒼蠅〉、〈園圃〉、〈陽光〉、〈深秋〉、〈贈某詩人兼寫自己〉、〈哀亡命詩人〉、〈自供〉、〈白屋詩抄〉、〈哀歌〉、〈生活〉、〈給偶像崇拜者〉、〈戰書〉、〈燈下獨白〉、〈夜歸〉、〈失眠之夜〉、〈悼〉、〈殘英〉、〈黃昏曲〉、〈補綴〉、〈復活的季節〉、〈擬戀歌〉、〈晨雀〉、〈春耕〉、〈天空的搏鬥〉等長短抒情詩。另發表散文及短篇小說多篇。

民國三十三年甲申（一九三九）	二十四歲	發表〈山城草〉五首及〈沒有褲子穿的女人〉、〈襤褸的孩子〉、〈駝鈴〉、〈無聲的哭泣〉、〈長夜草〉、〈春夜〉、〈擬某女演員〉、〈蛙聲〉、〈麥笛〉等詩及散文多篇。
民國三十四年乙酉（一九四五）	二十五歲	發表〈最後的勝利〉及〈煉獄裏的聲音〉、〈神女〉、〈問〉等長詩與散文多篇。
民國三十五年丙戌（一九四六）	二十六歲	發表〈夢〉、〈春天不在這裡〉等詩及散文多篇。
民國三十六年丁亥（一九四七）	二十七歲	發表〈冬天的歌〉、〈流浪者之歌〉、〈手杖、煙斗〉及長詩〈上海抒情〉等與散文多篇。
民國三十七年戊子（一九四八）	二十八歲	主編軍中雜誌、撰寫時論，均不署名。
民國三十八年己丑（一九四九）	二十九歲	七月渡海抵臺，發表〈呈獻〉、〈滿妹〉，及長詩〈自由的火燄〉、〈人類的宣言〉等及散文多篇。
民國三十九年庚寅（一九五〇）	三十歲	發表〈站起來，捏死他！〉、〈滾出去，馬立克！〉、〈英國人〉、〈海洋頌〉等詩。出版《自由的火燄》詩集。
民國四十年辛卯（一九五一）	三十一歲	發表〈春晨獨步〉、〈炫與殉〉、〈悼三閭大夫屈原〉、〈詩聯隊〉、〈心靈之歌〉、〈子夜獨唱〉、〈真理、愛情〉、〈友情的花朵〉、〈啊，西風啊！〉、〈歲暮吟〉、〈師生〉、〈往事〉、〈天書〉、〈歷程〉、〈雨天〉、〈火車飛馳在海岸淥上〉、〈帶路者〉、〈送第一艦隊出征〉等詩，及〈哀祖國〉長詩。
民國四十一年壬辰（一九五二）	三十二歲	發表〈未完成的想像〉、〈廊上吟〉、〈窗下吟〉、〈白髮吟〉、〈秋夜輕吟〉、〈秋訊〉、〈渴念，追求〉、〈寂寞、孤獨〉、〈冬眠〉、〈我想把你忘記〉、〈想念〉、〈成人的悲歌〉、〈訴〉、〈詩人〉、〈詩〉、〈貝絲〉、「春天的懷念」五首，〈和風〉、〈夜雨〉、〈臺灣海峽的霧〉等及散文、短篇小說多篇。　出版《哀祖國》詩集。

民國四十二年癸巳（一九五三）	三十三歲	發表〈寄台北詩人〉等詩及散文短篇小說多篇。 高雄百成書店出版短篇小說集《最後的選擇》，收入〈華玲〉、〈生死戀〉、〈梅蘭馨〉、〈敵人的故事〉、〈最後的選擇〉、〈蔣復成〉、〈姚醫生〉等七篇。 大業書店出版長篇小說《閃爍的星晨》一、二兩冊。
民國四十三年甲午（一九五四）	三十四歲	發表〈雪萊〉、〈海鷗〉、〈鳳凰木〉、〈流螢〉、〈鵝鸞鼻〉、〈海邊的城〉、〈長夏小唱〉及散文、短篇小說多篇。
民國四十四年乙未（一九五五）	三十五歲	發表〈雲〉、〈F-86〉、〈題 GK〉等詩及散文、短篇小說多篇。 香港亞洲出版社出版長篇小說《黑森林》，並獲中華文獎會國父誕辰長篇小說第二獎（第一獎從缺）。
民國四十五年丙申（一九五六）	三十六歲	發表〈四月〉等詩及散文、短篇小說多篇。
民國四十六年丁酉（一九五七）	三十七歲	發表〈月亮〉、〈九月之旅〉、〈雨和花〉等詩及長篇小說《魔障》。
民國四十七年戊戌（一九五八）	三十八歲	暢流半月刊雜誌社出版長篇連載小說《魔障》。
民國四十八年己亥（一九五九）	三十九歲	發表短篇小說、散文多篇。 文壇雜誌社出版長篇小說《孤島長虹》（全集中易名爲《富國島》）。
民國四十九年庚子（一九六〇）	四十歲	發表〈橫貫小唱〉等詩及散文、短篇小說多篇。
民國五十年辛丑（一九六一）	四十一歲	發表〈熱帶魚〉、〈豎琴〉、〈水仙〉等詩及短篇小說甚多。 奧國維也納納富出版公司編選的《世界最佳小說選》選入短篇說〈馬腳〉，同時入選者有諸貝爾文學獎得主威廉福克納、拉革克菲斯特等世界各國名作家作品。

民國五十一年壬寅（一九六二）	四十二歲	發表〈青鳥〉、〈兩腳獸〉、〈晚會〉、〈祈禱〉等詩及短篇小說甚多。奧國維也納富出版公司又將短篇小說《小黃》（以江州司馬筆名撰寫者）選入《世界最佳小說選》，同時入選者有諾貝爾獎得主蕭洛霍夫，郭沫若及世界各國名作家作品。
民國五十二年癸卯（一九六三）	四十三歲	香港九龍東方文學出版社出版中篇小說《古樹春藤》。發表短篇小說、散文甚多。
民國五十三年甲辰（一九六四）	四十四歲	香港九龍東方文學社出版短篇小說集《花嫁》，收入〈教師爺〉、〈劉二爹〉、〈二媽〉、〈異鄉人〉、〈花嫁〉、〈扶桑花〉、〈南海屠鮫〉、〈高山曲〉、〈古寺心聲〉、〈誘惑〉、〈隱情〉、〈美珠〉、〈新苗〉、〈心聲淚影〉等十四篇。高雄長城出版社出版中短篇小說集《水仙花》，收入〈水仙花〉、〈銀杏表嫂〉、〈圓房記〉、〈江湖兒女〉、〈天鵝〉、〈賭徒〉、〈搶親〉、〈黃龍〉、〈風雪歸人〉、〈花子老趙〉、〈景雲寺的居士〉、〈人與樹〉、〈過客〉、〈阿婆〉、〈馬腳〉、〈小黃〉等十六篇。高雄長城出版社出版中短篇小說集《白夢蘭》。收入〈情敵〉、〈空手〉、〈師生〉、〈斷夢〉、〈黃昏曲〉、〈白夢蘭〉、〈平安夜〉、〈凱塞琳、萊蒙托夫與我〉、〈陽春白雪〉、〈亂世佳人〉、〈傷心之旅〉、〈白衣清淚〉、〈護士與病人〉、〈如夢記〉、〈除夕〉等十五篇。　高雄長城出版社出版《中華日報》連載的二十五萬字長篇小說《白雪青山》。　發表短篇小說、散文甚多。
民國五十四年乙巳（一九六五）	四十五歲	高雄長城出版社出版連載長篇小說《洛陽花似錦》、《春梅小史》、《東風無力百花殘》三部。　發表短篇小說、散文甚多。省政府新聞處出版長篇小說《合家歡》。
民國五十五年丙午（一九六六）	四十六歲	是年五月赴馬尼拉華僑文教講習會講授「紅樓夢的寫作技巧」及新詩課程一個月。商務印書館出版文學理論專著《紅樓夢的寫作技巧》，全書共十五萬字。商務印書館出版中短篇小說集《塞外》。收入〈塞外〉、〈鬍子〉、〈百合花〉、〈天山風雲〉、〈白金龍〉、〈白狼〉、〈秋圃紫鵑〉、〈曹萬秋的衣缽〉、〈半路夫妻〉、〈百鳥聲喧〉、〈風竹與野馬〉、〈美人計〉、〈夜襲〉、〈花燭劫〉等十四篇。

民國五十六年丁未（一九六七）	四十七歲	發表短篇小說、散文甚多。小說創作社出版連載長篇小說《碎心記》。
民國五十七年戊申（一九六八）	四十八歲	小說創作社出版《中華日報》連載長篇小說《靈姑》。水牛出版社出版散文集《鱗爪集》，收入〈家鄉的魚〉、〈家鄉的鳥〉、〈雪天的懷念〉、〈秋山紅葉〉、〈學問與創作之間〉等散文七十六篇，舊詩三首。
民國五十八年己酉（一九六九）	四十九歲	商務印書館出版中短篇小說集《青雲路》。收入〈世家子弟〉、〈青雲路〉、〈空棺記〉、〈久香〉等四篇。
民國五十九年庚戌（一九七〇）	五十歲	商務印書館出版中短篇小說集《變性記》。收入〈變性記〉、〈嬌客〉、〈歲寒圖〉、〈泥龍〉、〈祖孫父子〉、〈秋風落葉〉、〈老夫老妻〉、〈恩愛夫妻〉〈布販與偷雞賊〉、〈芳鄰〉、〈沙漠王子〉、〈沙漠之狼〉、〈世界通先生〉、〈寶珠的祕密〉、〈奇緣〉等十五篇。幼獅文化事業公司出版長篇小說《龍鳳傳》。臺北立志出版社出版長篇《火樹銀花》出版全集時易名《同是天涯淪落人》。
民國六十年辛亥（一九七一）	五十一歲	立志出版社出版長篇小說《火樹銀花》。發表散文多篇及在高雄《新聞報》連載長篇小說《紫燕》。
民國六十一年壬子（一九七二）	五十二歲	聞道出版社出版散文集《浮生集》。收入〈文藝的危機〉、〈貝克特高風〉、〈五十年華〉等散文十三篇，舊詩六首。學生書局出版短篇小說散文合集《斷腸人》。收入短篇小說〈斷腸人〉、〈薇薇〉、〈相見歡〉、〈滄桑記〉、〈恩怨〉、〈夜宴〉等七篇及散文〈文學系與文學創作〉、〈大學國文教學我見〉、〈作家之死〉等十五篇。　中華書局出版《墨人自選集》五大冊。包括長篇小說《白雪青山》、《靈姑》、《鳳凰谷》、《江水悠悠》（《東風無力百花殘》易名）及《短篇小說、詩選》（精選短篇小說二十八篇，抒情詩一〇六首），共一百五十萬字。
民國六十二年癸丑（一九七三）	五十三歲	發表散文多篇。列入英國劍橋國際傳記中心（International Biographical Centre Cambridge England）出版的《國際詩人名錄》（*International Who's Who in Poetry. 1973*）。

民國六十三年甲寅（一九七四）	五十四歲	出席第二屆世界詩人大會。發表散文多篇。
民國六十四年乙卯（一九七五）	五十五歲	列入正中書局出版的《中華民國文藝史》（1975）。發表〈臺北的黃昏〉新詩一首及散文多篇。
民國六十五年丙辰（一九七六）	五十六歲	列入英國劍橋國際傳記中心出版的 *Men of Achievement. 1976* 發表〈歷史的會晤〉新詩及散文、短篇小說多篇。
民國六十六年丁巳（一九七七）	五十七歲	應 I.B.C 邀請於三月間赴義大利翡冷翠出席國際文藝交流大會（The 3rd I.B.C. International Congress on Arts and Communications）。會後環遊世界。發表〈羅馬之雲〉、〈羅馬之松〉、〈翡冷翠的女郎〉、〈翡冷翠之柳〉、〈塞納河〉等詩及羅馬掠影」、〈單城記〉、〈威尼斯之旅〉、〈藝術之都翡冷翠〉、〈西雅奈與比薩斜塔〉、〈美國行〉、〈江戶、皇宮、御苑〉、〈環球心影〉等遊記。在《中國時報》發表有關中國文化論文〈中國文化的三條根〉，在《新生報》發表〈文藝界的『洋』癇瘋〉等多篇。
民國六十七年戊午（一九七八）	五十八歲	近代中國社出版長篇傳記小說《詩人革命胡漢民傳》。列入英國劍橋國際傳記中心出版的《國際名人辭典》（*Dictionary of International Biography. 1978*）。《國際知識分子名錄》(*International Who's Who of Intellectual. 1978*、《國際人名剪影》 *International Register of Profiles*）、《國際社會名人錄》（*International Who's Who in Community Service*），發表〈六月之荷〉詩一首。在各報發表〈中國文化的宇宙觀〉、〈中國文化的真面目〉、〈文化、社會形態與當代文學創作（爲亞洲文學會議而作）〉、〈人與宇宙自然法則〉等。出席亞洲文學會議。　列入中華書局出版的《中華民國當代名人錄》（*Who's Who of R.O.C. 1978*）　列入行政院新聞局編印的一九七八年英文《中華民國年鑑名人錄》（*China Yearbook Who's Who*）。

民國六十八年己未（一九七九）	五十九歲	學人文化事業有限公司出版長篇小說《心猿》（《紫燕》易名）。發表短篇小說〈春〉、〈杏林之春〉、長詩〈哀吉米・卡特〉及〈山之禮讚〉五首。短篇〈客從故鄉來〉、〈人瑞〉。理論〈中國古典小說戲劇〉、〈抗戰文學的整理與再創作〉（《中央日報》）等多篇。
民國六十九年庚申（一九八〇）	六十歲	秋水詩刊社出版詩集《山之禮讚》、收集六十四年以後新詩四十四首及七言絕律詩十首。　中華日報社出版散文集《心在山林》、收集〈花甲雲中過〉、〈老當益壯〉、及抒情寫景散文數十篇。 臺中學人文化事業出　版有限公司出版《墨人散文集》收集〈文化、社會形態與當代文學創作〉、〈人與宇宙自然法則〉、〈中國文化的三條根〉、〈宇宙爲心人爲本〉、〈文藝界的『洋』瘋癲〉等理論性散文數十篇。 在《中央日報・副刊》發表〈紅樓夢研究的正確方向〉，《中華日報・副刊》發表〈人生六十樹常青〉，《青年戰士報・新文藝副刊》發表〈山中人語〉專欄文章〈山水之間〉、〈生命長短價值觀〉、〈寶刀未老〉、〈七進七出鬼門關〉、〈報人甘苦〉、〈杏壇生涯〉等。 接受《大華晚報》採訪組副主任程榕寧兩次訪問，一爲談胡漢民生平，一爲談《易經》、《道德經》、命學，並發表〈醫學命學與人生〉專文。
民國七十年辛酉（一九八一）	六十一歲	繼續撰寫《山中人語》專欄。 應臺中市《自由日報》特約撰寫《浮生小記》專欄。 應行政院新聞局邀請參觀本省農漁畜牧事業單位，並在《中央日報》發表〈人在福中〉散文。 接受臺灣廣播公司《成功之路》節目訪問，於四月廿七日晚八時半播出。 在高雄《新聞報》發表〈撥亂反正說紅樓〉（六月十七、十八日）論文。
民國七十一年壬戌（一九八二）	六十二歲	九月赴漢城出席第二屆中韓作家會議，並在東京參加中日作家會議，曾暢遊南韓、北海道、大阪至東京名勝地區，歸後撰寫〈韓國掠影〉、〈秋遊北海道〉，發表於《中央日報》。 列入中華民國名人傳記中心出版的《中華民國現代名人錄》。

		列入英國劍橋國際傳記中心出版的《傑出男女傳記》（*Men and Women of Distinction*）並附照片。 列入美國 MarQuis 公司出版的《世界名人錄》（*Who's Who in the World*）第六版。 接受義大利藝術大學授予的文學功績證書。
民國七十二年癸亥（一九八三）	六十三歲	商務印書館出版散文集《山中人語》，收集散文七十篇。
民國七十三年甲子（一九八四）	六十四歲	商務印書館出版《論墨人及其作品》上、下兩冊，包括評論文章六十餘篇。 列入義大利 Accademia Itlia 出版英、法、德、義四種文字的《國際文學史》（*The History of International Literature*）及《百科全書·當代人物（*The Encyclopadeia: Contemporary Personalities*）。 端午節（六月四日）開筆撰寫已構思準備十餘年的一百餘萬字的大長篇小說《紅塵》，年底完成初稿四十餘萬字。 十月在韓國漢城舉行的第四屆中韓作家會議，事忙未能出席，但提出一萬餘字的論文〈古典與現代〉一篇。
民國七十四年乙丑（一九八五）	六十五歲	由江山出版社出版《三更燈火五更雞》、《花市》散文集等兩本，前者收入散文、理論二十四篇，後者收入散文遊記二十七篇。 八月一日退休，專心寫作《紅塵》，於十二月底完成九十二章，告一段落，共一百二十萬字，超出《紅樓夢》十餘萬字，內有絕律詩（聯）三十一首。
民國七十五年丙寅（一九八六）	六十六歲	年初開始研讀《全唐詩》，撰寫《全唐詩尋幽探微》，十一月完成，共十二萬餘字，一面在《新聞報‧西子灣》發表，並連同歷年所作絕律詩三十七首，定名爲《墨人絕律詩集》，一併交與臺灣商務印書館簽約出版。 列入美國 A.B.I.出版的 5000 Personalities of the World·，英國 I.B.C.出版的 *The International Authors and Writers Who's Who.*

民國七十六年丁卯（一九八七）	六十七歲	訪問考察東南亞地區、國家馬來西亞、新加坡、泰國、菲律賓、香港十七天，並出席多次座談會。 商務印書館出版《全唐詩尋幽探微》（附《墨人絕律詩集》）。 《紅塵》長篇小說於三月五日開始在（臺灣新生報）連載。 七月四、五日出席在臺北市召開的抗戰文學研討會。 八月一日出席在高雄市召開的第七屆中韓作家會議。
民國七十七年戊辰（一九八八）	六十八歲	元月二日完成《全唐宋詞尋幽探微》（附《墨人詩餘》）全書十六萬字。設於美國深受世界尊重的「國際大學基金會」（The Marguis Giuseppe Scicluna 1855-1907 Intemarional University Foundation）（Founded 1973）授予榮譽文學博士學位。
民國七十八年己巳（一九八九）	六十九歲	臺灣商務印書館出版《全唐宋詞尋幽探微》。 臺北大地出版社三版長篇小說《白雪青山》。 世界大學（World University）授予榮譽文學博士學位。
民國七十九年庚午（一九九〇）	七十歲	五月應大陸黃河文化實業公司邀請，作四十天文學之旅，與北京、上海、杭州、九江、武漢、西安、蘭州等地作家座談中華文化、文學創作，坦誠交換意見，獲得一致共識、真摯友情與尊敬，廣州電視臺並全程錄影，製作專輯播出，六月底返臺後即撰寫《大陸文學之旅》專著。 艾因斯坦國際學院基金會（Albert Einstein 1879-1955 Intemational Academy Foundation）授予榮譽人文學博士學位。 榮列英國劍橋國際傳記中心出版的 IBC Book of Dedications.占全書篇幅五頁，刊登照片五張，介紹五十年創作生涯，十分翔實，篇幅之大，爲全書冠，並禮聘爲 IBC 副總裁。
民國八十年辛未（一九九一）	七十一歲	二月底新生報出版《紅塵》，二十五開本，上、中、下三鉅冊。黎明文化事業公司出版《小園昨夜又東風》散文集。 應香港廣大學院禮聘爲中國文學研究所客座指導教授。 《紅塵》榮獲新聞局著作金鼎獎及嘉新優良著作獎。

民國八十一年壬申（一九九二）	七十二歲	文史哲出版社出版《大陸文學之旅》。 應聘香港廣大學院中研所客座指導教授。 一月五日開筆寫《紅塵續集》，自九十三章起至一百二十章止，共四十萬字，六月十日完稿，《紅塵》全書共一百九十萬字。續集自十二月一日開始在《臺灣新生報・副刊》連載近年，雙破長篇鉅著及連載紀錄。中國廣播公司《中廣小說選播》節目，亦於十二月一日十四時三十分，在AM657千赫第一廣播網開始播出長篇鉅著《紅塵》上、中、下三冊，由戴愛華小姐導播，集該公司播音精英，通力合作，龍老夫人一角由播音元老白銀飾演，其餘人物均爲一時之選，效果奇佳，前所未有。　北京「中國文聯出版公司」出版《也無風雨也無晴》。 墨人故鄉九江《師專學報》，於本年起開闢《墨人研究》專欄，與《陶淵明研究》、《黃山谷研究》，並稱三大專欄，甚受教育、學術界重視。
民國八十二年癸酉（一九九三）	七十三歲	十月下旬，偕《秋水》詩刊同仁涂靜怡、雪柔、麥穗、汪洋萍、風信子、林蔚穎等爲慶祝《秋水》創刊二十周年，訪問哈爾濱、北京、西安三大都市，與當地詩人座談交流，水乳交融，兩岸詩人因而建立深厚友誼。十一月初，隻身訪問昆明、探親，昆明作協主席曉雪、八十多歲老作家李喬、小說家張昆華、《春城晚報》副總編輯熊廷武、副刊主編原因、理論家教授余斌、作家湯世傑、李錦華等集會歡迎，其中多爲白族、彝族等少數民族作家，乃以雲南少數民族文化資源努力創作相勉，深獲共鳴。資深作家彭荊風，晚間並來下榻處暢談。 繼續應聘香港廣大學院中研所客座指導教授三年。 十二月新生報社出版《紅塵續集》，全書共四大冊，其實前後一貫，爲一整體，該報爲方便，乃以《續集》名之。一生心願心血得以完成，在輕、薄、短、小及商品文學獨占市場情況下，亦一大異數。北京「中國文聯出版公司出版《紅樓夢的寫作技巧》。

民國八十三年甲戌（一九九四）	七十四歲	一月開始研讀自北京購回的《全宋詩》，擬續寫《全宋詩尋幽探微》。 四月十一日接受臺北復興廣播電臺《名人專訪》節目主持人裴雯小姐訪問：談一生寫作歷程及大長篇《紅塵》寫作經過。 臺北《世界論壇報》副社長兼副刊主編詩人評論家周伯乃先生，特自五月三十一日起一連三天出版特刊，慶祝七十晉五誕辰暨創作五十五周年，除刊出〈小傳〉、〈七五人生一首詩〉、〈中國新詩與傳統詩詞的整合〉、〈叩開生命之門〉三篇新作外，並刊出蒙古族女詩人作家薩仁圖婭的〈墨人：屈原風骨中華魂〉，及馬來西亞霹靂州立女子中學校長，詩詞家、散文作家彭士麟女士論《紅塵》與大陸作家作品比較的書信，墨人著作校長，詩詞家、散文作家彭士麟女士論《紅塵》與大陸作家作品比較的書信，墨人著作目錄、美國兩個榮譽文學博士、一個人文學博士照片三張，《紅塵》獲獎照片一張，及周伯乃〈無限的祝禱〉文等。 八月七日，中國時報系的《工商日報・讀書版・大書坊》刊出蓓齡的《紅塵》墨人專訪文章，並配合攝影記者何日昌拍攝的墨人及《紅塵》四冊照片。 大陸廣州暨南大學中文系教授兼臺港暨海外華文文學研究中心主任、評論家潘亞暾，費時月餘撰寫《紅塵續集》論文達一萬餘字的〈偉大史詩的歸結〉，於九月二十一至二十五日在臺北市《世界論壇報・副刊》全文刊出，見解不凡，對《續集》的成功更使他大吃一驚，因此，更肯定《紅塵》的史詩價值、地位。 八月二十八日第十五屆世界詩人大會在臺北召開，僅提出〈中國新詩與傳統詩詞的整合〉論文一篇，並未出席、論文則由《中國詩刊》主編曾美霞女士代讀。
民國八十四年乙亥（一九九五）	七十五歲	一月，臺北文史哲出版社出版《墨人半世紀詩選》（一九四二—一九九四）。 一月十日應臺北廣播電臺《藝文夜話》主持人宋英小姐訪問，許導播秀玲決定十日開播《紅塵》全書四冊，每日廣播兩次。 中國詩歌藝術學會主辦、中國文藝協會協辦，於五月二十二日在臺北市中國文藝協會舉行《墨人世半紀詩選》學術研討會，與會詩人、評論家六十餘人，討論情況熱烈，並印發海峽兩岸評論家王常新、古繼堂、古遠清、李春生、楊允達、周伯乃等十三家論文專集。各家均推崇、肯定新舊詩兩方面的成就與半個多世紀的貢獻。

		英國劍橋國際傳記中心頒贈二十世紀文學傑出成就獎。 榮列一九九五年英國劍橋國際傳記中心出版的 The Definitive Book of the Deputy Directors General of the IBC.佔全書篇幅五頁，刊登照片五張，為全書之冠。
民國八十五年丙子（一九九六）	七十六歲	臺北圓明出版社出版涵蓋儒、釋、道三家思想的散文集《紅塵心語》。卷首有珍貴的文學照片十餘張。 臺北中國詩歌藝術學會出版《十三家論文》論《墨人半世紀詩選》。
民國八十六年丁丑（一九九七）	七十七歲	臺北中天出版社出版與《紅塵心語》為姊妹集的散文集《年年作客伴寒窗》，各篇亦均以五、七言詩作題，內中作者詩詞亦多，並附錄珍貴文學資料訪問記、特寫、著作目錄等十餘篇。出任「乾坤」詩刊顧問，並主編該刊古典詩詞。 完成《墨人詩詞詩話》、《全宋詩尋幽探微》兩書全文。
民國八十七年戊寅（一九九八）	七十八歲	構思六年的以佛學精義結合修行心得化為文學創作的長篇小說《娑婆世界》，於三月二十八日開筆，十二月脫稿。共三十八章，五十多萬字。 英國劍橋國際傳記中心（IBC）出版《二十世紀傑出人物》以照片配合文字將墨人傳記刊卷首重要位置，並頒發獎狀。大陸中國國際經濟文化交流促進會、燕京國際文化藝術研究會等七大單位編纂出版的《世界華人文學藝術界名人錄》，中國國際交流出版社出版的《世界名人錄》，均為十六開巨型中文本。
民國八十八年己卯（一九九九）	七十九歲	本年為來臺五十周年，創作六十周年，中國習俗八十歲，昭明出版社出版長篇小說《娑婆世界》。 美國傳記學會（ABI）出版二十世紀《五百位有影響力的領袖》，以照片配合文字將墨人傳記刊於卷首重要位置並頒發獎狀。照片及詩詞五首編入中國《當代吟壇》巨著。　美國「世界智庫」與艾因斯坦國際學會基金會」聯合頒贈墨人傑出成就榮譽獎，以紀念千禧年，並榮列中國出版的《中華精英大全》。 美國傳記學會頒贈墨人「二十世紀成就獎」。

民國八十九年庚辰（二〇〇〇）	八十歲	臺北昭明出版社陸續出版定本長篇小說《白雪青山》、《滾滾長江》、《春梅小史》；文學理論《紅樓夢的寫作技巧》，連同民國八十八年出版的長篇小說《娑婆世界》，並列爲墨人一系列代表作品，以慶祝墨人八十整壽。 臺北詩藝文出版社出版《墨人詩詞詩話》。 臺北文史哲出版社出版《全宋詩尋幽探微》。
民國九十年辛巳（二〇〇一）	八十一歲	臺北昭明出版社出版長篇小說定本《紅塵》全書六冊及長篇小說《紫燕》定本。
民國九十一年壬午（二〇〇二）	八十二歲	五月三日偕長子選翰赴上海訪友小住。 英國劍橋國際傳記中心授予「終身成就獎」。
民國九十二年癸未（二〇〇三）	八十三歲	八月底偕夫人及在臺子女四人經上海轉往故鄉九江市掃墓探親並遊廬山。
民國九十三年甲申（二〇〇四）	八十四歲	準備出版全集（經臺北榮民總醫院檢查無任何疾病。）巴黎 you-Feng 書局出版豪華典雅法文本《紅塵》。
民國九十四年乙酉（二〇〇五）	八十五歲	此後五年不遠行，以防交通意外，準備資料。計劃百歲前開筆撰寫新長篇小說。 北京「中央出版社」出版《強國丰碑》，以著名文學家張萬熙爲題刊出墨人傳略，爲臺灣及海外華人作家唯一入選者。並先後接到北京電話、書函邀請寄送資料編入《一代名家》、《中華文化藝術名家名作世界傳播錄》。
民國九十五年丙戌（二〇〇六）至民國一百年（二〇一一）——	八十六歲至九十二歲——	重讀重校全集，已與臺北市文史哲出版社簽訂出版《墨人博士作品全集》合約，民國一百年年內可以出版。此爲「五四」以來中國大陸與臺灣所未有者。